现代性与中国时刻

"东方明珠大讲坛"讲演录

第 2 辑

郭为禄 叶青 主编

商务印书馆
The Commercial Press

本书由
上海市高水平地方大学(学科)建设项目资助
列入华东政法大学建校70周年纪念文丛

编者的话

"东方明珠大讲坛"是华东政法大学为深入贯彻落实习近平总书记关于教育的重要论述和全国教育大会精神,立足"学术兴校"发展模式和"多科融合"发展格局,由科研管理部门牵头打造的代表学校最高水平的学术交流平台。自2020年3月29日开坛以来,在众多国内外一流学者的鼎力支持下,"东方明珠大讲坛"迅速引起了学界的广泛关注,产生了学界美誉度,形成了全国影响力,为华东政法大学建设"令人向往的高雅学府"做出了重要贡献。为了向莅临"东方明珠大讲坛"的各位学者致敬,向关爱"东方明珠大讲坛"的各位同仁致谢,华东政法大学携手商务印书馆,出版这套丛书,每十讲为一辑,将大讲坛的精华内容陆续结集呈现。

"东方明珠大讲坛"始于新冠疫情肆虐之际,这使它具备了与其他系列讲座不同的三个方面的鲜明特点。首先,由于疫情的阻隔,从一开始,"东方明珠大讲坛"就主要以线上方式进行。没有觥筹交错,只有知识交互;没有迎来送往,只有智慧碰撞。借助视频会议软件,学者们跨越时空,在清晨的大西洋海岸、傍晚的佘山广富林同登"云端",切磋琢磨,论道长谈,真正营造了一种高雅的学术氛围。其次,疫情让"命运共同体"的理念深入人心,促使"东方明珠大讲坛"聚焦全球共同关心的主题,超越单个学科故步自封的局限。通过遍邀各领域前沿学者参与,论坛实实在在地推动法学与政治学、历史学、传播学、社会学、语言学乃至医学、动物学、计算机科学的交叉融合,真正拓展了一种广阔的学术视野。最后,"东方明珠大讲坛"作为管理部门主动请缨"科研抗疫"的产物,由科研管理者与二级学院热心师生利用业余时间持续举办,传承着爱岗敬业的服务观念和追求真理的学术理念。二者的结合,真正凝聚了一种无私奉献、众志成城、迎难而上、苦中作乐的"科研抗疫"精神。这种精神是一流学者和广大师生支持"东方明珠大讲坛"的根本原因,这种精神将推动"东方明珠大讲坛"不断前进。

大学是研究高深学问的重地,高水平的大学一定要有一个响亮的学术交流品牌,"东方明珠大讲坛"就是这样一个品牌。作为"法学教育的东方明珠",华东政法大学将继续坚持立德树人的根本任务,提升科研育人能力水平,落实《深化新时代教育评价改革总体方案》精神,坚决克服"唯论文"等顽瘴痼疾,努力把"东方明珠大讲坛"打造成一流学术平台,为服务中华民族伟大复兴贡献学术力量。

目 录

第 11 讲　法律与概率
　　——不确定的世界与决策风险
　　　　…………………………（季卫东　宾　凯　等）3

第 12 讲　抗日战争的国际视角和现代意义
　　　　…………………………（汪朝光　马建标　等）61

第 13 讲　1840 年以来的中国时刻
　　　　…………………………（王人博　李忠夏　等）101

第 14 讲　《民法典》的实施与新闻传播法研究的过去和未来
　　　　…………………………（杨立新　魏永征　等）139

第 15 讲　两大法系背景下的作品保护制度
　　　　…………………………（李明德　李雨峰　等）185

第 16 讲　大道之行
　　——从"孔门理财学"到近代福利国家的建构
　　　　…………………………（聂　鑫　谢立斌　等）221

第 17 讲　宪法的性质
——法理学与宪法学的对话
……………………………（陈景辉　张　翔　等）261

第 18 讲　从西方经典发现中国镜像
——孟德斯鸠江南特殊论及其他
……………………………（李天纲　李宏图　等）309

第 19 讲　法学知识的演进与分化
——以社科法学与法教义学为视角
……………………………（陈兴良　白岫云　等）347

第 20 讲　思而在
——法律职业伦理的特殊性何在？
……………………………（张志铭　陈景辉　等）359

后　记　………………………………………（陆宇峰）393

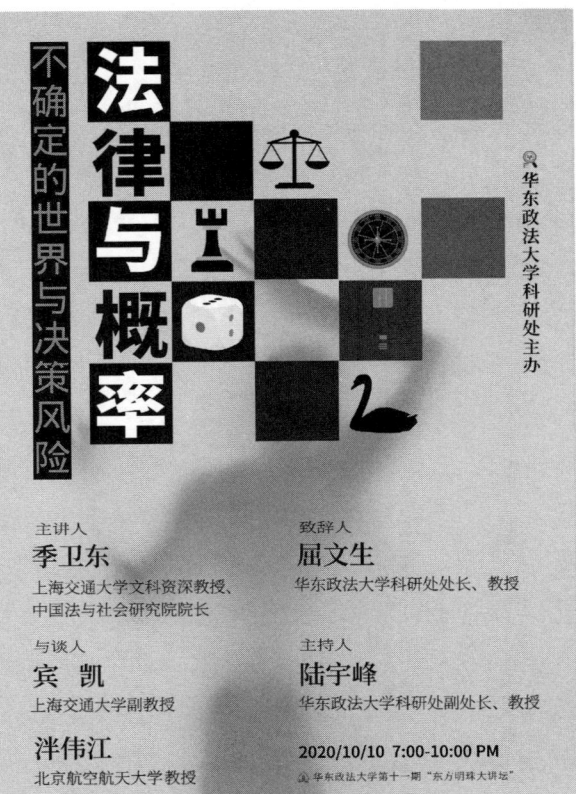

第 11 讲
法律与概率
——不确定的世界与决策风险

时　间：2020 年 10 月 10 日
地　点：线上
主持人：陆宇峰（华东政法大学科研处副处长、教授）
主讲人：季卫东（上海交通大学文科资深教授、中国法与社会研究院院长）
与谈人：宾凯（上海交通大学副教授）、泮伟江（北京航空航天大学教授）、屈文生（华东政法大学科研处处长、教授）

一、开场致辞

陆宇峰教授（主持人）：

　　尊敬的各位嘉宾、各位老师、各位同学，大家晚上好！

　　欢迎来到华东政法大学"东方明珠大讲坛"，我是主持人陆宇峰。"东方明珠大讲坛"是我校立足"学术兴校"发展模式和"多科融合"发展格局，由科研处主办的本校最高级别的学术论坛，旨在打造覆盖全校各学科，具有学界美誉度，产生全国影响力的一流学术殿堂，在华政营造浓厚的科研氛围和高雅的学术氛围。

从2020年3月29日到9月16日，我校先后邀请了於兴中、尤陈俊、余凌云、蔡从燕、陈利、谢鸿飞、张泰苏、王轶、徐勇、梁治平等10位海内外知名学者主讲第一季的十期"东方明珠大讲坛"，并邀请了高鸿钧、徐忠明等学术名家与谈。今天是第11期"东方明珠大讲坛"，也是第二季"东方明珠大讲坛"的开坛。

第二季"东方明珠大讲坛"开坛，有幸邀请到上海交通大学文科资深教授、中国法与社会研究院院长季卫东老师，主讲风险社会的法治理论。当今世界正在经历空前规模的大转型，"黑天鹅"成群掠过，不确定性如影随形，决策的风险正在激增。显而易见，不确定性、风险与法治之间存在着极其紧张的关系。法治将确定性和可预测性作为追求目标，甚至还有一些决定论的倾向，但是不确定性却表现为偶然和出乎意料，风险则以发生的盖然性为本质特征。如果法学要正视风险，就意味着要把危害发生的概率作为确定责任和义务的根据。如果法学要正视不确定性，就意味着必须加强对偶然的去随机化处理。其结果是，势必要加强事后的监控和司法救济，并在决策过程中不断激活人们的风险沟通。在逻辑延长线上，还要强调法律系统的事实认知侧面，以及法律职业的反思理性。为此，不得不把信息处理等社会科学的知识和方法导入立法、司法以及执法领域，进而推动文理交叉融合的基于经验科学的法学研究。

在上述这些问题上，季卫东老师基于深厚的系统论法学的功底，做了大量精深而又令人耳目一新的研究，牢牢占据着中国法学理论的前沿，十分期待季老师今晚的讲解。本期的"东方明珠大讲坛"也有幸邀请到了两位中青年系统论法学的代表人物与谈，第一位是上海交通大学的宾凯老师——一位堪称"学术扫地僧"级别的人物，第二位是北京航空航天大学法学院的副院长泮伟江老师——国内系统论法学的重量级学者；此外，我校的科研处处长屈文生教授等专家学者也将在线参与本次大讲坛。现在有请季卫东老师。

二、主讲环节

季卫东教授：

各位老师、同学，大家晚上好！

非常感谢华东政法大学科研处的邀请，使我有这样一个机会到"东方明珠大讲坛"来与大家进行交流。也很高兴能够与法学界的"后浪"们，特别是在系统论法学方面引领中国相关研究潮流的宾凯副教授、泮伟江教授等进行学术对话。

众所周知，现代社会的风险性与不确定性都已大大增加。特别是今年突如其来的新冠疫情，让我们对此有了更加深刻的感受。此次疫情对整个社会产生了巨大的影响。一方面，人们可以在社交媒体以及公共传媒上看到此次新冠疫情病毒（包括治愈率、致死率等等）的不同数据，而这些数据又会反过来影响关于整个社会医疗资源投入的决策。另一方面，通过保持社交距离以及隔离的方式来防范疫情的扩展，又会将疫情防控与日常的经济活动以及社会生活之间的张力放大。这两方面的共同作用将会使得相关决策变得非常困难。

最典型的例子就是，2020年10月2日，在美国总统大选最关键的时刻，特朗普总统确诊感染了新冠病毒。此时，他便面临一些决策的难题。为了确保美国经济发展和生产稳定，特朗普之前一直在社交媒体上强调新冠病毒并没有传闻中的那么严重。结果由于疫情防控措施不得当,美国民众的染病人数和致死率都大幅度上升。如今他本人也感染上了新冠病毒,这在某种意义上来说具有反讽意味,也证明了他的防疫举措的确存在问题。在这样的情况下,他选择了尽快以治愈的姿态强势返回白宫。这种决策存在很大风险。不难推知,一方面,因为特朗普本人感染了新冠病毒,还带病工作,当然会赢得一些同情票。但是另一方面,这恰好也证明了他在疫情防控方面的一些主张是错误的,加上戏剧性痊愈和用力过度的政治造势,又可能导致同情票流失。然而在第三方面,特朗普的决策还有一种考虑和实际效果,即树立起强有力的领袖形象,并以身作则地证明新冠病毒并没有什么可怕以及他的一贯主张是成立的。究竟哪一种可能性占上风,还有待事实检验。无论结果如何,疫情的确导致社会的不确定性在不断增加,也深刻影响美国总统大选,导致相关决策存在非常大的变数和风险。

与此同时,法律秩序的不确定性和风险性也在日益增大。中国的崛起、英国脱欧、美国对既有全球化体制进行破坏性重构,都构成动因。我们大家特别关注和熟悉的是,自 2018 年以来,中美的贸易摩擦与科技摩擦愈演愈烈,国际规则体系正在分崩离析。美国更频繁地使用长臂管辖制度,WTO(World Trade Organization,世界贸易组织)的上诉委员会已经停摆,美国不断退出一些国际组织和条约,导致世界的不确定性同样明显增加。在国内与国际社会不确定性都在增加的过程中,法律系统究竟是在简化、减少,防止这样的不确定性、复杂性,还是随之变得复杂化、复合化、相对化? 在频繁的互动过程中,所谓的"双重不确定性"将以何种方式呈现? 又会对法律产生什么样的影响? 这些都是值得我们深入思考的问题。

今天,我想和大家分享如下四个方面的内容。第一个方面,在近代确立起来的法律决定论和科学决定论的思维方式。第二个方面,关于不确定性、风险以及概率计算的一些基本条件。第三个方面,关于罗纳德·德沃金(Ronald Dworkin)的侥幸均等正义论的思考实验,并以之为线索,去观察概率论的思考在法学方面的影响。第四个方面,立足于法律实践和法律制度设计去探讨法律决策的风险、沟通以及问责的问题。

第一个方面,在近代确立起来的法律决定论和科学决定论的思维方式。

现代法律本身带有一种决定论的特征。实际上在 16 世纪的欧洲,学者们考虑合理化问题时所依据的模型,与其说是科学,不如说是法律。因为近代科学在发展的过程中强调自然法则,而自然法则的前身是自然法,于是近代科学试图通过严密的理由论证来找出一个正确的答案,找出一个既定的秩序。在这个意义上,可以说,近代法律的思维方式确实与近代自然科学的思维方式有类似的地方。

被马克思称为"整个现代实验科学的真正始祖"的英国启蒙思想家,同时也是法律家的培根曾经强调过:法律是不能被任意使用的,法官的作用主要是发现法律,而不是创制法律。培根特别反对法官在行使自由裁量权时率性而为。孟德斯鸠也持有类似观点,他提出了严格乃至机械地适用法律的法官人物像,认为法官乃法律之喉舌,只能发出法律的声音,不能扩大法律所包含的内容。德国的潘德克顿法律体系,特别是格奥尔格·普赫塔(Georg Puchta)的概念法学,坚持严格应用逻辑三段论和涵摄技术进行周密的概念演算,其核心理念是将具体的事实纳入到抽象的规范当中,通过可以层层还原的演绎方式推理出结论。潘德克顿法律体系以及概念法学强调的是一环扣一环的概念演算。显而易见,这样一种法律观具有非常明显的决定论特征。

实际上，不论是欧陆成文法传统，还是威廉·布莱克斯通（William Blackstone）《英国法释义》以后的英美判例法传统，法教义学的理想目标都是参照近代科学的原理，建立起一套公理体系，使得法律规范具有森严的效力等级，并可以逐层进行还原化处理。此种还原化处理，最终将法律还原到最根本的规范，即自然法。从法律功能的角度来观察近代法律思维和制度设计的决定论特征，可以发现最重要的是通过法律运作的确定性，尽量实现社会活动的可预测性、可计算性，最终使现代社会中的个人能够预知自己行为的后果。

从思维方式上来看，近代法律具有非常明显的决定论的特征。与之类似，近代科学和形而上学也具有这样的决定论特征。这种决定论特征的基本前提是，自然法则无所不在、无所不能，并且事先决定了任何事物的存在方式和运行轨迹。人类可以在经验的帮助下，通过理性来发现这种自然法则。因此，如果知道世界现在或者过去的状态的话，那么就可以合理地计算和预测未来发生的现象。对于科学的决定论而言，普遍的因果关系以及对这种因果关系的证明责任，都具有决定性的意义。由此观之，近代的法律和科学是有相通之处的。但形而上学的决定论主要是基于对宗教性的真理的确信，这个是不能检验的。

牛顿的万有引力理论是科学决定论的一个典型。根据牛顿的定律，单一的重力既决定了天体运动的轨迹，又决定了落体运动的轨迹。牛顿的学说同时为认识、检验根据定理所得出来的结果（比如预测行星的轨道，预测落体运动的速度）提供了具体的技术与方法。在近代物理学当中，另外一个非常重要的发明就是麦克斯韦（Maxwell）的电磁理论。麦克斯韦把电磁场的属性归结为四个微分方程——关注过该理论的人就会发现，这里的表述可能和大家之前看到的有些不一样。实际上，根据计算单位以及条件设定的不同，方程式的表述方式也会有所不同,PPT图片上显示的是一个最常见的表述方式。麦克斯韦方程组实际上不仅仅体现了决定论,甚至可以说是体现了一种超级决定论的特征,揭示了支配物质的各种各样相互作用的统一规律、电磁转化的对称性以及新的公理表达形式。牛顿力学理论和麦克斯韦电磁理论非常明显地体现出这样一种决定论的思维方式。

如前所述,近代科学体系非常发达、影响深远,但实际上在欧洲合理化过程中,法律作为模式发挥的作用更大一些。与此同时,近代科学体系的发展又反作用于法律,推动法律本身的科学化。因此,近代的法学和科学都呈现出鲜明的决定论特征。但是,在19世纪和20世纪之交的时候,情况发生了一些变化,开始出现波澜壮阔的非决定论指向的法学运动和科学运动。

在欧洲大陆,这种非决定论指向的法学运动,主要表现为对概念法学的批判以及在此基础上形成的自由法学派。自由法学派的代表人物欧根·埃利希(Eugen Ehrlich)提出了"活法"概念、与"国家的法律"相对应的"活法"理论以及"自由的法律发现"的口号。正是在他的思想影响下,德国以及欧洲其他国家出现了恩斯特·H. 康托洛维茨(Ernst H. Kantorowicz)所倡导的"自由法运动"。后来,为了对自由的法律判断进行适当的限制,德国又出现了作为概念法学修正产物的利益法学,探究立法时的利益权衡,强调在法律的基本框架内对不同的利益进行权衡。利益法学强调法官应该对法律采取一种有思想的服从。

在法国同样存在着非决定论指向的法学运动,比如马尼奥现象。拿破仑法典颁布之后,整个法国的司法体系都强调必须严格适用法典,这无疑是具有决定论倾向的。但是马尼奥作为巴黎上诉法院的院长,采纳了一种脱离法典、脱离判例,甚至脱离学说的裁判态度,采纳了一种根据案情、社会道德与习俗以及正义感来进行审判的司法姿态。尽管这个现象持续的时间不是很长,但也曾风靡一时。

同样的运动在美国表现为对法律形式化进行批判的法律现实主义,或者说现实主义法学,提倡一种经验指向和以法律为工具的观念。例如奥利弗·霍姆斯(Oliver Holmes)大法官强调法律的生命不在于逻辑,而在于经验。哈佛大学法学院院长、美国主流法学的代表人物罗斯科·庞德(Roscoe Pound)则提供了社会学的法理学以及作为社会控制的系统工程的法学观。顺便说一下,在中国社会革命中出现的对继受法制进行批判与重视群众意见的马锡五审判方式,也属于非决定论思潮的一种表现形态。

决定论与非决定论的基本前提是对立的,即自然法则与自由意志之间的对立。与近代法学类似,近代科学强调的是自然法则以及人对自然法则的探索和发现。与此不同,在非决定论指向下的科学运动更强调的是人的自由意志,不过实际上也与近代法学"心有灵犀一点通"。自19世纪以来,陆续出现了一些重要的理论,助长了非决定论的思想倾向。比如爱因斯坦的狭义相对论,对时间概念提出一个颠覆性的重新诠释:根据光信号的不同速度界定时间。狭义相对论对预测的看法也发生了颠覆性的变化。狭义相对论认为预测不能适用于未来,而只能用于过去;从系统内部的视角来看,未来是不可预测的。狭义相对论体现出科学思想范式的变化。卡尔·波普尔(Karl Popper)的经验证伪主义理论则指出,科学发展基于试行错误。合理性并非事先决定的,也很难进行合理的预测。人的理性本身就是有限的,人的预测能力也是有限的。对于概率的计算不宜进行客观解释,但可以进行倾向性的解释。波普尔认为,还原主义不能取得最终的胜利,但可以作为知识增长策略而采用。

此外还有普利高津(Prigogine)的耗散结构理论,该理论认为子系统之间的相互作用是非线性的。今天参与对话的几位嘉宾都是中国关于法律系统理论研究的代表性学者，讲座的后半段我们还可以进一步讨论社会子系统的相互作用，考虑究竟应当怎样把握这种非线性的思维方式以及原先在决定论的影响下所产生的线性进化主义的思维方式。1996年，普利高津还出版了一本书，叫作《确定性的终结——时间、混沌与新自然法则》，书名似乎有一点"标题党"的味道（笑）。他认为，人类生活在一个概率世界中，确定性只是一个错觉。在座的各位同学基本都是研究法律原理的，各位老师也都研究尼古拉斯·卢曼（Niklas Luhmann）的社会理论，大家都知道卢曼的法社会学有一个非常著名的命题，就是法律系统的功能是缩减社会的复杂性，要给民众提供明确的行动预期，进而使社会具有确定性。在某种意义上讲，普利高津所提出来的颠覆性观点，对卢曼倡导的非常前沿的革命性理论更进一步地提出了反命题。这是一种非常有意思的变化。当然关于如何正确地理解这些现象，随后需要更进一步的讨论。

第二个方面，关于法律中的不确定性、风险以及概率计算的一些基本条件。

大家都非常熟悉司法实践中存在的"非确定性"（indeterminacy）问题。翻译这个词是一件比较复杂的事，也可以把它翻译成"不确定性"（uncertainty）。通过把 indeterminacy 翻译成"非确定性"，把后面的 uncertainty 翻译成"不确定性"，这样就可以将两个概念区分开来。非确定性不否认找到确定性解答的可能性，只是强调存在非也的情形，比较贴近英文单词的原意。我们都知道，作为一名德国学者，卢曼非常关注程序。在新程序主义的语境下，诉讼程序的规则是确定的，但是它的结果是不确定的，通过程序的展开逐步化解非确定性，给既定的事实和判断逐一贴上封条。由此可见，诉讼在本质上具有某种程度的盖然性，存在败诉的风险,只是传统法学的宗旨是对偶然因素进行去随机化的处理,克减复杂性和非确定性,并找出一个正确解答。

在卢曼看来,程序和契约都具有盖然性,其未来的结果都是不确定的,把判断和决定的机会留待今后。不言而喻,我们法律人不可能完全像近代科学家那样,对诉讼上的因果关系也进行精准的证明。诉讼上因果关系的论证,始终是以高度盖然性的证明作为目标的。在一定程度上,它也是以法官、陪审员对真实性的确信作为目标的。因此有学说主张,法庭里面的事实都是法律上虚拟的、拟制的事实。在某种意义上可以说,法官内在的自由心证只是对真实性的一种确信。确信与客观的因果关系的证明,这两者是不同的。在法律上试图对因果关系进行科学的证明之际,人们基本上都是以对真实性的确信作为出发点,然后不断找出能够证明或者修正这种确信的证据与暂时性的主张。因此,法庭诉讼上因果关系的证明本身也具有盖然性。比如在涉及侵权的民事案件之中,举证责任的分配规则具有非常重要的意义。负有举证责任的一方,容易处于不利的地位。"谁主张,谁举证"的证明规则要求主要由受害者负有举证的责任。大家都很清楚,履行证明责任实际上是一个非常沉重的负担,一般而言,证明的难度是比较大的。这也意味着在司法实践的过程中,证明活动或多或少具有某种固有的盖然性。当然,在科学发达的当代社会,作为补救手段的科学鉴定程序以及专家陪审员制度出现了。通过科学鉴定程序与专家陪审员制度,通过各种各样的科学手段,因果关系的证明与证据的确认能够变得更加科学与明确。但不可否认,司法实践还是先天地存在"非确定性"的问题。

正是在上述背景下,在法学领域中曾经出现过"作为科学的法学"运动以及法律实践的科学化倾向,试图克服司法的非确定性。这个运动主要的推动者,就是大家都很熟悉的、曾经担任过哈佛大学法学院院长的兰德尔(Langdell)，著名的"判例教学法"也是由他来推动的。"作为科学的法学"运动使得法律实践越来越科学化。比如，刑事审判中强调科学证据的勘验匹配，特别是随着科学技术的发达，对于弹孔、指纹、声纹、血液等证据样本的勘验匹配，推动了科学证据理论的不断发展。再比如，在民事案件中应用大数据的科学审判；关于物证的法庭科学(forensic science)。科学鉴定往往会邀请很多专家，不同的专家对科学鉴定的结果可能会做出不同的解释。那么，在这些不同的解释之中，究竟哪一个是正确的呢？最终做出这个取舍决定的是法官，而在科学判断的领域，法官其实是外行。由此观之，虽然证据的科学化进程已经取得了不小的成就，但根据司法的终局性判断原则，在对法律与审判问题做最后判断的时候，仍旧不得不依赖法官自身。在这个意义上，司法程序当中的科学鉴定，实际上处于一种两难境地。

总之，人们不断通过科技手段来预防和减少司法实践当中的非确定性问题。但即使在导入了这样一系列的科技方法之后，司法的"非确定性问题"仍然很难克服。

接下来，是社会的"不确定性"(uncertainty)与作为风险治理术的法学。这个话题在最近三十余年中一直受到广泛关注，主要的缘起是1986年德国社会学家乌尔里希·贝克(Ulrich Beck)的《风险社会》一书的出版。中国公开讨论风险社会问题只有十年左右，但这次突如其来的新冠疫情，使社会的不确定性问题和风险问题再一次显现出来。

我们在日常生活中谈论的风险，指的是一种不确定的状况。在不确定的状况之中，当然就会存在行为的风险、决策的风险。但从学术上来看，应该对社会的不确定性和风险的概念进行区分。完全的不确定性表现为偶然、无知以及出乎意料。根据卢曼风险社会学的分析框架，如果从一开始就没有把灾难纳入到设想之中，那么这种完全的不确定性所造成的危害便主要是源自环境，跟人的主观因素没有太多的直接关系，因此难以进行问责。

当然，风险的发生也具有不确定性，但以发生的盖然性为本质特征。风险与完全的不确定性有一个最大的不同，就是对于风险可以通过概率来进行把握，换言之，可以对风险进行预期值的计算。风险所造成的危害与预测是否准确、防范举措是否及时和适当相关，因此对风险的管理是可以追究责任的。卢曼区分了"危险"和"风险"这两个概念。实际上，危险的本质特征是完全的不确定性，而风险则具有一定的概率计算的可能性。此外，预防与规制的举措，还可能会引起新型风险或潜在风险。这一点从此次新冠疫情中可以看得非常清楚，比如说目前对新冠采取的隔离决策，防治的效果是非常明显的。但在这一过程中，是否存在过度防范的问题？是否产生了新型风险和潜在风险？比如，过于严格的隔离措施可能会导致经济上出现非常严重的问题，也有可能使得其他的疾病都没有办法得到治疗：因为大家都进行疫情的防控，不敢也不能去医院对其他疾病进行诊断；或者因为要求大家都待在家里来进行隔离，很多患有其他疾病的人得不到及时的医治和抢救。这时就会产生另一种风险：因新冠病毒感染而产生的患者减少了，或者致死率下降了，但是因其他疾病而产生的患者或者致死率可能反倒增加了，而这些就是潜在风险，或者新型风险。

对于政府而言，采取预防和规制措施的费用是确定的，但是风险的收益却是不确定的。所以，这会导致政府在防疫措施方面处于犹豫状态。像欧美很多国家对待新冠疫情的防控举措的决策就是很好的实例。由于其相关制度对规制措施的费用的限制，导致了政府很难断然采取隔离措施。由于发病率、致死率的高低存在诸多不确定性，所以防疫措施的收益是不确定的。因此，美国围绕新冠疫情防控，出现了尖锐的意见对立,相关政策上的争论也是总统大选的一个焦点之一。

一般而言,专家则更关注损失的概率和数额。今年春节期间我到日本去访问,当时中国的新冠疫情正在扩散,但日本有很多的专家都认为中国采取的措施有些过分严厉,其根据在于新冠疫情的致死率在1%左右或者稍微高一点,实际上跟大号流感也没什么太大的区别。但是,群众更加关注损失、痛苦以及风险分配的公平性。比如武汉那些患者痛苦死去的事实对舆情冲击极大。可见在风险评估方面,群众与专家的想法是非常不一样的。大众传媒对风险发生的概率和实际危险的忽视具有不均等性和非对称性。在这样的情况下,如果大众传媒以及舆论对于某些特殊的危害特别关注的话,那么它就有可能会导致主观危险先行的状况,造成紧张的气氛。大家可能已经注意到,最近有四千多位欧美医生联署公开信,主张现在被新冠病毒感染者的人口占比已经达到10%,如果继续采取目前这样严格的隔离举措,可能并没有办法充分防止疫情扩散,反而会因经济与日常生活受到妨碍甚至中断而造成无法弥补的损失。由此可见,医生更注重传染的概率以及对利弊得失的理性判断。但医生的这些主张能不能为群众所接受呢?无论如何,这一举动在社交媒体上引发了关注和争论。另外,在风险沟通过程中还会出现所谓的"群体极化"现象。比如在微信朋友圈里,价值观比较一致的人在一起讨论问题时,会就某一现象发表类似的意见。这种意见反复交织和积累,就会形成共振或共鸣,最后导致原有的价值取向越来越鲜明甚至极端化。抖音也可能使风险沟通中的"群体极化"现象变得越来越突出。这也是在风险社会的治理中必须面对的问题。社会的不确定性增大,导致社会治理变得更复杂了。决策和司法判断都应该考虑这些不同的因素,注重风险沟通。当然,这些因素又会反过来影响法学,使法学本身发生非常深刻的变化。

风险治理与概率的计算和解释是密切相关的。在决策的过程中，要将概率的计算纳入到风险治理的视野之中。那么我们应该如何理解概率？从科学技术的层面来看，所谓的"概率"，指的是某一种现象发生的可能性或可信度及其数值。从数学上来看，它的数值不会大于1，也不会小于0。这些都是教科书式的说明。概率意味着某种不确定性，但其也具有实现可能性。在这样的情况下进行决策，首先要对概率或不确定性的现象进行预测，然后在这个基础上来考虑社会治理和法律判断。

一般而言，概率计算的概念存在着四种类型。

第一种是大家都很熟悉的算术概率。法国的天文学家与数学家拉普拉斯（Laplace）曾就同等可能性做出定义，例如在抛掷骰子的游戏中，骰子有6个面，各个面的数字都是不一样的，每一面出现的概率是1/6，然后在这个基础上，根据已经出现的情形可以进行计算，对出现的频度做出解释。所以说，这是一种算术式概率的概念。

第二种是统计概率。统计概率在现代社会应用得非常普遍，由奥地利著名经济学家冯·米塞斯（von Mises）提出。通过不断地试行，然后根据经验性的数值来对相对频率下定义。统计概率的本质，是针对一种现象以什么样的频率出现所做出的解释。值得注意的是，算数概率和统计概率都属于频度解释。在新冠疫情的防控过程中，涉及感染率、病例治愈率、入院率、致死率等数据，都是统计学上的概率。

第三种是公理概率。它由俄罗斯数学家柯尔摩戈洛夫（Kolmogorov）提出，并根据三个公理来做出定义，这里涉及前面讲波普尔时提到的倾向性解释。公理概率的运作逻辑是，从公理出发并通过概率的计算来找出事物演变的倾向。

第四种是主观概率。主观概率是根据我们的经验、知识和信息做出的可能性判断,此时对概率的解释是主观的。在涉及法律决策和司法的场合,经常使用的是主观概率。因为法官会根据自己的专业知识和经验,结合观察所得的信息,首先产生"这个人是不是犯罪了"的心证或者内心确信。然后,他再找证据来否定、修正或证实自己的判断,并不断通过事实验证来使主观性逐步缩减,最终确定真实性。在概率用于判断和决策方面,贝叶斯定理及其推定方法在近些年受到非常广泛的关注。在某种意义上,贝叶斯方法就是一种主观概率的计算类型,跟法律判断是密切相关的。首先,根据自己过去的经验和知识并结合现在获得的信息,提出一个先验概率或假说,即法官的内心确信。其次,根据假说来搜集各种各样的证据,当然一般来说就是数据。再次,求得在一定条件下可能形成的概率,即条件概率。最后,再根据这些数据来验证自己的假说,即内心确信,此时得出的判断就是后验概率。

社会的不确定性状况是需要进行具体分析的。如果对与不确定性状况相关的概念进行区分,大致可以表述为五种。首先是(1)确定性,(2)风险,(3)真正的不确定性:如果已知的某一事物确实已经发生或者肯定要发生,那事物就是具有"确定性"的;在复数的事物中,某一事物可能发生或者已经发生,我们虽然不知道它是不是具体发生了,但是知道各种事故发生的概率,这就是前面讲到的"风险";在复数的事物中,不知道哪一事物可能发生或者已经发生,也不知道各种事物发生的概率,那就是"真正的不确定性"。其次,如果无法列举所有可能发生或者已经发生的事物的话,那就是(4)预想之外的不确定性。最后,如果完全不知道哪一事物可能发生或者已经发生,那就是(5)无知。在这里,我把前面提到的确定性、风险、真正的不确定性、预想之外的不确定性、无知等概念,从概率论的角度更加明确地做了一次概念界定,使风险和不确定性得以更好地区分,这样一来对很多问题的把握就会更加精准。

在风险和不确定性的状况下进行决策,经济学曾经对此进行过非常精彩的分析,这种研究对于法律问题的解决也很有参考价值。芝加哥学派的创始人之一弗兰克·H.奈特(Frank H. Knight)对风险的不确定性以及在不确定性状况下所做的经济决策进行过详细的分析,有兴趣的朋友可以看他的著作《风险、不确定性与利润》(*Risk, Uncertainty and Profit*),其中展示的分析框架也可以应用于法学研究。奈特的分析框架有以下几点值得特别注意。

例如关于目的和复数的手段选项的分析。一般而言,在对一个目的存在复数的手段选项的情况下,我们需要找出一个最优的手段,一个最优的解决问题的方案——这是一个决策最优化的问题。但是,在不确定性的情况下进行决策之际,其实很难进行最优方案的选择。对此,奈特在经济决策方面提出了一些很有意义的建言,比如满足度标准、最低限度最佳标准、后悔最小化标准。在不确定性的情况下,人的满足度是一个很重要的判断标准,其他标准包括在最低限度的条件下尽量做得最好,或者对决策的后悔是最小化的。在风险状况下的决策面对盖然性,还可以根据一个期待值来进行判断。比如个人买房、炒股的行为方式是买涨不买跌,结果很容易悔不当初或者不敢出手,这时其他人往往会劝他不要老是后悔和对比,也别说"那时候如果买了就好了"之类的话(笑),你只能大致确定一个期待值,按照这个期待值来计算盈亏。同样的道理,公共决策可以根据期待效用来进行判断。除此之外,还有关于怎么回避不确定性的问题,怎么减少或者避免损失的问题,等等。

在风险和不确定性状况下的法律决策,也会具有不同的特点,需要采取类似的应对方法。从这个角度来看,中国针对不确定性问题的一些传统制度设计是很有意思的。例如德沃金的司法裁定论主张,审判者要寻找一个正确的解答,甚至是唯一的正解。但是,中国古代关于司法的话语则缺乏这样的观念,《名公书判清明集》里反复出现的论题是如何通过商谈或调解寻找更好的解决方案,让当事人各方都满意,避免依法判决所造成的后悔。前面谈到的奈特经济学所提示的最低限度最佳标准、满足度标准以及后悔最小化标准在这里都能找到,可见中国传统司法似乎总是在进行风险决策。当今法院提出把当事人满意不满意以及人民满意度作为一个判断标准,也是由于风险社会的不确定性要求司法决策充分考虑政治大局、社会变化、具体情节等等。换言之,如果司法机关必须在一种不确定性的状况下进行决策,那就势必要强调比较意义上的更好而不是唯一的正确解答,势必要强调表现为满意度的社会效果而不仅仅是严格服从法律。提出这些口号、做出这些政策选择的人,未必知道奈特的理论框架以及在不确定性中进行经济决策的判断标准,但两者之间的高度类似性的确使人饶有兴味。

第三个方面,谈一谈德沃金关于侥幸均等正义论的思考实验。

下面,我对德沃金的正义理论,特别是从运气的角度来理解平等、公平问题的主张简单做一下分析。1981年德沃金发表了一篇重要的论文,标题是《资源的平等》,后来收入他的著作《至上的美德——平等的理论与实践》之中。

立论的背景当然是罗尔斯的《正义论》发表后所引发的热烈学术讨论。德沃金是以自由市场为前提条件,从法哲学的角度提出了关于平等问题的新视角,把资源的平等以及风险、运气等偶然因素纳入正义理论的视野之中。为了实现资源的平等,他提出了一个同时拍卖市场的模型:

假设有一条船出了事故,漂流到了一个无人岛上。无人岛上非常荒凉,周边是茫茫大海,估计好几年内都不会有船只路经这里或靠岸而停,因此漂流者们得到救援的机会十分渺茫。在此情况下,漂流者们不得不在岛上构成一个移民社会，为了生活还必须对岛上资源进行分配。假设按照机会公平的原则分配资源，大家决定采用拍卖程序进行分配，每人获得同等数量的贝壳作为货币并确定各种资源的价格。在这里，暂且假定交易成本为零，而大家的价值取向各不相同，每个人都各取所需。如果某人认为某物很重要，即使价格贵些也会力争获得。但在某物上投入了较多的贝壳则会导致存款的减少，势必影响对其他资源的获取。

显然，这样的资源拍卖市场除了竞标的结果之外并没有独立的价值判断标准，实际上是人们将不同的价值进行兑换的过程，是通过竞争达到平衡的过程，体现了一种完全的程序正义。德沃金对竞标的结果是确立了价值判断标准的，不是以形式上的、客观的结果平等为标准，而是以带有主观性的羡妒测试来作为判断标准：拍卖中我要的东西都拿到了，别人期待的东西也都获得了，我对别人没有"羡慕嫉妒恨"，别人也不妒忌我。这样的话，德沃金认为拍卖结果就通过了羡妒测试，达到了资源平等的目的。相反，假如有人觉得"我的东西还是不如他的好"，那就说明还没有完全达到资源平等，需要继续调整。

拍卖程序不允许推翻重来，但允许反复调整，最后实现竞争性均衡，与罗尔斯的反思均衡概念相映成趣。当然，反复调整是有成本的，谁来承担这一成本？德沃金的思考实验没有涉及这一点，实际上，他的理论假设了交易成本为零的条件。

在德沃金的思考实验里，除了拍卖市场模型，还有一个保险市场模型。通过拍卖程序平等分配了资源，还会因为经营、运气、生活等引起变化，产生各种各样的风险与机遇。于是问题发生转换，从资源平等转换到了风险平等。德沃金在另一篇论文《正义、保险以及幸运》中提出了风险分配以及风险机会保障的平等主义思路——保险市场模型。通过同时拍卖会、拍卖程序实现的是资源分配的正义,通过保险制度实现的是风险分配的正义。前面所提到的风险可以对之进行预期值计算,因此人们可以对生涯安全进行预先筹划,风险的应对举措和治理方式也可以被理性设计。社会为了实现确定性,加强福利保障,开发了强制保险、任意保险、共同保险,以及作为保险功能替代物的所得税(比如累进所得税)。在某种意义上可以说,上述两个思考实验前后衔接,刚好是配套的。拍卖市场有点类似罗尔斯所设想的原初状况,但德沃金认为,"拍卖程序"(procedure of auction)比"无知之幕"(veil of ignorance)更为现实,更具有合理性。保险市场是针对风险、危险、结果责任以及再分配问题而设的,这有点类似罗尔斯所强调的差别原则。在社会治理方面,德沃金通过把"保险"(insurance)与博弈以及税收联系起来的理论尝试,为解决风险分配的正义问题提供了富有启示的思路。保险制度在相当程度上成为德沃金所说的处于"原生运气"(brute luck)与"选择运气"(option luck)之间的一种转换器,将导致法律责任的原理发生深刻的变化。

对于法律来说,最重要的是责任。德沃金把选择自由与责任自负的理念嵌入关于平等以及公平分配的正义理论之中,是具有重要意义的,也非常符合美国主流社会的价值取向。在这次新冠疫情中,尽管美国有那么多人感染,那么多人死亡,而美国民众虽然不无非议,但却没有爆发大规模抗议运动。这一现象在自由选择与自我负责的语境里是完全可以得到理解的,实际上,普通民众在采访中大都从运气好还是坏的角度来理解病毒感染的风险。把运气的观念纳入社会正义理论以及法理学的视野是德沃金的一个重要贡献,由此成长出了所谓的"侥幸平等主义"(luck egalitarianism)的思想流派。德沃金在他的论述中把运气区分为自然的但却无情的原生运气和在主观判断的基础上所形成的选择运气。原生运气是指与人的主观意志无关的运气，所以没办法追究责任。至于选择运气，是个人选择而导致的结果，需要自我承担责任。因此，原生运气无责任，选择运气有责任。

我认为这是考虑风险、概率与法律问题的一个特别重要的切入点。尽管有些学者对德沃金的理论进行了这样或者那样的批判，但是如果把他的主张与卢曼的理论联系起来的话，他所谓的原生运气和选择运气的概念就变得很好理解了。卢曼主张"（与决策无关的）危险"是无责任的，而"（与决策有关的）风险"是有责任的，也是指选择的后果责任。虽然德沃金没有提到卢曼，卢曼更没有提到德沃金，但是比较两者的风险理论则颇为有趣。德沃金强调的是市场，卢曼强调的是系统，二者的视角虽很不一样，然而都试图处理在不确定性与风险中进行选择或决策的责任问题。有些法哲学研究者觉得原生运气与选择运气的概念不易理解、不够严谨，认为实际上没有区分二者的必要。但其实不是这样的。若从卢曼理论关于风险与危险的概念界定和分类的角度来看，那么德沃金的"运气区分"说就会变得易于理解了。

除了关于运气的正义论分析，德沃金还探讨了其他的一些与正义相关的问题。比如关于风险意识与入保的选择，还有保险公司对遗传风险进行处理的公平性问题。保险公司往往要根据个人的家族疾病史、基因信息等进行分类，在入保的时候根据遗传风险做出差别待遇，这当然涉及公平的问题。在这里，德沃金的侥幸均等正义论的意义以非常明确的形式呈现出来。德沃金的正义理论显然是对罗尔斯正义理论的批判性发展。德沃金自己不否认这一点。他认为罗尔斯在论证正义原则的正当性时假定存在社会契约并假定其具有约束力，但其实还应该更进一步探讨独立于上述假定的深层次理论及其特征。在德沃金看来,这样的深层次理论包括目的本位、义务本位、权利本位等不同类型,强调契约就势必要强调权利,所以罗尔斯正义理论的深层次理论应该是权利本位的理论。

这里需要顺便说明一下,罗尔斯的正义学说,特别是晚期的《正义新论》其实强调的是互惠性对于正义原则正当化的意义。众所周知,罗尔斯论证的正义原则有两条,第一原则是平等的自由原则,第二原则是关于结果不平等的限定条件的原则,其中又细分为机会的公正平等原则与差别原则。这三者的表述顺序就是价值排列的顺序,排在最后的是差别原则。但是实际上,差别原则才是罗尔斯正义理论的核心观念和生命力之所在。在论证差别原则的时候,罗尔斯特别强调互惠性这个概念,甚至把互惠性作为正义诸原则的基石。我们知道,互惠性与权利在本质上是截然不同的。权利是既定的、明确的,而互惠性则与讨价还价、妥协、互利如影随形,带有偶然和概率的色彩。互惠往往被理解为在特定的情况下双方通过讨价还价、暂定协议而达成的一种均衡状态。由此看来,德沃金对罗尔斯深层次理论的理解似乎还有商榷的余地。当然,对比德沃金的竞争均衡与罗尔斯的反思均衡,我们也可以找到两者的连接点。

在《至上的美德》这本书中,德沃金强调对公民的平等照护是主权者的最高德性和正义的目标。但是,"照护"(care)是否意味着一种行政式的实质性平等观?这个问题是可以进一步推敲的。但是,德沃金的正义主张又与通常所理解的那种行政性的平等照护不一样,他明确地对福利平等体制进行了批判,试图从自由交换的市场机制中发现资源平等分配的最佳原理。这就是拍卖市场模型。讲到拍卖方式,在座的听众一定会联想到上海的车牌号拍卖,以及与之形成鲜明对比的北京车牌摇号制度。两者都是资源分配的方式,一般来说都是基于平等原理及选择运气。但是，上海的车牌号拍卖更符合德沃金所追求的完全程序正义，也反映了供求关系的变化以及价值兑换的可能性。北京的摇号方式则是简单的抽签，就像运气的赌博，很难反映出市场交换和价值兑换的机制。

讲到资源的平等分配的实践，我们还可能联想到政治和法律方面的事例。比如20世纪40年代末到50年代初的中国土地改革，是通过政治强制的方式实现资源的平等。还有50年代后期的工商业社会主义改造，虽然没有拍卖程序，但是通过赎买的方式实现了资源平等。有人可能还会联想起在苏联东欧体制转型的过程中曾经推出的休克疗法以及激进的市场化改革方案，这就是把全民所有的资产按照估值转化为资产券，平均地分配给每一个公民。这也是资源平等分配的一种方式，强调的只是规模、数量上的等额，没有反映各自不同的需求和价值取向。有些人收到资产券后立即转让给其他人，但企业的经营机制却被破坏了，后来通过自由交换，资产券也逐渐集中到了一部分人的手中。

大家都知道，德沃金的法学理论是非常强调权利的，《认真对待权利》是他最著名的一部代表作。但是，从《至上的美德》这本书中，我们可以更清楚地发现德沃金权利观的特征。在他看来，究其本质而言，权利不外乎是一种行为理由，也是判断的依据。过去的法学理论大都认为权利是从自然法、自然权演绎出来的，存在既定的、明确的权利体系。但德沃金理解的权利其实与此不同。作为一种行为理由、一种判断依据的权利，当然也就具有相对性、可变性，即具有偶然性、概率性。但是，正是在这样的语境里，德沃金试图确立起平等主义的立法指针，这是罗尔斯的《正义论》《正义新论》尚未解决的任务。罗尔斯在《正义新论》中借助 OP 曲线来说明分配的正义以及差别原则的正当性。罗尔斯的 OP 分配曲线在区分最有利群体和最不利群体的基础上建立了差别原则适用场景的分析坐标，为差距的指数测量提供了包括最高正义直线、公平分配最大值、纳什点、边沁点、封建点等基本概念或指标，形成了一个理论分析的初步框架。但是，OP 曲线并不能提供立法指针，只是提供了对处于有利位置的阶层或群体进行道德说服的逻辑或修辞，充其量只是为个人行为提供了规范性指针。

但是，德沃金没有止步于此，而是试图将平等主义作为立法指针。有趣的是，他从保险费的角度理解税金，提供了税收制度设计的立法指针。对于一个现代法治国家来说，税法是非常重要的，因为税率就等于公共物品的价格，公民是以税金来购买政府提供的公共物品。特别是在强调社会保障、社会福利的时候，税法就变得更加重要。税率的高低，税种针对哪类对象，其实就是其他形式的资源分配，当然这也是负担分配。德沃金说过，赌博的本质就是用很小的成本来购买那些收益很大但概率很小的机会，而保险的本质则是一种用很小的成本来购买那些针对不太可能发生，可一旦发生却有十分严重的后果的赔偿。理解入险的意义，也就不难理解纳税的意义，因为公民通过小额定期的纳税可以获得巨大的社会保障和公共服务。在福利国家，税收制度对于保险水平的影响就更加直接、更加明显。

德沃金还强调平等照护是一种权利，这就涉及国家的责任问题。前面已经讨论过风险社会的责任与决策，在这个方面德沃金的观点非常明确：对于那些不是因为个人选择而产生的危害，个人没有必要承担责任，但政府有责任去解决相关的问题。在这个意义上，可以说，原生运气概念本身是没有问责契机的。换言之，没有选择也就没有责任。但是，如果个人的选择错了，造成了损失，那就要承担后果责任，而不应该由政府来承担责任。尽管如此，从平等、社会稳定以及悲悯的角度来看,政府不妨适当地进行补偿,如在碰到天灾时当然也应进行救济。但是,应该为这样的补偿和救济设立法律标准以及明确的限制条件。这些就是德沃金的基本观点。

总而言之,德沃金非常强调的是市场指向,但是他的理论也存在自相矛盾的地方。他认为,甚至拍卖程序和保险市场也都需要通过电子计算机,才能对欲望、偏好和风险之间的互动关系进行与市场结果相等的经济计算和预测,在这里似乎存在一种经济理性计划的假定,与强调自由交换的市场指向是矛盾的。另外,在考虑缩小贫富悬殊的政策指针中,德沃金提出了一个平均值的概念。在某种意义上可以把这个概念与目前正在热烈议论的大数据结合在一起,通过大数据的人工智能处理来解决平均值问题。当然,对于德沃金侥幸均等正义论的概念和命题,学界也有各种批判意见。

最后是第四个方面,立足于法律实践和法律制度设计,去探讨法律决策的风险、沟通以及问责的问题。

卢曼的风险社会学提出了区分决策者与受决策影响者的分析框架,"二阶观察"视野里的风险意识与风险评价,以及风险沟通、风险分配等一系列概念,对此可参看我已发表论文中的相关具体分析。现在,我仅简单说明一下风险和概率对未来的法律制度设计有哪些影响。

如前所述,司法实践其实本来就潜伏着概率思考,比如法官的自由心证对于判决的影响。另外,当事人双方叙述的故事往往是公说公有理,婆说婆有理,这就导致不同故事之间的说服力竞争,竞争导致的结果当然不是确定的,具有一定的盖然性。又如,法官在审理案件的过程中可以根据具有盖然性的经验反思来对逻辑推论进行修正,其往往会强调特殊的情节、例外,而这种强调其实也是具有概率性的。何况关于因果关系的推定往往需要通过不同群体之间的比较和归纳才能进行，例如公害案件、涉及新冠病毒疫情的诉讼的责任问题，判决大都是在归纳式推定的基础上做出来的。因此，因果关系的确认也是一种盖然性的证明，法律上的因果关系未必就一定是事实上的因果关系。当然，我们应该也有可能通过科学鉴定寻找证据，不断追究事实上的因果关系。但是，由于审判期限、认知能力等条件约束，司法判断只能基于法律上的因果关系。

另外，在未来指向、权利创造型的审判当中，司法判断与政治判断其实是互相交错的，也就是德沃金所说的疑难案件的处理，这就需要统筹考虑法律、原则以及政策，同样也会面临决策风险的问题。当将现代科技手段用于审判时，还存在跨学科所导致的可变性，如数据安全、电磁波的影响、磁悬浮的辐射等等。人们经常提到的科学审判，往往是对问题群进行集体性决策。在判断的形成过程中，不同专家的主张互相作用后会形成合力，导致最终的结论。不言而喻，这种合力的形成过程是充满变数的。更何况各个领域的专家都会把大量的科学假说、暂定的结论带到法庭之上，从而使情况变得更加复杂。因为这些问题在法律上原来是没有明确规定的，需要进行权利和规范的创造，这就势必会增大法律判断的流动性和暂时性。日本东京大学的太田胜造教授是致力于纠纷解决制度和法律经济学研究的专家，也是我的一个老朋友，他鉴于上述状况提出了一个关于民事诉讼制度的创新型设计，即以非确定性为前提，强调根据公理性概率论来重构民事司法体系，案件审理注重证据上的试错过程和可撤销性，最后以法律经济学强调的期待效用最大化为指标来做出司法决定。当然，这样的民事审判具有一定的概率性。在他看来，这就是在不确定性和风险性不断增强的社会中，司法制度演变所呈现出的一种趋势。

我已经讲了一个半小时,还要留出时间来给其他对话嘉宾发表意见以及提问讨论。我就先讲到这里,谢谢大家!

三、与谈环节

陆宇峰教授(主持人):

谢谢季老师,一个半小时的讲授令我们意犹未尽,辛苦季老师了!大家可以感受到,这个讲座的信息量实在是太大了,一个理论接着一个理论,每次听季老师的讲座都有这么大的收获。今天季老师的讲座主题为"法律与概率——不确定的世界与决策风险",以特朗普竞选连任美国总统期间感染新冠的案例,引入对风险问题的讨论,从我国疫情防控决策的各方面风险,一直讨论到近代法的决定论倾向。季老师向我们表明,近代科学、法学与形而上学三者的相互影响,带来了近代法的这种决定论倾向。

但季老师也告诉我们,从 19 世纪下半叶开始到 20 世纪,各种非决定论的法学思潮在不断地涌现,包括德国的自由法运动、利益法学,法国的马尼奥现象,美国的法律现实主义,甚至中国的马锡五审判,实际上都可以被视为这个反决定论的、非决定论的跨世纪思潮的组成部分。这一思潮又与新的科学发展,包括爱因斯坦的相对论、波普尔的科学哲学、普利高津的耗散结构理论结合在一起。与此同时,人们渐渐开始接受司法的非确定性特点,法学也转向程序主义,这就是季老师在 20 世纪八九十年代观察到的程序主义的法学转向。季老师几十年来都在引领法律发展的前沿观察,这个观察在今天也越来越清楚,就是整个社会的不确定性和风险完全呈现出来,法学一定要去面对一个不确定和风险层出的世界。

风险并非客观现象,更重要的问题在于风险的意识、风险的观察和风险的沟通。所以在不同的人那里,在不同的社会那里,对风险的理解是完全不同的。这个问题带来了一系列的影响,很多人包括卢曼对法学如何在风险社会立足的怀疑论倾向,可能就来源于这里。但季老师仍然尝试在风险社会之中做出更好的决策方案。他谈及德沃金和罗尔斯的争论,非常精彩。季老师通过这场争论告诉我们,我们仍然可能去阐发一种决策理论,这种决策理论不光是一种说服的修辞,而且可以成为立法的指针,可以帮助做出风险决策。很重要的是,卢曼提出法律不可能处理风险问题,因为法律只能处理或大或小的损害,不能处理或有或无的损害。季老师则认同德沃金的看法,指出其实通过保险和税法,法律仍然可以介入到对风险的处理之中。在司法方面,法律对风险社会的介入,可能取决于法官怎样去面对概率,怎样去处理概率,增强裁判的可接受性。"让人民群众在每一个司法案件中感受到公平正义",这个理念经过季老师的阐释,实际上可能与风险社会的问题是高度相关的。

季老师的讲座非常精彩,我只能就自己的浅见谈一谈我的理解。接下来同学们可以准备一些问题向季老师请教,随后由季老师选择问题进行回答。

顺便向季老师汇报,您的这个讲座吸引了很多人,不光有很多外校的同学,连山东大学法学院的李忠夏教授也偷偷进来了(笑)。我们现在还是先请我们的两位嘉宾,首先是上海交通大学的宾凯副教授与谈。宾凯老师是国内第一篇系统论法学博士论文的写作者,他在北大的博士论文就与之相关。宾凯老师对二阶观察、决策理论有着深刻的理解,而且还是卢曼的《法社会学》的中文版译者。这是一个很好的中文译本,要知道卢曼的作品非常难译,很难得有一个好的中文译本,因此特向大家推荐。现在有请宾凯老师!

宾凯副教授:

今天很高兴参加"东方明珠大讲坛",感谢华政!感谢屈老师和陆老师!还有为这个讲座辛苦准备的同学们,谢谢你们!

谢谢刚才陆宇峰老师的介绍。宇峰老师也是系统论方面一位非常重要的专家,我们志同道合。季老师是我们共同的前辈,不仅是抽象意义上的,也是具体意义上的前辈。就抽象意义的前辈而言,季老师是中国改革开放以来法律社会学这门学科的启蒙者之一,不管是陆宇峰教授,还是泮伟江教授,我们在学术上一直都以季老师为典范。虽然我们还达不到季老师的高度,但季老师在这方面给我们做了非常好的示范,确立了很高的标准。就具体意义的前辈而言,在风险社会学尤其是卢曼社会系统论领域,季老师在20世纪90年代发表的《法律程序的意义——对中国法制建设的另一种思考》对于不确定性问题、卢曼系统论、哈贝马斯商谈理论的运用所发展出来的新程序主义,给晚辈们带来了很大的震撼,让我们知道了原来还可以这样提问、这样回答,原来学术文章可以这样写。因此,无论是抽象意义上还是具体意义上,我们都是季老师的追随者。

在季老师刚刚的讲座中,我感受到他极为丰富的知识储备,以及独特的、令人惊讶的视角。如果模仿卢曼的话来讲,那么季老师这场学术讲座可以说为学术沟通带来了差异,带来了惊讶,带来了刺激。今天有幸担任与谈人这一角色,对我而言是一个难得的学习机会。我本来还准备了一篇评论草稿,但季老师讲完后,我发现草稿基本作废。季老师的渊博知识与信息综合能力已完全溢出了我事先准备的框架,这也是担任季老师讲座与谈人必须承受的风险吧。

　　季老师今天的讲座给我带来了三个感受:第一,是大视野。视野跨度非常大。讲座题目中有 4 个关键词——法律、概率、不确定性、风险决策。一般而言,在一场讲座、一篇文章中我们很难将 4 个关键词同时妥善处理。但季老师将它们集成在一个讲座里,并带来了极为广阔的视野。第二,是大纵深。在法律方面,季老师从早期的自然法、概念法学一直讲到德沃金、罗尔斯,从机械力学讲到普利高津的自组织理论,跨度极大。第三,是跨学科。跨越了经济学、心理学、数学、自然科学、法学等领域,色彩斑斓。

　　下面,我谈一下在"风险、决策、概率、法律"语境下的一些体会。

　　季老师很早就在关注"法与社会风险"这个论题,在国内,他是最早意识到这个论题对于中国转型社会的重大意义的学者之一。他曾在上海交大凯原法学院主持法与社会风险的"高峰计划",还担任了"法与风险社会"研究丛书的总主编。这套丛书共有 6 卷,涉及问责、腐败与刑法、国际法秩序、风险治理、公司经营风险、公法与风险等问题,覆盖了法律与风险的各个领域。所以我认为,季老师对我国法律风险社会的研究做出了重要贡献。同学们如果有兴趣,也可以去读读这套 6 卷本的丛书。

　　季老师带领他的博士生、硕士生们定期开展读书会,曾系统地研读过卢曼、贝克、吉登斯等人的风险社会理论。季老师亲自带着学生们一起读,我也在旁边跟着学习。季老师在这方面有长期的积累,功力深厚,今晚的精彩分析就是一个展示,相信大家和我一样都有了切身体会。

　　具体到风险理论这个话题,刚才季老师把危险与风险做了区分,并且带入新冠疫情这一背景。危险/风险这个区分,对于我们理解现代社会的不确定性非常重要。季老师做出的这个区分,是基于卢曼的风险社会学理论。卢曼认为,传统社会将不确定性造成的不利后果归因于外部,归结于自然,归结于神秘的不可知力量,归结于运气,因而将之看成危险。现代社会,人类在社会内部做出的决定,给未来带来了一系列的不确定性,其后果最终归因于做出决定的人,在这个意义上就叫风险。

关于风险的不确定性,季老师做出了富有启发性的五种分类,这五种分类以前我还不曾听说过。王绍光教授针对这次疫情也写了一篇文章《深度不确定条件下的决策——以新冠肺炎疫情为例》,其中,他对不确定性与决策的关系做了三种分类:第一是确定条件下的决策,第二是不太确定情况下的决策,第三是深度不确定情况下的决策。我认为此种分类与季老师的分类存在对应,但季老师的分类更细。针对三种不同的决策类型,王绍光老师也提出了问责形式。对于完全确定的决策,决策者应当承担责任;对于不太确定条件下做出的决策,就不应对决策者苛求,针对这种情形,只要"结果是好的",就不用问责了;对深度不确定情况下的决策,王绍光老师将其称为"不知道自己不知道",这种情况还去追责,可能过于苛责。换言之,此时还要追责,就是让决策者承担了不合理的责任——此举不是缺乏分析能力,就是别有用心。

此时我回想起卢曼对决策的理解。卢曼区分了决策与计算:不能决定的地方才需要决策,能够决定的地方都叫计算。因此,卢曼提出了"决策悖论":正是因为无法做出决定,才需要决定。而且,不做决定本身,就是一种决定。无论是季老师还是王绍光老师,他们都提出了一种决策分类,即在确定的条件下决策是完全可计算的,半确定的情况下也有一部分是可计算的,完全不确定下是无法计算的。但对卢曼而言,他认为决策就是针对完全不确定的部分,其他部分可以归为计算。他最关心的是"不可决定"这个部分,这部分如何处理,既是一个政治难题,也是一个法律难题,或者说,伦理难题。

当法律遇到风险之时,是否完全无法处理?季老师做出的一个非常重要的贡献,就在于1993年发表的《法律程序的意义——对中国法制建设的另一种思考》一文,我每次讲法律社会学的课程一定会把这篇文章作为重要文献推荐给同学们。大家注意这篇文章发表的时代背景,那是紧接1992年邓小平南行之后。当时,季老师的这篇文章起到了扭转方向的作用,不仅把我国法学界的注意力和研究思路引向依法治国,而且是根据程序的依法治国。

刚才季老师也讲到,卢曼提出了通过程序来处理不确定性的理论,而卢曼出过一本小册子就叫《经由程序的正当化》。卢曼认为,法律系统会发明一些程序性装置,正如季老师所提到的举证责任分配,引进专家证人,这些制度都是我们非常熟知的。但我想补充的是,卢曼曾经讲过,只有程序肯定是不够的,只有程序还无法让法律系统在处理不确定性上从其他社会领域中分化出来。法律不但要重视程序,也要重视实体规范的生产,而且,这些程序规范、实体规范还必须相互衔接,形成"一致性"和"融贯性"的法律体系。整个规范体系,就是限缩不确定性的前提,卢曼也称之为"决策前提"。

季老师提到了德沃金处理社会不确定性的两种正义模型:一个是拍卖模型,一个是保险市场模型。季老师敏锐地指出,德沃金的理论内部存在冲突。一方面,德沃金的正义制度的设计体现了观察者的某种"全知全觉的计划理性",仿若存在一种上帝视角;另一方面,德沃金的拍卖模型和市场模拟理论让交易者自我安排,体现了参与者自主选择的不确定性。在探讨法律(正义)之时,如何处理不确定性?如何处理可计算性与不可计算的决策问题?就此,我们可以借助卢曼的视角理解德沃金，也可以借助德沃金补充卢曼的视角。

当卢曼提到如何处理"决定不可决定"这一悖论之时，他认为，在法律系统内部，法学者、法官、律师等会发明掩盖悖论的规范装置，包括程序性和实体性的规范装置。卢曼认为，在遇到不确定情况之时，一定会遭遇悖论：这样决定可以，那样决定也可以。但是，法官不能因为遭遇悖论而拒绝裁判。当他遇到不确定性案件，自己心里面也没谱的时候，他就会发明一些装置，或者借用法学家、律师发明的装置。换句话说，就是需要为决定找到理由。这种装置不仅仅是法官在个案中发明出来的，也包括律师和法学者的努力。举证责任分配制度、专家证人制度，都不是法官当庭决定的，而是法律学说和法律制度长期演化的成就。

注意，卢曼有一种独特的视角，这和刚才季老师的视角有点不一样。卢曼讲法律系统自我沟通运作之时，系统自有一套内在逻辑，系统不太关心法官个人是如何思考的。换言之，这里需要区分"法官如何思考"和"法律如何思考"之间的差异。作为对照，大家可以参考理查德·艾伦·波斯纳（Richard Allen Posner）曾写过的《法官如何思考》一书，以及贡塔·托伊布纳（Gunther Teubner）曾写过的《法律如何思考》这篇论文。其实，这也就是社会学上所谓的系统和行动的区分，这也是两种不同的观察社会决策的方式。卢曼的社会系统论采用的是系统自我再生产的视角，而季老师刚才所讲的，无论是德沃金的侥幸正义方案，还是运用概率统计、贝叶斯公式，都是行动者视角。

季老师的这次讲座，给了我一个重要的提醒，即行动的视角是否可以再度嵌入到系统中。用卢曼的话说，就是"系统/行动"这个区分，是否可以"再入"（re-entry）到"系统"之中。卢曼的风险理论和决策理论带给我们一个苦恼，即法律系统内部如何处理"决定不可决定"这一问题，如何掩盖"决定不可决定"这一悖论？今天季老师给了我们一个重要的启示:法律人从行动者的角色出发,可以发明很多"去悖论"的装置。通过行动者的选择,即通过法官对于裁判理由的选择,可以将法律指涉到法律系统的外部。比如,通过专家证人制度指涉到科学系统,以概率计算的方式把法律系统外部的科学理由导入法律内部,以掩盖法律内部不能做出决策的悖论。在政治系统中,政府决策也可以采取这种模式,比如这次疫情中,专家在向政府提供咨询之时就非常重要,掩藏了政治系统内部无法决策的悖论。当然,也可以通过指涉法律系统内部(自我指涉)以解决法律决策的悖论,举证责任分配制度就是如此。法官、法学家、律师等,可以调动系统内部资源,将概念、原则、学说重新排列组合,发明出诸如严格责任、举证责任倒置等方面的技术,这些都可以掩盖法律的决策悖论。

季老师今天讲了一个新东西,即引入概率统计来隐藏决策悖论。换句话说,法官处理问题之时也引入概率计算。这就把从原理上说本不可计算的决定,通过一套制度伪装,转换为了一种貌似合理(plausibility)的计算。季老师提到的归纳方法、风险评估、预测模型等等,都是基于概率的计算。法律系统的外部指涉,比如预测模型的设计,需要借助诸如病毒学、流行病学的科学知识,也包括医疗技术方面的专家知识。技术成熟度,包括季老师刚才提到的对"满意度"的评价,都可以导入到法律系统内部,成为掩盖决策悖论的论证理由。法官在进行裁判的时候,或者政府官员和国家机关在进行决策的时候,这种外部指涉都可以变成掩盖决策悖论的社会技术。

卢曼的社会系统论,本来是描述性的社会科学,如何为规范性的法教义学做出贡献,这一直是一个理论难题。如果我们导入季老师所提示的行动者的视角,行动者对论证工具或论证理由的选择,就可以对系统论的"去悖论"机制进行填充,从而也就开启了把系统论与法教义学结合起来的一种可能。卢曼虽然非常重视去悖论的社会机制,但从来没有从教义学的角度细化过,因为他更关心社会系统层面的运作。所以今天听了季老师的讲座,某种程度上减少了我的疑惑。当然,如果把行动视角引入系统论,是否会破坏卢曼系统论的严格性?或者,把系统论直接用于丰富法教义学,是否会导致一种理论跨越上的莽撞?这些都是以后可以再深思的。

最后,我想为风险问题补充一个信任的视角。风险与决策的关系,只是问题的一面;对卢曼而言,问题的另一面同样重要,这就是风险决策与社会信任的关系。卢曼既是现代社会的风险理论的创始人之一,也是现代社会的信任理论的创始人之一。季老师在读书会上也导读了卢曼的信任理论、安东尼·吉登斯(Anthony Giddens)的信任理论以及弗朗西斯·福山(Francis Fukuyama)的信任理论。他们三家的信任理论是不一样的。吉登斯的信任理论强调本体性安全,他没有对心理信任与社会信任机制做出明确分离。福山把传统社会的低信任社会和现代社会的高信任社会做了区分。卢曼的信任理论与他们不同:首先,卢曼不讲心理系统的信任,而强调社会系统的信任;其次,卢曼认为不需要区分传统社会和现代社会信任程度的高低,实质上没有高低之分,只是信任机制不同。

卢曼在《熟悉、信赖与信任:问题与选择》("Familiarity, Confidence, Trust: Problems and Alternatives")一文中,把我们日常理解的信任分为三种类型:第一是熟悉,第二是信赖,第三是信任。"熟悉"指什么?卢曼在一本书里专门提到,熟悉就是指生活世界。生活世界是在熟悉的范围内处理不熟悉(不确定性),因而有一种自然的安全感,这是指在传统社会里那种非反思地、不用质疑地、理所当然地相信周边安全的情况。在社会变化比较缓慢的时候,熟悉可以解决信任问题。到了现代社会,卢曼认为出现了两种机制:一是"信赖",二是"信任"。信赖是信任的一种特殊方式,特指"系统信任"。例如,我去航空公司坐飞机,我们不会过多思考,因为我对航空系统是信任的,如果出了问题,就对应卢曼所言的"危险"。另外一种是狭义的信任。刚才季老师也讲到了,如果人类决定了这件事情,最后出现了风险,那么就由决策者承担责任。这种自我决策产生的风险以及由此对待风险的态度,就是狭义的信任。卢曼这篇文章的副标题是"问题及其替代选项"。"问题—问题的解决方案"这样的双层结构,正是卢曼所谓的功能分析方法。卢曼认为,社会系统自身会提出问题并给出问题的解决方式。复杂性、不确定性、风险或悖论,出现在卢曼理论的不同时期,其实这些概念具有等价性,都是指社会系统所要解决的问题。针对该问题,社会给出的答案有三种选项,在传统社会是熟悉,在现代社会就是信赖和信任。但是卢曼认为,他与福山的不同之处在于,熟悉这种广义的信任机制,是理所当然的、非怀疑的、非反思的,它不仅存在于传统社会,而且在当代社会仍然发挥重要作用,是现代社会的信赖和信任机制的背景,只不过退到了后台,在隐蔽地起作用。当然,卢曼尤其关注的是现代社会的信赖和信任两种机制。

如果把信任考虑进来,那么,对于决策问题就有了新的视角。比如,疫情期间政府采取紧急措施,决策者在完全处于信息不足的情况下该如何决策,又该为决策后果承担什么样的责任?和之前的"非典"相比,新冠是一种新的病毒类型,在疫情暴发之初,整个社会处于一种无知的状态,甚至是不知道自己不知道的状态。科学家对它不太了解,政府也不太了解。传媒也会制造情感压力,某种程度上加剧了社会的不确定状态。我们今天应该都还能回忆起疫情暴发初期那种混乱和焦虑。这时,决策者如何决策?怎么问责?如果处于完全不确定的状态,我其实是赞成王绍光老师的意见的。在这个时候,决策者的决策是不该被问责的。但必须有一个前提条件,即在常态社会下有完善的法治建设,培育了强大的国家能力,让人们对政府、对社会各个子系统有一种信赖和信任。当遇到了这种非常态时,政府在完全不确定状态下做出了决策,而因为有常态时期培养起来的社会信任和国家能力,这种情况下决策者是可以免责的。

许多学者在研究紧急法治之时,提出了比例原则、基本人权不可克减、应急性原则等理论。我认为 H. L. A. 哈特(H. L. A. Hart)与德沃金之争就涉及这个问题。哈特认为法律的"开放结构"中法官有自由裁量权,德沃金认为法官行使自由裁量时并不自由,因为还有原则在其中起着约束法官裁判(决策)的作用。我认为,在完全不确定的决策之下,比如国家机关采取应急措施做出的某些决策,此处的原则是不起作用的,原则无法解决此时决策的论证说理与正当性问题。卢曼曾经提到,这种情况就是"悲剧决策",必须在两个同样好或同样坏的结果(价值)中做出挑选,此时,就不存在什么绝对不可违反的规范或原则(参见 Luhmann:"Are There Still Indispensable Norms in Our Society?")。

在法治状态下,在常态社会培养起来的系统性的信任,包括狭义的信任、信赖以及国家能力,是非常重要的。这也能解释我国疫情期间的应对方式及相应的结果。季老师今年发表的《疫情监控:一个比较法社会学的分析》一文,对于美国、日本、欧洲、韩国、中国的疫情应对展开了文化、社会和法律制度的比较研究,写得很精彩。我认为,针对各国应对疫情的不同决策方式以及得失,其实也可以用各国的文化(熟悉)和信任制度(包括信赖和信任)的框架加以分析,也就是用卢曼的信任理论加以分析。

再次感谢季老师,感谢华东政法大学!

陆宇峰教授（主持人）：

感谢宾老师，宾老师对季老师讲座的评价非常到位，建构了季老师与卢曼的对话，也向同学们讲解了一个很重要的卢曼理论，即卢曼的决策概念。没法算，算不清楚，但又一定要给一个结果，做一个决定，这个时候才涉及决策。所以卢曼有一组概念，一个叫"计算"，一个叫"决策"——无法计算又必须要拿个主意时，才叫"决策"。法律系统长期以来就是做这件事情，它不是计算，它算不了，因为它对两造的情况不能完全理解；法官不是上帝，不可能全知全能，但在个案情况下，又要在一定的时间内给出一个结果，所以他在干什么？他就在决策。不过这是从系统的角度来看，系统一直在决策，不过法官个人还是认为他是可以计算的，而后者是行动者的视角——他在算概率，他在依据自己的良心做出各种选择。当季老师论及这个事实的时候，他就把行动者的计算的视角再度引入到系统的决断理论之中，更加丰富了系统理论。

宾老师还进一步谈到了信任问题：如果每个系统都不是计算，其所做出的决定都还可以是另一个，那么我们为什么要接受它？这可能就是现代社会十分重要的信任问题了。为什么民主如此重要，因为统治者是大家选出来的。愿赌服输，既然选出了他，就要对他给予信任。法治的环境，也包括宾老师谈到的国家的能力，以及国家治理的现代化，这些宏观背景之所以非常重要，原因就在这里。每个人都应该对于国家和政府有一个总体的信任，才可能对具体的决策有所信任；没有这样的信任，就没有办法在高度复杂的风险社会之中进行国家和社会的治理。

宾老师讨论得非常深入，我也简单地跟同学们复述了一下，现在我们有请北京航空航天大学法学院副院长泮伟江教授。泮伟江老师也多年从事系统法学的研究，是这些年少有的年青一辈法学研究者里面能够靠写书挣钱的。他于2012年出版的《当代中国法治的分析与建构》现在已经再版了，最近又在商务印书馆出版了《法学的社会学启蒙》。此前他还翻译了卢曼的弟子托伊布纳的法社会学论文集，这个论文集很重要，推荐大家去阅读。目前泮伟江老师正在翻译《社会的社会》，这是卢曼生前最后一部著作，超过70万字，也期待泮老师把好的译本呈现给我们。现在有请泮伟江老师！

泮伟江教授：

首先特别感谢屈老师和陆老师代表华东政法大学举办了这样一系列非常有意义的活动。我从第一期开始就在关注这个论坛。陆宇峰老师在第一期结束后就准备邀请季老师做一期讲座，当时就联系我作为与谈人参加，对此我很兴奋也很期待。因为季卫东老师可以说是我的法学启蒙老师之一。虽然在我们求学期间，他远在日本，但是季卫东老师的著作，包括季卫东老师主编的许多书，当时都深深吸引着我们，对我们立志走学术之路起到了重要作用。我很羡慕宾凯老师能够在季老师身边工作，能够每周参加一次季老师的读书会，并能够经常向季老师请教学问。宇峰老师在上海也得地利之便可以经常听到季老师的教诲。今天的讲座提供了一个公开地向季老师学习、聆听季老师思想、向季老师请教的机会，对我来说十分难得。

我了解到在座的几位老师原本都以为季老师会在这次讲座中主要讲述卢曼社会学里关于法律风险方面的内容，但季老师并没有只局限于卢曼的风险社会理论，而是把卢曼放在一个更宏大的法律史、思想史视角之下，甚至联系了自然科学和社会科学的相关知识来进行讲述。对此我虽然略感意外，倒也没有过于惊讶，原因在于季老师在20世纪90年代就曾经主编过一套《当代法学名著译丛》，其中既收录了麦考密克(MacComick)、魏因贝格尔(Weinberger)的《制度法论》,又有诺内特(Nonet)和塞尔兹尼克(Selznick)的《转变中的法律与社会》,还有昂格尔(Unger)的《现代社会中的法律》等各家各派的代表性著作。季老师编的这套丛书里的每一本书几乎都代表一个学派,记忆中季老师为每本译著都写了序言,相当于导读,写得非常精彩和深刻,读完季老师写的这些导读,就能够比较清晰地了解各学派的特点、源流和影响。我当时就对季卫东老师宽阔的学术视野和深厚的法理学功力感到叹为观止。对各个学派思想的熟稔达到了信手拈来的程度,这也是季老师一贯的特点和风格。下面,我来谈谈今天学习季老师讲座的四点体会。

第一点体会是,从今晚的讲座中我既看到季老师在学术上的坚持,也看到这些年季老师对风险等问题思考的不断推进。陆宇峰老师和宾凯老师提到季老师在20世纪90年代时关于法律程序问题的思考,那时候季老师已经注意到风险和不确定性的问题,并最终将风险和不确定性的问题聚焦至关于法律程序、司法程序尤其是司法裁判问题上的思考。季老师关于法律程序的研究可以说开启了真正具有理论深度的中国程序法研究的先河,是一部奠基性的作品。

季老师今天晚上所讲的内容,将他先前的思考更推进了一步,即不再局限于程序法。我看到部分同学在提问界面里的问题聚焦于程序法,我有必要提醒一下各位同学,对季老师今晚讲的内容的理解不能局限于程序法的视野。虽然季老师的理论思考早期对程序法着力甚深,影响也颇大,但季老师的理论观察和思考并没有停留在程序法的层次,而是着眼于近代以来中国法律与社会的整体性变革,因此也必然随着最近二十多年中国法律和社会的深刻变化而不断地往前发展与推进。大家要理解季老师的理论和思考,就要联系季老师最近二十年来出版的几本关于中国法治的书,例如《法治秩序的建构》《大变局下的中国法治》等，这些思考横跨几十年，涉及改革开放以来中国法律与社会的沧桑巨变。我通常将这个变化过程看作从"熟人社会"到"超大规模陌生人社会"的一个演化过程。因此，我认为季老师今晚的讲座，就是思考在人工智能等科学技术高速发展，城市化率已经超过了60％的时代，法律的不确定性、科技的不确定性和社会的不确定性，三者之间应该是一种什么样的关系。这是一个重要的问题。所以如果说理解到这一层面，我们就能理解为什么季老师在讲座伊始用疫情作为一个切入点，用特朗普的例子来启发大家思考。当然，季老师对不确定性问题一以贯之的思考以及深厚的人文关怀是理解这次讲座一个非常重要的前提。

第二点体会是，我认为季老师既着眼于卢曼又不局限于卢曼，面向的是问题本身，而非对某个人的理论的阐释和说明。我们身处的大时代的发展趋势非常明显地体现出一种时代范式的更替。面对大时代，季老师在演讲开头的半小时里重点提出了一个理论框架。刚才宾凯老师也注意到季老师提出的理论框架，实际上与卢曼风险社会的理论框架是高度一致的，虽然用词不一样，观察的角度不一样，但结论似乎又完全一致。季老师用了决定论和非决定论这样一组概念来思考风险与不确定性的问题。古典的理论，诸如牛顿力学，再到后来法律的科学运动、兰德尔的法律形式主义，大致处于一个决定论占主导的古典时代。现代的理论，诸如爱因斯坦的相对论、普利高津的耗散结构理论、波粒二象性理论，处于一个非决定论占主导的现代。

从决定论向非决定论，无论是社会科学还是自然科学范式的更替，实际上都是我们思考风险社会一个非常重要、非常根本的理论框架。从决定论到非决定论的范式更替，构成了我们思考现代社会风险问题的一个比较坚实的理论基础。卢曼用另外一套概念术语提供了一个类似的理论范式的更替，即从本体论的宇宙观到非本体论的宇宙观的更替。

　　本体论的宇宙观,实际上是指符应论意义上的存在与真理的一致性,即在存有论的基础之上,这个世界上所有的东西背后都有一个纯粹的本体基础,认识必须要与此一致才能是真理。包括爱因斯坦相对论在内的许多现代自然科学的研究成果已经推翻了这种本体论的宇宙观。例如现代激进建构主义指出,真理并非客观存在的、有待你去发现的某个东西,而是人类认识能力建构的某种产物。这方面卢曼受德国的逻辑学家古德哈特·京特(Gotthard Günther)的影响很深。京特的逻辑学就是从波粒二象性中的不确定性出发,认为在自然科学里面,透过波粒二象性可以看到自然科学里也存在一个主观性的因素。而传统的逻辑学是从纯粹客观的角度出发去考虑问题的,这是由于传统逻辑学没有考虑到观察者的位置,因此传统逻辑学是有缺陷的。这种思考进路对卢曼产生了重要影响。因此我认为季老师和卢曼在这一问题上是高度一致的。这也增加了我用卢曼的理论来分析我们当代中国风险社会的信心。

　　第三点体会是,我感受到了季老师今晚讲座中的一个非常重要的理论建构的雄心,即沟通英美的法理学传统中的风险理论和欧陆以卢曼为代表的社会理论的风险理论,对两个不同的理论传统进行了比较、互相借鉴,试图形成一种既吸收二者之长,又规避二者之短的第三条道路。可能大家都觉得有点意外,因为季老师在讲座后半部分花了很长的篇幅讲述了德沃金与风险有关的理论。我的理解是,季老师是想通过对德沃金理论的处理,延伸到解决英美传统自由主义学者视角中的风险问题。印象中在季老师主编的法学理论丛书里,有一本书是牛津大学的博士论文,它将保险理论、自由主义的选择理论,甚至福柯(Foucault)的理论都整合在一起,置于自由主义的传统中来处理风险的问题。

　　传统自由主义的法律理论,即英美自由主义法律理论(尤其以德沃金为代表),主要处理两个问题:平等和自由。这涉及分配问题,而以前只涉及两个方面的分配,一个是幸福的分配,即福利的分配,另外一个是不幸的分配。简单讲,就是好的东西怎么分配,坏的东西怎么分配,例如罗尔斯理论中的"最大最小理论"。风险概念提出的挑战在于,它提示我们传统上是在确定的维度上谈论福利和不幸的分配及其相互关系问题的,但风险概念揭示了福利和不幸本身的不确定性,因此还必须涉及风险的分配。风险的分配作为第三个维度,在自由主义的传统中处于什么位置,德沃金在这个方面做出了很多的思考。这些年,英美自由主义学者有很多关于风险的文献,其实都在处理这个问题。

　　季老师敏锐地观察到了这些问题。这是因为季老师的视野很开阔,他并不局限于卢曼,也不局限于自由主义,他从自由主义和卢曼风险理论中发现了一些可勾连的地方。比如说季老师先前提到的功能对等的理论,这一理论实际上与德沃金的价值替代理论在概念工具意义上是有类似性的。另外,德沃金提出了选择的幸运和天然的幸运,这与卢曼关于风险和危险的二元区分有英雄所见略同般的共识。季老师走出了非常重要的一步,有非常深的洞察力,给了我很大的启发。

　　当然,我觉得这里面可能也有一些后续的工作需要继续去做,就像宾凯老师刚才也指出了一点差异。英美自由主义的风险理论,实际上是从行动的角度来出发的,但是卢曼的系统理论,实际上是从系统的角度来出发的。行动和系统两个视角之间的差异还是挺大的,如何弥合行动和系统的差异,是一个很重要的问题。刚才听宾凯老师演讲,我觉得宾凯老师已经在思考这个问题了,即"如何从系统勾连到行动,再进行选择"。期待宾凯老师在这方面写出重要的文章,推进这个面向的研究。其他方面也有一些差异，我觉得这个可能是一个令人感兴趣的、值得探索的方向，但是我觉得也有很多的工作需要进一步努力去做。

第四点体会是，无论是英美的理论还是欧陆的理论，最后都要回应和处理我们当代中国，或者当代世界正在面临的问题，比如说疫情的问题。因为季老师的框架很大，理论很深，我难以企及，只好就这一部分问题重点补充一些卢曼风险理论的内容。季老师刚才只是把卢曼作为他理论的资源和话题之一，对卢曼理论的具体内容并没有展开谈，所以我把卢曼的风险理论略作整体性的介绍，也许会对在座对卢曼风险理论有兴趣的同学有所帮助。

实际上卢曼风险理论跟中国是很有缘的，比如说卢曼在 20 世纪 90 年代的时候曾经访问过香港。他访问香港的时候做了一个演讲，演讲的题目叫"Modern Society Shocked by Its Risk"(《被风险震惊的现代社会》)。到了 2020 年，我们或许也可以用卢曼这个讲座的题目，来描述与概括我们当下所处的新冠疫情下的世界和社会。

卢曼的风险理论其实与贝克的风险理论有很大的差异。贝克刺激了卢曼写下风险理论的著作，但其实贝克的风险理论也受到了卢曼的影响。然而贝克比卢曼更早出版了专著，形成影响力的速度也比卢曼更快。卢曼对贝克理论的一点不满之处在于，他认为贝克把风险的问题夸大了，其风险理论已经不是一种纯正的理论了，而已经变得有风险恐吓主义的意味，如贝克借助切尔诺贝利核电站事件把大家对风险的恐惧无限夸大。虽然这种风险警示主义的做法客观上提升了大家的风险意识，使得大家知道有风险这回事，但也容易使风险意识过度激化。季老师刚才也提到了这个问题。激化风险意识，对风险问题的治理而言是没有什么帮助的。因为激化风险以后，只要稍微有所行动做些事情，大家就会觉得到处是风险，过度激化反而可能会对社会不利。

所以卢曼最后写《风险社会学》这本书,实际上是有意对此进行纠偏。卢曼指出,在非本体论的世界之中,风险是内在于社会之中的,也即只要人类社会进入到一个非决定论的世界,就必然会出现大量个体的自主决策。这就是宾凯老师刚才讲的"决策"。只要是决策,人们就必须要在不可能之中做出选择,只要人们做出了选择,就必然会有风险,所以说风险社会是内在于人类社会之中的。社会如果是这样的话,那就必然有风险。我认为,这意味着卢曼堵死了一条路,而这条路也许正是我们中国将来可能要踏上的陷阱之路:那就是试图要百分之百地消灭风险。我们容易面临一种强烈的诱惑,就是运用国家集中力量办大事的优势,动员一切可能的资源,试图不惜代价地把风险消杀于无形,百分之百地控制风险。这样做最后达成的效果可能是把自己置于明希豪森困境之中,"要杀死一个永远杀不死的人",最后无论花费多大力气,你都是做不到的。我认为这是卢曼写作《风险社会学》时的一个重要考虑。

另外一个考虑还在于,卢曼要纠正一个错误的观点,即风险是由高科技带来的。这一论断似乎意味着现代社会之前没有风险,高科技产生之后才出现了风险。面临风险,人们容易在脑海里形成一幅画面,即那种头发乱糟糟的,甚至花白的、疯狂的科学家形象,并联想到这些疯狂的科学家正躲在某个实验室里制造各种各样高科技的病毒和风险。当年的切尔诺贝利核电站泄漏事件就很容易强化人们的这种想法。但卢曼认为风险的本质与高科技是没有关系的,尽管高科技本身可能会强化风险的产生或者扩散的可能性,但风险的本质仍来源于决策。这类似于季老师所讲的,决策意味着某种责任。所以在这个意义上风险与责任也是有关系的。这也是德沃金理论与卢曼理论又一个能够沟通的地方(与德沃金的责任概念相对应的概念,在卢曼那里也许是归因)。

因此卢曼认为高科技不一定带来风险,风险的本质不是高科技。卢曼实际上在风险这一问题上没有给出一个明确的结论,而是纠正了一些错误的观念,并提供了一个观察的新视角——将风险与决策结合起来理解风险本身。这一点也是可以跟德沃金进行对话的。因为卢曼在此处弥补了德沃金视角的缺陷。德沃金总是站在决策者的角度来讨论风险。但卢曼提醒我们,若要理解风险社会,我们就不能只观察决策者,因为有决策者就必定有决策的承受者。所以要理解风险社会,我们既要观察决策者,也要观察决策的承受者,因为对决策者来讲是风险,但是对决策的承受者来讲可能就是危险。决策的承受者没有机会参与决策,危险对他来说是外来的,他不是内在于这个决策的。

总的来说,季老师在今晚的讲座中以他丰富的学养、深刻的洞察力和宏大的视角,将卢曼的德国社会系统理论传统和德沃金的自由主义法学理论传统之间关于风险的理论进行了一个非常鲜明有趣的对比,进而形成两种不同理论之间对话的可能性。这对我的启发真是太大了!谢谢各位!

陆宇峰教授(主持人):

谢谢泮伟江老师。泮伟江老师今天晚上明显非常激动,因为季老师的讲座极富感染力,一下把大家的思维都激活了。伟江老师谈了如下几点。第一,季老师是我们中国比较早的跳出秋菊范式,引领我们走向新的法学研究范式和研究对象的学者,帮助我们从本体论的宇宙论的世界观,走向了非本体论的宇宙论的世界观。这是一种世界眼光。整个世界,英美和欧陆,都呈现出这样的走向。英美可能是依靠实用主义跳出本体论,欧陆则是依靠现象学也跳出了本体论。二者后来合流,出现了哲学的语言学转向,通过朝向非本体论的方向去重新观察世界。

所以季老师是很早引领我国的法学研究朝着这样一个方向迈进的人。第二,伟江老师观察到,季老师有进一步的理论雄心,他要沟通英美的风险理论和欧陆的社会理论,把它们共同引入法学研究之中。第三,季老师还回到当代中国的问题,因为中国确实已进入了一个高度复杂的社会,即风险社会。第四,伟江老师把卢曼与贝克做了一个很有意思的比较,帮助我们理解《风险社会学》。

值得一提的是,上学期华政的博士生们一起读了《风险社会学》,但不得不说我们不推荐使用目前的中文译本,建议大家还是去读英文原本为宜。伟江老师指出,如果说贝克在观察一种客观的风险的话,那么卢曼在观察什么?他在观察社会怎样观察风险,所以说两者的研究对象就是不同的。卢曼强调的是,风险是一个现代的概念,为什么现代人要采用风险概念来观察一些社会现象,是因为这个社会变了;风险并不来自高科技的发展,而是来自决策,因此它是全新的社会现象;我们研究风险,应该不只去观察决策者,也要观察风险的承受者。从伟江老师这里,可以进一步理解季老师,当然也进一步理解卢曼。

之前每一次讲座都是由屈文生老师最后致辞。他每次致辞的时候,已经感觉有些孤独了。这次我们改变一下程序,在回答提问之前,有请科研处处长屈文生教授与谈和致辞,有请屈老师。

屈文生教授:

谢谢!尊敬的季老师、宾老师、泮老师,我代表华东政法大学科研处,感谢各位老师投入时间,精心地准备了本次演讲,为我们呈现了精美的 PPT 和精彩的与谈发言。这场高水平的演讲和与谈令我本人及华政的师生都深受启发,获益匪浅。我个人非常喜欢这场演讲的题目,"法律与概率"听上去就很美,极具科学性。

起初，我觉得这是一个文艺性的题目，具有修辞美。但在听完之后，我还觉得它是科学性的，特别是具有哲学性的一个题目，五个字就构建了一个充满哲理性的大智慧的意象。我们都知道"哲学"，英文为 philosophy，由 Philos（费罗斯）和 Sophy（苏菲）构成，这也是两个希腊人名。Philos 表示热爱，Sophy 表示智慧，大概为"热爱智慧"这一合成词或复合词。感谢具有大智慧的季老师和其他三位老师，我深深感动于各位老师的投入和心血，能够深刻地体会到各位老师对于学术的追求和热爱，以及对人才培养的情怀。

在一年中的这一美好季节，能够听到这样一场报告，我认为是一件令人旷心怡神的事。之所以说"旷心"，是因为这样一场学术嘉年华可以让我们的思维得以驰骋。我在刚才听讲的过程中，特别钦佩季老师的学术视野，可以使得我与线上的其他老师、同学们暂时跳出各自关注的领域，这是一件非常令人享受的事情。听季老师和各位老师的演讲，能够带来眼界上的拓升。之所以说"怡神"，是因为这是一场高水平的学术演讲，这本身就是一件十分舒畅心胸和愉悦精神的事情。当然，"东方明珠大讲坛"之所以有今天的口碑，还得益于各位同学、各位老师和各位朋友的支持。刚才宇峰教授也讲到了，李忠夏教授是我们华政的老朋友，以他为代表的各位老师的这份支持，包括宇峰的投入和我们科研处以及科研助理团队的奉献，对此我都表示由衷的感谢。

听完大家的演讲，我也想围绕我的研究领域，从语言学和近代史这一视角发表一两点浅见。我在做语言学和近代史研究、法律史研究的过程中，发现它们与法理学这个领域有一些通约的地方。翻译研究讲究 commensurability，即所谓的"通约性"。"法律的不确定性像法律本身一样古老"，这大概是一句名言，这一古老的命题在今天这种疫情的时代或者后疫情的时代，以及在法律全球化的背景下有了新的内涵。

卢曼可以说是社会学中的黑格尔,他所研究的社会系统论,特别是系统论(systems theory),是由众多系统组成的。法律只是社会系统中的一个子系统,是社会若干个系统中的一个。就今天讲座主题中的"不确定性"而言,我觉得可能是过去所有意或无意忽略的。如不同语言的法律系统在交流中产生的不确定性,即全球的法律系统是由多种语言组成的法律系统,它的不确定性或许也是一个非常有意思的研究话题。

哈特认为,语言有语内的(intralingual)不确定性,即自然语言都有不精确性,它的这种开放结构的不完整性、不可通约性、语用的模糊和歧义等,都是不确定的因素。从语言学角度,可以把它归结为语义的模糊,或者是语用的模糊。当然,除了语内的因素以外,不确定性还有语外的(extralingual)因素。就语外的因素而言,比如无法计算,需要有决策,有科学技术,有社会语境,等等,它们都可能造成自然语言的模糊。我们以订立合同为例,在订立合同的时候,缔约各方都试图把语言的歧义排除殆尽。在法律英语中,我们经常会看到求同性的近义词,会把非常近似的两个或者三个词语并排起来,甚至是介词有时候都会并排起来。比如,中文里"本合同是由甲方和乙方订立的",在英文中可能表述为"This contract is made and entered into by and between party A and party B",英文不光强调这是两方之间订立的,还强调订立该合同的主体是他们两方,而非其他人。make 或 enter into 这些词,都是为了尽量去排除可能的歧义。但排除过程可能是失败的,那么最终歧义的排除就需要法院来介入,以此确定合同中歧义内容的最终含义。

这种不确定性投射到法律系统中,大概就是卢曼或者托伊布纳所说的系统内的不确定性。系统之间的这种不确定性,有可能是因为翻译而起,因为翻译本身也是一种有风险的活动。我最近在做不平等条约的翻译史研究,我认为,翻译的不对等会使条约文本处于不确定的状态,进而影响缔约双方的理解和适用。这个问题从近代以来在中国法律史上是由来已久的,近代不平等条约的若干问题,除了体制、文化的因素以外,也和英美法系与中华法系之系统的不通约有关。1858年《天津条约》里提及,如果两种语言发生歧义,以英文为准,这也是消除歧义的一种手法,但这显然不是一种国际的通用办法。就香港各类条例来看,香港各个条例具有中英文两种版本,两种版本推定是对等的,推定是通约的,推定是具有等效的。但如果发生了歧义,肯定也不是说以一种文本为准。在《维也纳条约法公约》或者其他条约中,对歧义的理解可能是有指向性规则的。正如冲突法,在冲突时有一个适用规则。所谓语言平等原则之下的法律文本的多语化,会给语内或者语外的不确定性,再增添一种语际(interlingual)的不确定性因素。

我认为,这场演讲对于我们各自所做的法理学研究、法律史研究,乃至其他学科的研究都很有启发。不同语言的法律系统之间,是否具有类似的确定性问题,如何实现确定性问题等,非常需要社会系统论、法教义学去解决,也可能需要引入一些语言学和翻译学的知识,比如刚才提到的翻译学之功能对等这一理论。这些问题,应是在多学科的交融下来共同探讨和解决。我借此感谢季老师和各位老师给我的启发,我就讲这么多,谢谢!

陆宇峰教授(主持人):

感谢屈老师的致辞和与谈。我今天可谓见证了屈老师的全天行程:早上给老师们做培训,接着接待到访的学者至中午一点,随后上了一下午的课,晚上又很快地看资料,现在还神采奕奕地听讲座。屈老师谈及系统理论与语言学或者翻译学之间的关联,我认为都很到位,特别是法律的不确定性,在很大程度上肯定是来自语言。在一个小共同体内部,语言的相互理解是没有问题的,一旦小的共同体变成大的社会,就产生了分化,对于同样语言的理解就会呈现出不同的差异。跨语际的实践更是这样。因此这些讨论都对我们很有启发。

最后为问答环节,不知道季老师能否看到"聊天"框里很多同学在不断提问,也有一些是老师提的,您能不能择其要者回答一两个问题?

四、 问答环节

提问一:

福井康太教授在探讨法律系统的学习强制与学习促进机制时,曾提到以扩大法律诉讼程序的方式吸收当事人之间的冲突,此种突出法律系统的学习促进机制,可能会消解法律程序通过"学习强制"的方式提供确定性的能力,增加法律系统的整体性运作风险。对此,该如何看待法律系统所面临的"强制/学习"悖论?想请老师们谈一下看法。

提问二:

感谢季老师的细致讲解!我想请教季老师一个问题:根据德沃金的理论,就新冠疫情而言,各国采取怎样的防疫措施属于"选择的风险",且是可以追责的?那么,对于某个国家防疫不利的情况,究竟谁有权追责?又该怎样追责呢?谢谢!

提问三：

季老师您好！我的问题在于：现代法学研究已然使得法律、法律系统"去决定化""去确定化"，系统论法学将法律系统结构诉诸偶在性的摆动，而20世纪80年代后的美国批判经验法社会学则将法律制度诉诸一种"法学知识—社会事实"的反身性、话语性过程中。在这种背景下，"去确定性"后的法学研究如何重构一种"确定性"的知识？

季卫东教授回答：

非常感谢宇峰老师、文生老师对问题的梳理以及宾凯老师、伟江老师精彩到位的评议，让我获益匪浅。

尤其是宾凯老师和伟江老师特别提到将卢曼的风险社会学和德沃金的侥幸平等主义正义观进行比较，找出英美和欧陆相关理论对话的可能性，这样的评论是很中肯到位的。德沃金的资源平等说反映了非常典型的英美式市场指向，而卢曼的风险论更多的是强调有目的的组织以及系统。两者乍一看迥然不同，但细察后会发现他们的一些连接点，例如关于风险、运气以及责任之间的关系的把握方式，还有通过反复的沟通和调整达成某种均衡状态。另外，还需要特别指出英美式正义观特别是德沃金理论的一些变化。罗尔斯分析分配正义、差别原则以及互惠性，给人一种自由主义向左转的印象。德沃金从资源平等以及照护平等的角度来考察主权的至上美德，当然更会得到自由主义左派的欢呼。但是，其实德沃金在不经意间，或者深谋远虑地把自由主义右派所特别强调的选择自由、责任自负原则嵌入到平等正义论里去了，进而把问责机制与选择运气联系在了一起。

很多人批判卢曼忽视个人主体而太强调系统。我在最近发表的一篇文章中，特别指出卢曼理论的一些本质特征及其可能带来的创新契机。在卢曼看来，社会系统的最小单位是沟通，社会系统的本质也是沟通。沟通是个人与个人之间的互动关系，体现了主体间性。刚才伟江老师指出宾凯老师的一个非常敏锐的发现，即决策者与受决策影响者之间存在沟通的余地，其中包括了信任的问题。尽管在卢曼的理论里，信任是从系统的角度来讨论的，但信任也必然涉及主体与主体之间的沟通和互动关系。

伟江老师还强调不要过于狭隘地看待程序，我赞同。实际上我们现在就是在一个更广泛的视野来观察程序，把沟通、论证性对话也视为程序指向的，并构成程序的内容。卢曼设想的程序是起点明确、规则明确，但未来的结果却具有非确定性。也就是说，程序达到的目标带有概率性。换个角度来看，程序在展开过程中通过沟通一步一步缩小选择范围，减少非确定性。通过程序，过去的事实被逐一贴上封条，确定性就随之增强了。因而也可以说，除了经过程序洗礼的结果，程序并没有既定的、独立的价值判断标准。由此可见，在卢曼的理论中，确定性与不确定性这两个侧面其实是结合在一起的。在这条逻辑的延长线上，我们可以认识到司法程序中的很多机制本来就包含概率性，但同时又不断地进行偶然的去随机化处理。在这里，概率计算、机制设计的合理化也是题中应有之义，也包括文生教授所谈到的语言协商的问题。在这个过程中，卢曼强调的是通过加强认知环节使法律的学习功能更强。

第一个问题，关于通过强制的方式来学习与通过学习来促进调节。

此处的强制，究竟指的是规范对于人的行为形成约束，并引起后续的学习行为，还是因为认知性的强化所造成的学习行为？这个问题首先有必要澄清，然后才能回答后续问题。但我根据自己的理解还是简单地回答一下后续问题。我觉得，福井康太教授谈到的这个学习显然是规范认知对事实认知能力的强化所导致的学习。也就是卢曼所说的

"学习的法"。因此在这个意义上没有矛盾。

然而调解存在的最大问题是妥协,即缺乏论证性的对话,有可能会压抑学习的契机。但反过来,调解也能够促进学习,因为规范的约束削弱之后会导致自由的发挥以及对事实的学习。在这个过程中,会参照很多法律之外的事实因素。这与卢曼所讲的"他者指涉"是相关的。

如果从事实认知的角度看,调解是有可能促进学习的,但是调解更多强调的是妥协,如果把它和论证性的对话结合起来的话,它能更好地促进学习。反之,如果论证性对话的契机比较弱,调解就会流于"和稀泥",反倒会阻碍学习。像中国、日本那样的调解在很多场合下带有更多的互让色彩,这也有可能会压抑学习,而不是促进学习,这个是我的观点。

第二个问题,是关于新冠疫情防控当中对政府的问责。

新冠疫情涉及了诸多选择,政府在做选择,民众也在做选择。这个问题很有意思,也很有现实意义。但我们要注意的是,今天所谈到的原生运气与选择运气、危险与风险的区别,其在这个区别中存在问责无效还是有效的不同,也涉及个人的选择自由与对选择结果的责任自负,还涉及政府对运气、不确定性、风险带来的严重灾难的不同责任问题。民众对政府进行问责主要与决策的风险联系在一起,但有时也会与政府的平等照护、救济、社会福利的安排等问题交错在一起。例如一方面美国社会特别强调个人的选择自由与责任自负,但另一方面政府也有不作为的责任和作为的责任,从新冠疫情防控的议论可以发现这两种情况实际上是交错在一起的。也就是说,民众不断向政府问责,而政府不断以民众的选择自由作为理由来强调责任自负,这构成了非常复杂而有趣的话语博弈,也正是当前美国的现状。反之,如果政府对社会采取一种父爱主义态度,大包大揽,就会减少公民自由选择的机会,也有可能在不同程度上削弱公民自我负责以及民间互助的精神。此时,就等于政府把所有的权力集中起来了,当然也就把所有的责任也集中起来了。这样做的结果,势必增加对政府的问责压力。但是,如果对政府的问责渠道比较窄,就很容易引起民众不满,也很容易造成纠错机制失灵。

第三个问题,关于如何去偶然化。

科学的发展、共识的达成,都是对偶然性进行非随机化处理的结果。我们承认社会是不确定的,司法也具有盖然性,但还是应该尽量克减这种不确定性、盖然性或者复杂性,这才是法学不断努力的方向。问题是当事实上的不确定性、偶然性反映到法律的理论和实践当中时,我们也不得不正视。卢曼从复杂性克减的角度理解法律系统的功能,为此必须设想一个自我指涉、自我封闭的系统。但是,这个系统必然导致悖论,或者说从增熵角度来看,必定导致系统的崩溃。卢曼注意到这一点,从1991年开始承认他者指涉的意义,这意味着一个系统应该适度地向环境开放。问题是,封闭与开放这两者之间的关系或者适当的度应该如何把握?

宾凯副教授回答:

20世纪后期的西方学术界,卢曼既是风险理论大师,又是信任理论的创始人。但是有学者指出,无论是卢曼的风险理论还是信任理论,在其整个社会系统论中都是偏离其理论构造的主旋律的,属于树干上长出的枝叶。

就信任理论而言,卢曼的研究在时间上领先吉登斯,而且影响了吉登斯,更远远早于福山。但卢曼围绕信任的主题只写过一本小册子和一篇文章,而且在卢曼后期的著作中几乎很难见到信任这个词。为什么会这样呢？

在某种程度上，信任和不信任是功能等价的，即针对不确定性，既可以采取信任的方式，也可以采取不信任的方式。从解决"复杂性"或"不确定性（风险）"这个问题来说，两者在功能上是等价的方案。从这个角度而言，卢曼认为信任和风险（不确定性）紧紧联系在一起。至于广义的信任，正如前面所说，包括熟悉、信赖和信任（狭义的信任）。

文化属于卢曼所说的"熟悉"这一信任机制，其他的机制还包括信赖和信任。信赖是指系统信任，与"危险"对应；卢曼所讲的狭义上的信任跟人类决策所引发的"风险"对应。卢曼前期在处理风险、复杂性或者不确定性问题上，强调信任机制对于缩减复杂性的功能。信任理论的弱点在于其弥散性。似乎整个社会都会面临信任问题，政治系统、法律系统、科学系统、经济系统等等都有信任问题，因而信任具有弥散性。

一方面，信任的弥散性使得信任理论似乎具有普遍解释力，但另一方面，这种弥散性和普遍解释力反而让信任理论过于抽象，容易浮在表面，无法刻画社会系统在解决不确定性问题上的具体机制和深层逻辑。

在卢曼后期的社会系统论中，尤其在其现代社会的功能分化理论中，他把复杂性、不确定性、风险等概念转化为社会子系统所面临的"悖论"来思考，而且各个子系统演化出各自不同的悖论处理机制。可以说，卢曼后期一项最重要的工作就是用英国数学家斯宾塞·布朗（Spencer Brown）的"形式理论"来处理各个子系统内部的悖论问题。尽管卢曼采用了新的表述方式，但是，后期所采用的悖论概念与其早期的复杂性、不确定性等概念是相通的，因而卢曼前后期在问题意识上仍然保持了连贯性。只是此时卢曼以各个子系统处理悖论的机制替代了以信任缩减复杂性的机制，这样，他就能够更为精细地刻画各个子系统处理不确定性的具体机制。可以说，卢曼不是放弃了信任理论，而是以新的研究纲领和核心概念替换了信任理论。这也意味着,卢曼的系统论升级到更高的研究范式。

总之,法律系统与信任的关系,如果能放在卢曼学术生涯史中来理解,就会变得更为清晰。至于法律系统和政治系统处理悖论的方式,我推荐大家阅读泮伟江老师的文章《宪法的社会学启蒙——论作为政治系统与法律系统结构耦合的宪法》,该文介绍了政治系统与法律系统如何通过相互之间的结构耦合来处理各自系统内部的悖论。用卢曼早期的术语来说,政治系统和法律系统都是缩减复杂性的信任机制,只不过具体机制不同,而且相互之间都要借助对方来处理各自系统内部的复杂性。这是对刚刚那位同学所提问题的一个简单回答,往后我们还可以进一步交流。

五、 闭幕致辞

陆宇峰教授(主持人):

谢谢宾老师的点睛之笔,对我启发很大。谢谢宾老师与泮老师,特别感谢季老师,还有那么多同学和老师。讲座已经进行了3个多小时了,到现在还有120多位同学在坚持。屈老师也非常辛苦。现在我宣布,第11期"东方明珠大讲坛"就此圆满结束!

华东政法大学第12期"东方明珠大讲坛"

抗日战争的国际视角和现代意义

75
1945-2020

主讲人
汪朝光
中国社会科学院世界历史研究所所长、研究员、中国社会科学院大学特聘教授、博士生导师

主持人
屈文生
华东政法大学科研处处长、教授、博士生导师

与谈人
瞿骏
华东师范大学历史学系教授、博士生导师

与谈人
马建标
复旦大学历史学系教授、博士生导师

华东政法大学长宁校区交谊楼圆桌会议室　10月16日2:00-4:30PM

华东政法大学科研处主办

第 12 讲
抗日战争的国际视角和现代意义

时　间：2020 年 10 月 16 日
地　点：华东政法大学长宁校区交谊楼圆桌会议室
主持人：屈文生（华东政法大学科研处处长、教授）
主讲人：汪朝光（中国社会科学院世界历史研究所所长、研究员）
与谈人：马建标（复旦大学历史学系教授）、瞿骏（华东师范大学历史学系教授）

一、 开场致辞

屈文生教授（主持人）：

　　尊敬的汪朝光教授，亲爱的各位同学，今天"东方明珠大讲坛"第 12 讲如期举行，非常荣幸能够邀请到中国社会科学院大学、中国社会科学院世界历史研究所所长汪朝光研究员参与本次大讲坛。此外，我们也非常高兴地邀请到了复旦大学历史学系马建标教授，华东师范大学历史学系瞿骏教授，《探索与争鸣》编辑部编辑杨义成老师，复旦大学徐高硕士，华东政法大学近代史和当代史研究方向的满永研究员和王红曼副研究员，还有在座的各位博士生和硕士生。

　　本次讲座的嘉宾为汪朝光老师。汪老师主要从事近代史研究，是研究孙中山的专家,也是研究东亚史的专家。汪老师主要的学术成果有:《1945—1949:国共政争与中国命运》(2010)、《中华民国史》(第四、十一卷)(2011)、《和与战的抉择:战后国民党的东北决策》(2016)、《中国抗日战争史》(第四卷)(2019)等。汪老师还在《历史研究》《近代史研究》《抗日战争研究》等重要学术期刊上发表论文数10篇。汪老师是国家社科基金学科评审组成员,博士生导师,日本京都大学客座教授,中国孙中山研究会会长,中国现代史学会副会长。欢迎汪老师主讲!

二、主讲环节

汪朝光研究员:

谢谢屈文生老师,谢谢马建标教授和瞿骏教授,也谢谢在座的各位老师和同学。非常高兴能有机会来到美丽的华政校园。屈文生老师请来了马建标教授和瞿骏教授作为与谈人,屈老师、马老师和瞿老师三位都是上海学界的名人和青年才俊,很荣幸!

我对上海很熟悉,一年要来上海二三十次。在几年前某个秋日的傍晚,我来过一趟华政的校园,不为别的,只为观赏各式各样漂亮的近代建筑。今天屈老师介绍道,华政校园建筑已经被列为国家重点文物保护单位,非常有意义。华政紧挨着美丽的苏州河,今年上映的电影《八佰》即以苏州河为背景。今天在这里能跟诸位分享一下自己的研究成果和研究心得,真的非常高兴!

我早先在近代史研究所工作,从事的研究主要是关于近代史的。最近几年因为工作的关系,我调到世界历史研究所工作,在什么山唱什么歌,因此今天也得说一些跟世界历史有关的话题:抗日战争的国际视角和抗日战争的现代意义。

关于抗日战争的国际视角,这里举两个例子。第一个例子,抗日战争是国际反法西斯战争的组成部分,也是二战的组成部分。二战有东西两个战场,东战场是东方战场,中国当然是主战场,美、日也是主角,但美、日是因为1941年"珍珠港事件"才开始正式交战。在日军奇袭珍珠港之前,日本内部有很多的讨论。在日本军队中,海军是最现代化的主力,是日本军队中战斗力最强的一支部队。然而在事先研讨时,山本五十六作为日本海军最重要的主力联合舰队的司令长官,对于是否要跟美国开战是有些疑虑的。山本五十六认为:数数美国有多少烟囱,日本怎么能跟美国打这一仗呢?在考虑是否要与美国开战的问题上,山本五十六具有现代眼光和国际眼光。现代战争打的是国家的综合国力,而无论从哪个角度,日本的综合国力在当时都无法和美国竞争。山本五十六作为军人,以服从命令为天职,设计出一个非常好的方案。1941年12月日本偷袭珍珠港,在战术上是完胜,在世界军事史上也可以被定位为某种奇迹,但半年之后,在1942年6月的中途岛战役中,联合舰队失败,4艘航母损失3艘。从此,日本失去海上战争的主动权,日军想再造更多的航母变得非常困难。战争开始时,日本联合舰队有10艘航母,在战争中建造和改造了15艘,但战争后期,航母被毁一艘就少一艘,举日本全国之力也很难再造航母。1941年12月,美军也就几艘航母,可到1945年9月战争结束的时候,美军拥有140多艘航母。战争的观察视角有很多方面,这就是一种国际性的观察视角。

第二个例子,来自我印象中的一件有趣的事。十年前我在京都大学任客座教授,客座期间曾去日本北海道的首府札幌旅行,出札幌中央火车站后就能看见旁边八层楼高的大丸百货公司,大楼外面悬挂着两幅同高的标语。第一条标语写着"热烈欢迎使用银联卡",我看了不禁会心一笑,感慨有多少中国人在这里旅行花钱呀!第二条标语写着"热烈庆祝北海道新干线2030年开通"。当时是2009年,距离2030年还有21年。假设在2009年的上海挂条标语,写着"热烈庆贺上海地铁松江线2030年开通",会被很多人嘲笑吧?在现在的中国人看来,修一条地铁、高铁不就两三年的事吗?这就是现代化的意义,中国的现代化已经走到这样的地步,同时,这也是一种国际视角。如果以这样的视角,回头去看当年的战争,不是可以给我们很多的启示吗?

为什么说现代意义呢?抗战有各种各样的视角,比如一本与抗战有关的书,书的第一句话这么写道:"中国人民在抗日战争中经受了无尽的苦难。"这句话完全符合语法结构,句子没问题,但是看起来十分别扭。既然中国人民在抗日战争中经受了无尽的苦难,那为何要打这场仗?其实是因为这句话的语境不对,苦难不是中国人民坚持抗日战争所造成的,苦难是日本侵略所造成的。中国人民的抗战有充分的道义,是具有合法性的自卫战争。因此这句话应当表述为"中国人民在日本侵华战争中经受了无尽的苦难",这就是一个观察视角。

关于抗日战争的现代意义。我本人出生在南京,我的父母这一辈都是战争的幸存者。当他们回顾这场战争时,很多人会想到南京大屠杀、细菌战、化学战、慰安妇等等,具有一种强烈的被侵略的悲情意识,但是,这只是战争的一个方面。另外一个方面,抗日战争为中国人民带来了很大的荣耀。战争本身就是近代中国转型的一个过程。中国近代面临的根本任务之一,是从一个传统的老旧帝国转变为一个现代的新型民族国家。中国虽然在这场战争中承受了非常大的损失,但是经过这场战争后,中国实现了凤凰涅槃:在这场战争中,中国相当程度地完善或者经历了现代转型的过程。这个过程很长,直到现在都不能断言中国是否已完成现代转型的过程,但是中国已经无限逼近民族复兴的伟大目标。我们需要不断努力奋斗,最终实现这个目标。

现代战争是全面性的战争,不仅仅是军事作战本身,还包括物质基础、组织效能、社会动员形态、精神因素等各个方面。这些都发挥着非常重要的作用。因此,对这场战争需要建立全方位的或者多样化的观察视角。

关于抗日战争和中日战争的表述方式,从国与国的角度可以表述为中日战争,从侵略和反侵略的角度可以表述为抗日战争;仅仅是两个不同的表达,就可以定位出两种不同的观察视角,而从不同的观察视角可以得出不一样的结论。比如说二战,中国人民心目中的二战主要是抗日战争,这与历史记忆密切相关;在俄罗斯,则叫伟大的卫国战争;法国叫"大战";在日本,则叫太平洋战争,这是中立化的表述,而在日本右翼口中或者在当年战争进行时,被称作"大东亚圣战"。从翻译的角度,英语将"二战"表述为 World War Two 或者 Second World War,并无强调"大"战的概念,直译不过为第二次世界大战。但是法文表述中则用了名词 grand,强调大战的意义。严格说,"二战"的概念只有美国学界用得最多,相对客观和中立,是纯技术化的表达。

诸位都在华政做法学研究,法学是一门讲究严谨的学问,一定会得出单一性指向的结论,但是得出结论的过程,仍然充满着各种各样的、反复的考量。如果只用单一证据链,可能会走进一个误区,得出不真实的结论。

如何在国际比较的视角下观察中国抗战,尤其是抗战基础的有关问题呢?首先是物质基础的问题,中国是在物质基础非常薄弱的情况之下进行的这场战争。1840 年鸦片战争时,中国的 GDP 占世界 GDP 总量的 20% 左右,这是传统生产方式的极限。传统生产方式依赖于人,中国有 4 亿 5000 万人,产出一定比 3 亿人或 3 千万人多。英国工业革命如火如荼向前推进着,当英国进入现代化的时代后,情况便完全不一样了:中国占世界经济的分量日渐下降。在这个过程中,中国确实落伍了,尤其是重工业的落伍。中国近代 100 年的建设,重工业从来没成为现代工业的主体,但是在其他国家的工业化进程中,重工业一定会成为主体。举例而言,1937 年中日全面战争开始时,中国的钢产量大致是七八万吨,日本大概是七八百万吨,美国是七八千万吨,三者存在着巨大的差异。若是将七万吨的钢产量全铸造成炮弹又能有多少呢?

今天的国人可能不觉得钢产量是一个问题,去年中国的钢产量是 9 亿多吨,美国、日本的钢产量都不到 1 亿吨,中国已经连续多年在世界钢产量中排名第一,世界上除中国之外的其他国家的钢产量加起来还不如中国一国多。但是即便这样,中国到现在为止的历史人均用钢量与累计用钢量仍然不如美国和西方其他国家,即 100 年来中国人均用钢量仍不及美国人均用钢量。当时中国的重工业太不发达,钢产量是一个例证。钢产量作为基础产业,是近代工业尤其是重工业的标志,其他的产业如机械业、交通业、铁路业等全都需要钢。钢产量低,与钢产量直接相关的机械业便不发达,机械业不发达就意味着无法自行生产能够用于现代化战争的武器装备。日本有航母,有零式战机,有各种各样的大炮,但中国没有,而且中国当年的战机全部依赖进口。这是认识近代战争的重要视角。

需要指出的是,精神力量有其重要性。在这场战争中涌现了无数精神昂扬的典范人物,比如在上海宝山抗战中,姚子青营的将士壮烈牺牲,但是热兵器时代的战争和冷兵器时代的战争有很大的区别,仅仅靠精神的力量不足以抵挡物质上的巨大差距。任何时候都不能忽视现代化物质基础的意义。各位生活在当今的中国,可能对目前的物质基础习以为常，上海到南京只需乘坐一小时的高铁，但中国在抗战时的物质基础实在是太薄弱了。

除了重工业之外，交通业也很重要，即利用铁路、公路运送兵员和军事物资。当时中国的交通条件无法满足需求。钱塘江大桥于1937年9月底建成，其在淞沪抗战中发挥出一定的作用，但是11月上海沦陷，中国军队撤退，一个多月之后，钱塘江大桥又被它的建造者茅以升亲手炸毁，这一幕有点类似南斯拉夫电影《桥》中的片段。回过头看，当年的先辈在这么简陋的物质条件之下，以他们的血肉之躯抵抗日本侵略，真是万般不易！

其次是组织效能的问题。战争是全方位的考虑，物质基础的差别又带来其他方面的差别。当然这两者之间不一定直接相关，但经济基础决定上层建筑。比如，今天青岛在三天之内核酸检测900万人，除了有核酸试剂之外，还需要高度的组织效能。组织效能和物质基础是密切相关的。当时中国物质基础不行，虽然有些时候物质基础的差别可以通过组织效能弥补，可当时中国的统治集团是国民党，它是一个以精英阶层为主导的执政党。当时的中国经济很弱，文盲占大多数，精英统治无法深入基层。国民党的部长或许都是欧美留学生，但不了解中国国情，造成本来物质基础便不够的中国，又叠加上了因执政团队组织效能较弱而带来的负面因素。

从组织角度而言，政党就是一个组织。当时的中国，处于前近代到近代的转型过程。一个高效能的组织可以弥补物质基础的短缺，一个低效能的组织只会放大物质基础的短缺。举例而言，陈毅元帅说："淮海战役的胜利是人民群众用小车推出来的。"但是几百万的人民群众，怎么能够有效组织起来呢？当时中共在淮海战役后方组织了高效的运输队伍，每10个人组成1个小队，这10个人中间一定有两三个党员，然后另外六七个是贫农，再有两三个是中农，一定不能有地主富农，因为地主富农处在革命的对立面。每隔30里或者50里需要一个兵站为这些运输队提供歇息场所。抗日战争时期恰恰非常需要严密的组织过程。

抗战爆发那一年，我父亲14岁，在今天看来还是一个在撒娇的年龄。但14岁的他是家族里的长子，他有两个姐姐、两个弟弟、一个妹妹，他的父亲早就死了，他的母亲没什么文化。战争一来，14岁的他作为长子需要照顾一家七口人逃亡。前些年，我和父亲聊天，他说战争真是不堪回首。当时最好的逃亡方法是坐轮船从南京溯江而上到武汉。可是轮船都被包租给军队，剩余的由达官贵人包揽，平民百姓很难乘坐。另外一条路是走公路往南逃，可是没有交通工具。因此，我父亲一家人挤上渡轮，到了江北浦口再挤上火车，从津浦线北上到徐州，再转陇海线到郑州，再转平汉线到汉口，从汉口过江，再转粤汉线到长沙。经过两三个月的颠沛流离，最后在湖南落脚。万幸的是一家人没有失散，没有受伤，这就是无组织状态下逃亡的真实写照。

当时的国民党政府实在无暇顾及战争中的社会各界。再看日本，广岛原子弹爆炸时，即时死伤人数达十多万人，但是就在两天之后，广岛的地面交通基本恢复。除了百姓守纪律之外，很大程度上也取决于当年日本整个社会的运作和物质基础好过中国。

再次是社会治理的问题。国民党组织力差，且军阀割据，各自为政。1938年初，四川省政府主席刘湘去世，四川军阀割据。蒋介石想换自己的人张群当省主席。张群出生于四川，为人圆滑，跟地方势力还算合得来。但是地方势力对任命张群为四川省主席还是有各种抗拒的。四川作为战时首都所在地，地理位置十分重要，最后只好由蒋介石兼任。于是，在上报公文时便成了：四川省主席蒋中正呈行政院院长蒋中正,行政院院长蒋中正呈军事委员会委员长蒋中正,即蒋介石自己给自己写公文报告,报告传了三四回还是在自己手里。这也说明地方势力割据的严重性,某种程度上恰恰是前近代中国的产物,而在同时代的日本、德国却没有出现这种状况,这于抗战而言是非常不利的。

1927年南京国民政府建立时,能直接控制或者政令有效的范围主要是江浙沪地带。虽然经过各种努力已不断扩展地盘,但在抗战之初很多地方还是不听国民党的命令,包括四川、云南以及山东等。1931年"九一八"事变时,国民党政府对东北关注度不够,对外采取妥协政策,没有下令抵抗。当时东北主事的张学良有些犹豫,不想在没有中央指令的情况下打仗,结果使日本关东军的冒进得以成功,而日本在中国反应不力时越来越冒进,最终导致"卢沟桥事变"的发生。这是一个国家没能凝聚为整体民族国家的表现,而没能凝聚恰恰说明社会治理没达到一定的程度。

自卢沟桥开火以来已经一个月,北平、天津沦陷,但蒋介石还在决策究竟是打还是不打。1937年8月,蒋介石在南京开国防最高会议,上层仍然有各种不同的声音。蒋介石的判断是日本绝不会罢手。国军一直在后退,不敢奋力一击,便会一路溃败。因此,这次会议最终的决策是:事已至此,只能打。

其实,早先蒋介石还派亲信下属刘健群到华北向宋哲元传话,希望他这次一定要坚持。宋哲元问道,蒋介石到底是什么意思,打还是不打?真打还是假打?刘健群和他讲,这次一定要真打,一定要给日本一点颜色看看,把日本吓回去。宋哲元觉得这不是赌博吗?如果日本不害怕,最后真打起来怎么办?刘健群说:"那也只能真打。"其实,刘健群也没有完全领会蒋介石的意思。蒋介石的意思是,打起来对中国固然不利,但是中国地大人多,还可周旋,以空间换时间,更何况还有国际。

中国国力确实比较弱,不一定能打得过,但并不代表美国打不过,英国打不过,苏联打不过。我们要把他们拉下水,帮着中国一块儿打。这是蒋介石的眼光所在。后来美国也确实被拉下水,但不是因为蒋介石拉它下水的,而是因为日本侵犯到美国的国家利益。但蒋介石毕竟有这种眼光,对一场战争的判断不应仅局限于国内,还应有国际方面的考量。

当时的社会整合不力,军阀割据,一盘散沙,对抗日本的侵略确实不易。虽然日本侵略的责任者是日本军国主义分子,但并不代表日本民众就不参与这场战争,士兵不都是日本民众吗?日本民众参与这场战争的方式,跟中国民众参与的方式不一样:日本民众是在高度组织的情况之下参与这场战争的,而中国民众往往是被动地、散漫无章地参与,两种参与方式带来的结果是不一样的。

总结起来,抗日战争是前近代中国对抗近代日本的战争。前近代想要战胜近代,如果有一个坚强的领导,有一个高效的组织,还是有弥补的可能性的。但是,当时国民党缺乏这些条件,从而影响到弥补的可能性。

另举一例,抗战时期正面战场由国民党军队负责。正面战场一共打了 22 次会战,基本没有打赢。评判战争的标准只有一条:取得胜利。常言道,败军之将何以言勇?上海抗战如此英勇和艰难,动员全国 1/3 的主力部队,70 万人坚守三个月,丢了;常德坚守 18 天,丢了;衡阳保卫战那么惨烈,经过 47 天还是丢了。事实上,抗战时期,中国在正面战场没有守住一座想守的城市。

对比苏德战场,苏军在德军最初的闪电战突袭之下也曾惊慌失措,一溃千里。曾有一次,数十万苏军士兵被俘虏,一次损失数十万以上的军队。但是,苏联军队稳住阵脚后,想守的城市全守住了——莫斯科、列宁格勒、斯大林格勒。斯大林格勒保卫战那么惨烈,在一栋楼内,二楼是德军,一楼是苏军,或者一楼是德军,二楼是苏军,苏军仍然可以守住。列宁格勒保卫战守了900天,饿死几十万人,惨不忍睹,但最终苏军守住了。守住就是胜利,这才是值得荣耀的。每一个在战争中牺牲的中国士兵都应该得到后人的尊敬。但是,我们也不能忽视战争中指挥的失误和物质基础的薄弱所带来的负面影响。

正面战场中比较重要的胜利是滇缅战场。滇缅战场胜利的重要原因在于作战主力是中国驻印军和中国远征军,全副美式装备,受过较好的训练,这是中国军队以前想象不到的物质基础。有老兵回忆,滇缅战役期间曾用直升机来搭救过伤病员,将之送到后方。很多人质疑1944年的中国战场怎么可能用到直升机?现有影像资料可以证实,或许直升机数量不多,但确实有过。这样的物质基础,当然要好于过去的中国军队。

日军与德军比,虽不能说有很高的战斗力,但精神上十分顽强。比如在云南的山洞里,日军不投降的话,就只能用火焰喷射器清扫。这样既能减少本方士兵的伤亡,又能打赢这一仗,这才叫胜利。虽然精神很重要,但现代战争也得靠装备,战争从来不靠死多少人来决定胜利。美军在二战中牺牲大概30万人,但却是主力之一。中国战场是东方主战场,我们更是主力,但西方却不这样看待中国。其中原因很多,比如西方的轻视,相应的研究不够,等等。中国的抗战有很多弱点也是重要原因之一。现在中国还在不断努力证明自己是主力。

不仅是国民党方面,共产党方面也有类似的问题。八路军进军华北,一开始所有八路军将士都很兴奋,总算有机会让国人看看八路军是怎么打仗的。平型关战役中,八路军获得胜利,哪怕歼灭日军人数不多,哪怕歼灭的不是日军主力,也是不小的胜利,鼓舞了当时低迷的抗日气氛。但是也应注意到，在这之前不少八路军将领跟毛泽东的观察是有一点距离的。不少八路军将领认为，八路军应该打运动战、歼灭战，体现保家卫国的能力。但是一仗打下来，大家马上领会到毛泽东的高明。因为以八路军当时的装备和技术，只适合打游击战。所以很多人的解读偏颇，实际上八路军完全不是在避战。毛泽东的威信是在实践中确立的，一仗打下来后大家就明白，打游击战才是正确的，要以空间换时间。否则，八路军三四万的主力部队消耗不起。

八路军经过这个过程，到内战与国民党军交战时，游击战很快升级为运动战，再升级为大规模的歼灭战。朝鲜战争时期，中国军队打的都是正面战。朝鲜战争一仗打下来，中国空军成了世界第三。而前近代的中国怎么去对抗近代日本，这值得我们详加考虑。

再举一例，1945年9月抗日战争结束时，日本军队大概有700万人，中国大概也有700万人，其中国民党军队大概600万人，共产党军队大概100万人。可是日本国民只有7000万人，中国有4亿5000万人。做个简单的推断：女性不当兵，7000万人除去一半，还剩3500万人。16岁以下不当兵，60岁以上不当兵。我的推论是，可能日本成年男子中4个人里就有1个当兵，可见日本的动员率相当之高。再反观中国，直到1937年中国都还没有一次完整的人口统计，连全国有多少人都不知道，根本无法去征兵。1949年以前，征兵制从来没有真正在中国实行过，抗战时期的国民党军队只能靠抓壮丁。本来是保家卫国的战争，演变成强迫性的拉夫，导致民怨沸腾。事实上，国民党也有苦衷，因为当时不知道中国有多少人，也不知道通过什么样的方式征兵。

苏德战场与中国战场差异巨大。斯大林格勒战役，从1942年7月开始到1943年2月初结束，此后德国开始走下坡路。但德国工业生产的最高峰是在1943年。史学认为德国走下坡路的那一年，正是德国军工生产的最高峰。二战可能是人类历史上最大规模的一次会战。在苏德战场的库尔斯克战役中,苏军和德军双方参战的坦克总数加起来超过8000辆。8000辆坦克即使是平铺在地面上也极其壮观,何况冒着各种硝烟开炮,这在中国战场完全不能想象。德国军备部长施佩尔因成功地组织了德国的军工生产而被希特勒看重,使德国军工生产在1943年达到最高峰。1944年盟军在诺曼底登陆时,德国军工生产仍然维持着相当大的规模,直到1945年才陷于崩溃边缘。

相对而言,抗日战争时期的中国战场,物质装备基础十分薄弱。现在的抗日神剧歪曲了真实情况。真正经典的红色小说,如《敌后武工队》《平原枪声》《烈火金刚》等,其中的高潮情节都是"拔炮楼"。在一望无际的华北大平原上,每隔两三百米有个炮楼,这在欧洲战场并不存在,因为一颗炮弹即可灰飞烟灭。但在中国战场,炮楼是日军阻隔八路军游击运动的有效设施,尤其在华北大平原。八路军别说有炮,就连能炸炮楼的炸药都很少。黑色炸药很少,只能用黄色炸药,效果很差,所以拔掉一个炮楼对八路军而言都是莫大的胜利。诸位一定要理解,中国是在前近代的环境之下对抗近代的日本的。明白了这一点,我们对先辈的牺牲就会有更由衷的敬佩。

我全家逃到后方时,父亲也去当兵保家卫国。但国民党军队很腐败,他作为一个小学毕业生,到了部队后一天仗都没打过,天天给连长端洗脚水。后来他一怒之下离开部队去找别的职业,并说:"这兵还有什么当头,我来是打日本人的,不是给连长端洗脚水的。"他的大弟弟,即我的二叔,1944年时十八九岁,那时正值豫湘桂战役,日军打到贵州的独山,离重庆只有几百公里,重庆震动。国民党组织青年军,宣传"一寸山河一寸血,十万青年十万军"。我的二叔热情报名参军,几个月后他就开着美国援助的大卡车上了滇缅前线。虽然他只是运输兵,但也非常艰苦,经过了血火考验。不说日军的大炮、飞机轰炸,单说滇缅前线十八弯的道路开起来也非常辛苦。因此,像我父亲、叔叔这辈人,他们不会有不同的视角,都是痛恨日本的侵略。而我女儿这代人挺喜欢日本动漫,我父亲就批评她,你哪怕喜欢一点美国动漫也好啊,别老喜欢日本动漫。我父亲是经过那一时代的人,在他看来,当时美军是同盟军,所以他对当时的美国有一点好印象,而对日本就没有什么好的印象。

总结起来,如果从中日比较的视角看,在物质基础、组织效能、社会治理上,统而言之这是一场前近代中国对抗近代日本的战争。这场战争打得万般艰难,千万不能低估当年士兵所面对的艰辛,我们应该对他们的奉献牺牲表示由衷的敬意!

上面说的只是这场战争的一个方面,即如何从国际比较的视角看这场战争,许多方面表现出当时中国国力的不足。但是,观察这场战争还有另外一个视角,即现代意义。

战争从来不是只有负面的因素。前文中,因为中国近代转型不够彻底,面对日本突然的大规模侵略时,所以遇到了各种各样的困难,但是中国经过这场战争取得了多方面的进步。这场战争所具有的现代意义,同样是不能被低估的。从现代意义的角度再观察,这场战争对中国的意义不只是破坏,而且也有积极的方面。

第一,整个中国布局的变化,包括经济、文教布局。战前,中国不多的现代工业基本集中在以上海为中心的江浙地区,战争使中国的经济布局必须发生变化。国民党在战前已经注意到这一点,为了应付日本可能发动的战争,在湖南、四川等战争后方做一些建设,只是规模不大。而战争到来后,不得不在一个被动的、紧急的状态下大规模地转移工业,如将上海的一部分工业和其他即将受到战火影响地区的工业撤到后方。这就使得以重庆为中心的后方现代工业明显增长。

历史有其延续性,直至现在,重庆仍是中国西南最大的工业基地。中国有近千万平方公里的土地,如果所有现代工业都集中在少数地区,那就会非常危险。战争一来,上海只要一被摧毁,就意味着中国现代工业被摧毁了。文教布局也一样,本来西部内陆的高等教育在中国是非常落后的,中国的教育基本上集中在北京、上海。因为战争,高校内迁,著名的西南联大就给内地带来文化的底蕴和火花。

"文革"时期,我家因为种种原因被下放到农村,我在农村待了8年,算半个农村人。当年农村学校的老师都是南京、常州、无锡等地好学校的老师,他们跟我们一样下放在农村。我所在乡的医生,是南京或者常州、无锡医院的医生,医疗器械略差,但医术一点都不差。因为这段经历,我对农村非常有感情,每隔几年就会回乡看一看。5年前我回到村里,踏进村头见到第一个人时,对方的第一句话居然是:"你不是老汪家的孩子吗?"我很感动,40年过去,他还认识我。但是,这也说明他的交际太少。"文革"其实是一个不好的事,但这种情况恰恰也是歪打正着,使我所在的乡村有了新的气息,很多乡村的百姓从我们身上第一次知道外部世界。那个村的人从来没吃过西红柿,正因为城里的人去了,才知道还有这个挺有意思的好吃的东西。我也学会很多知识,比如我下过乡,就知道割麦子的镰刀和割水稻的镰刀是完全不一样的,割麦子要往外扫,割水稻要往里扫。战争时期同样如此,以这种被动的方式,扩散现代工业和文明,使广大的西南、西北有了经济、文教的布局,这种布局很多时候是无法依靠市场经济来实现的。

文化方面,当时上海每年放映的电影跟美国好莱坞大体是同步的,上海民众看的电影跟纽约民众看的电影大体相当,但很多内地的百姓完全不知道电影是怎么回事。为了抗战宣传,几十个电影放映队被组织起来去乡间给农民放电影,放的都是抗战的纪录片。这也让农民知道电影是怎么回事儿,现代生活是什么样的。如果是上海的导演拍电影,第一个镜头是一个人走向电话机,第二个镜头是这个人在打电话。上海观众完全没有理解问题,内地有些观众就不理解,第一个镜头是人在走,第二个镜头打电话,这是怎么回事?后来上海的导演明白,这一幕得拍成一个长镜头而且不能分切,要完整表现这个人从走路一直走到电话机旁,拿起电话并打电话,内地观众才明白他在干什么,原来他走过去是为了打电话。说到底,因为内地一些观众过去没有这样的体验,所以他不太理解这样的表现。

虽然这场战争本身是残酷的,日本对中国的侵略造成了巨大的危害,但是在客观上导致了经济、文教布局的变化,这对中国未来的发展有好处。

今天生活在上海,学生走出校门看到一个24小时便利店,自然而然觉得这是标配。但是很多地方的人还没见过24小时便利店。有一次上海电视台的人联系我,他们想拍一个有关上海改革开放以来民众生活变化的纪录片,而我向他们推荐一定要拍24小时便利店。上海的24小时便利店真的是便利,窗明几净,卖的东西很实用、很精致。我路过24小时便利店时,即便本身什么都不需要,都会忍不住进去买一点东西,支持生意。相比之下,北京的一些便利店没有24小时营业,里面的环境也不及上海的便利店,让人没有逛的欲望。虽然这种变化是一个被迫的过程,但也是一个对中国有利的过程,而这个过程或多或少又延续到抗战以后。

第二,统一趋向的巩固和加强。因为战争,国民党的势力进一步扩张,如四川省主席的任命,蒋介石后来就可以做主。抗战结束时,能相对中央政府独立的地方集团只剩下两家,即山西和广西。其他的虽然不能说百分之百臣服于中央,但毕竟不会跟中央对着干,这对中国的发展也是有利的。后来国共内战结束后,共产党革命胜利,一家一家收编地方军阀,不如一次性收编南京中央政府便捷。官僚资本企业越多,国有企业越多,其实对接管越有利,可以统一收编并改造成国有企业,成为新的经济基础。

第三,动员和宣传。动员和宣传似有一点形而上,但不能忽略其意义,若和当下发生的事结合起来便有其独特意义,而一个好的宣传能够和动员民众结合起来。

战时宣传最重要的方面是中华民族意识的建构。这对中国来说有无比重要的意义。中国是一个超大国家,又是个多民族国家,因此一定要有主体性的民族意识。过去中国自居为世界的中心,中国四周都是夷狄。恰恰是近代以来,西方列强入侵中国,使中国人第一次意识到中国人和外国人不一样,加之中国不断受欺凌,中国的现代民族意识逐渐开始生长。而成长需要一个过程,比如义和团时期的民族意识,多少带有一点狭隘性。学界公认的中国现代民族意识的成长,大致是从20世纪初抵制美货运动开始,是一个理性的现代民族主义的成长,后经过辛亥革命、五四运动、国民革命,进一步发展壮大,而抗战是全方位的民族意识的成长的最重要阶段。

近代以来列强入侵,其实大部分集中在中国周边沿海地带,八国联军最远侵入到河北地界。只有抗日战争时期,日本军队占据将近半个中国,而且都是中国的精华地带,才使千千万万中国人第一次真正从内心意识到,中国人真的和外国人不一样,中华民族是独立的民族。这对中国当时的抗战有无比重要的意义,对后来的国家建设也有非常重要的意义。

我父亲聊天时曾坦率地说,当他14岁在南京生活的时候,没有多少国家民族意识，国民党很弱，就靠教材那点渲染，当时又没有所谓统一的教材，各说各话，没有多少民族意识。但是战争来了，在逃难途中，他目睹到身边的老大妈被日机轰炸得身首分离，亲身体验到颠沛流离的逃亡，意识到做一个独立国家的国民是多么重要。所以，中华民族的意识有其重要性。诸如不少抗战电影，反映的就是一种民族意识的建构，这个建构在过去是薄弱的。

抗战时期，中国军队有很多人投降日本，这是一个事实。在其他战场该情况确实比较少，这恰恰反映出中国现代国家建构的不足，民族意识不够。倘若深入追问谁在投降日本，我们会发现这些投降日本的伪军很多是地方军和杂牌军，中央军相对比较少。有几十个将军投敌，其中接受过黄埔教育的中央军将领也相对较少。黄埔军校讲究三民主义教育，而三民主义教育第一条便是民族主义。黄埔军校的民族主义教育还是成功的。我近几年参加过几次黄埔军校的论坛，老校友们都会谈到民族主义熏陶的成功。

再说共产党，共产党有高度的组织纪律性，所以共产党军队里成建制的军队投降日本的几乎没有。当然，共产党里也不是没有投降者，总有泥沙俱下的情况。但共产党中真正经历过长征的老八路、老红军很少投降，投降的多半是新加入者，没有经受过严格的革命教育和组织训练。跟国民党几十个将军投敌相比，共产党军队里投降日本的高级官员真的很少，只有一个旅长级别的官员叫邢仁甫。邢仁甫是山东根据地的军区司令，他投降日本前先策动亲信部下刺杀了军区的副司令黄骅，之后想拉队伍投降但失败，只好带几个亲信投降日本人，混了个保安司令。日本投降后，他既无脸也不可能再回中共。因为他是叛徒，中共最痛恨的就是叛徒。他投降国民党，又混成保安司令。1949年1月天津战役时，邢仁甫没逃走，最终被共产党抓获，在公审大会被枪决。

邢仁甫过去在西北军和山东地方军阀部队里干过，加入共产党后，还没有受到严格的革命教育和培养熏陶就遇到抗战爆发，有浓重的军阀作风。所以，经受过马克思列宁主义革命教育的共产党人，抗战时期也是坚定的民族独立的捍卫者，共产党的革命教育相当成功。这也是国共两党抗战时期能够合作的基础，尽管双方对抵抗的认知未必都一样，但也有共通的一面：都要抵抗外来侵略。

再举一个东北抗联的例子。东北的自然环境非常艰苦，冬天零下40摄氏度，东北抗联的领导者基本都是共产党员。按照中国曾经的地域传统，冰天雪地之下，这些人又不是东北本地人，其实没有必要保卫东北。杨靖宇是河南人，赵一曼是四川人，周保中是云南人，如果从传统的地方角度，他们没必要去东北。但因为党的指示，要求他们深入敌后发动游击战争。他们到了东北后，才知道在东北打游击太过困难。这是地理环境造成的，东北地域广阔人又少，日本人把几个村并到一个村，由军队防守，东北抗联根本进不去。共产党本来最擅长的就是发动群众，但日本人利用东北的特殊地理环境阻断了共产党和群众的联系。我每次看东北抗联的电影和小说，都由衷地感动。在那么艰难的环境之下，共产党人领导东北抗联英勇抵抗日本的侵略，不是为了自己家乡的利益，而是为全中国的利益。

共产党在华北最成功的一个方面是发动民众，因为华北民众切身感受到日本侵略者的可恶，民众的切身体会和共产党的发动相结合，既奠定了抗日的基础，同时也奠定以后革命的基础。共产党在这一点上做得非常成功，这也是值得大书特书的一段历史。对此，怎么样进行动员和宣传？民族意识、民族主义在抗战时期就是一个最好的建构。解放战争时期，共产党动员国统区的民众就用最简单的口号"要吃饭，要生活"，毕竟市场天天在通货膨胀，民不聊生，在此情况下民众自然就会受到宣传的影响。

日本当时在中国也有动员宣传,将侵略行为美化成"大东亚共荣圈"。日本占领上海后,集合上海所有的电影公司,成立中华电影联合股份有限公司,史称伪华影。伪华影拍摄过两部影片,一部是《春江遗恨》,一部是《万世流芳》,被认为是汉奸电影。《万世流芳》讲述林则徐抗英的故事,《春江遗恨》讲述日本武士支持太平天国抗英的故事。这样的故事在1937年以前拍,或1945年以后拍,或中国人自己拍,都没有问题。例如,谢晋导演拍的《鸦片战争》规模宏大,郑君里拍的《林则徐》还是名作。但是在战争时期的上海,由日本人组织拍该类题材的影片,却是别有所图。日本想宣传自己的侵略行为是在"帮助"中国抵抗西方,也就是所谓"黄种人抵抗白种人"的"大东亚圣战"。

但是,日本在占领中国时拍类似的影片,却达不到相应的宣传效果。根据统计,日本拍的宣扬日军"战绩"的《太平洋海战》票房很差。不论日本怎么宣传,中国观众也不爱看。因为中国观众身在占领区,深受日本侵略之害,有切身体验,不可能对宣传日本"胜利"的影片产生共情。日本这样的宣传在中国完全起不到作用,因为中国不是日本的殖民地,而是具有悠久的历史、自居为东亚文明中心的国家。中国人都将日本称为"小日本",现在日本要成为大东亚的主角,这样的宣传主题就不可能达到他们想要的效果,更何况日本是侵略者。

第四,从现代意义转型的角度来观察,抗战对中国国际地位的提升有莫大的作用。因为抗战,中国成为国际体系的主角之一,而在战前中国根本没有什么国际地位。此前中国要去恳求国际联盟来东北调查,但一旦调查结果对中国有利,日本便抗议,退出国联,中国对此也毫无办法。但到战争结束后成立联合国时,中国成为安理会的常任理事国,意味着中国对世界事务是有发言权的。

联合国在国际事务中有独特的作用和地位,加入联合国意味着在国际话语体系里有发言权,尤其是常任理事国。联合国不可小视,何况还有国际粮农组织、世界卫生组织、世界民航组织等,都或多或少与联合国有关联,这些组织构成一个国际体系。在这个体系里,中国拥有话语权,而这个话语权是因为抗战胜利得来的,这在中国现代转型中具有非常重要的意义。从现代转型的角度估量抗战的现代意义,国际地位的提升恰恰是值得注意的一个方面。可是某种程度上也因为种种原因,中国当时没有能够将自己的国家利益最大化,不少原本是战胜国应有的权利被实际放弃或者没有得到,例如:放弃出兵占领日本的机会,不能在战后同盟国的对日管制中发挥中国应有的作用;在对日索赔问题上前后瞻顾,不够果断,错失获得战利品资财之机;在审判日本战犯时不无轻纵,使得一些犯有累累罪行的战犯逃脱正义的审判。再看看当时二战中的战胜国——美苏英法,都在尽量为自己的国家争取利益。这不需要更多解释,国家利益为大!在一个由民族国家组成的世界里,难道中国不该维护国家的利益吗?

再举一例,战争结束时,中国未直接向英国提出归还香港的问题,只提出中国军队最靠近香港,可以先派兵接收,可英国坚决不允许,生怕中国占领香港的地盘,坚持由英国接收,中国只能派观察员。法国本来是战败国,成立了维希政权,其与汪精卫政权有些类似,是一个德国卵翼下的政权。但是因为戴高乐坚定的抵抗,最后又攻入巴黎,法国才作为战胜国得以成为联合国安理会第五个常任理事国。战后,中国军队根据盟军的命令去越南合法接收,法国也不能阻拦,可中国军队刚接收完,戴高乐就一直催促中国军队离开。为维护自己的利益,各国都不会客气谦虚。当然,因为中国是战争的胜利者,也成功解除了不平等条约,成为联合国安理会的常任理事国,并收回了东北和台湾。中国的国际地位还是有了很大的提升,因此可见抗战具有重要意义。

第五,抗战胜利是民族复兴的枢纽。在过去,这个问题没有受到学界的特别关注。1995年抗战胜利50周年时,近代史研究所前所长、著名历史学家刘大年提出该命题。他刚提出该观点时,学界的呼应似乎不够,但学者们慢慢地理解到这个命题具有非常重要的意义。中华民族复兴是对中华民族近代以来受过的屈辱的反弹,但复兴是一个过程,在该过程中间,抗战占据非常重要的地位。2015年抗战胜利70周年的时候,习近平总书记在纪念大会上讲话,提到抗战胜利重新确立了中国在世界上的大国地位。中国古代原本便是大国,但中国的大国地位在近代以来受到严重的侵蚀,而抗战的胜利在相当程度上恢复了中国的大国地位。

中华民族的复兴是一个过程,要不忘初心,从历史中回溯中华民族奋斗的初心,继往开来。对于1945年的中国,抗战的胜利正是一个重要的出发点。

从国际视角观察抗战,会有一个比较的视角,继而注意到中国抗战确实非常艰难,中国应该从这场战争中汲取经验教训。前事不忘,后事之师,以史为鉴,从抗战中发现因经济的不足使中国受到哪些挫折,因社会组织的效能不足、社会治理的不足,中国又受到哪些挫折,这样中国才能在实践中改进,未来发展得更好。从现代意义、现代转型的角度来观察,抗战又是中国近代以来,从一个传统国家转向一个新型民族国家过程中非常重要的环节,是一个民族复兴的枢纽。所谓历史,就像拼图一样,多方面的认知拼在一起才会有更为全面的观察。

以上报告,有的观点可能是我个人的理解,有的观点是学界的研究总结,希望两位与谈人和诸位老师多多批评指教,谢谢大家。

三、与谈环节

马建标教授：

非常感谢屈文生教授的邀请。汪老师是我的恩师，他是中国史学界研究民国时代的泰山北斗，凭一人之力写作《中国近代通史》两卷。除了杰出的著作，汪老师还是一位喜欢旅游、听音乐、看电影的人。

听完刚才的讲座，我有几点学习感受。汪老师的讲座围绕两个主题，一是国际化视角，二是现代意义。相关历史信手拈来，结合其家族历史和本人经历，把国际化视角和现代意义融合在一起。

第一，关于国际化视角。用国际化的视角审视抗战时期是一个新的维度。当时中国的领导人是国民政府领袖蒋介石，他有把中日战争从局部的东亚战争上升为整个世界大战组成部分的国际化战略，想要把美国拉下水，使抗战真正成为一个世界战争。中日战争国际化视角的思维是如何形成的？根据我有限的认知，整个近代史从19世纪以至抗战，中国历代领导人逐渐形成了中日冲突要升级为国际化的思维定势。这种思维定势不是到蒋介石时才出现，而是有历史的、连续性的线索。

举例而言，琉球问题。1879年日本凭借便利的地理条件，强大的海军力量，依靠强力把琉球国王囚禁起来。基于琉球和清政府的官方关系，清政府在道义上需要帮助琉球，但是李鸿章没有办法。恰巧美国刚卸任的总统格兰特，为第三次竞选总统而进行环球旅行。格兰特来到中国后，李鸿章便想借助格兰特调停。这是比较早的中日东亚的地缘政治冲突，中国的外交决策者李鸿章，有意识地借助第三方的力量即美国的力量展开调停，可惜失败了。为什么从李鸿章开始就能这样思考地缘政治问题呢？因为从那时开始一直到抗战，东亚政治存在一个变化，即日本的强大。中国是一个前近代的国家，日本已经变成一个近代的国家，而且当时的中日关系也不友好。

日本学习帝国主义扩张的方式，扩张过程一直持续到1919年。张海鹏说："中国历史沉沦了，变成'U'形结构。"1919年后五四运动兴起，中共创建，中国的国家力量才开始上升，而抗战是中华民族伟大复兴的枢纽。李鸿章认识得很清楚，他知道单凭中国的力量在琉球问题上据理力争，是做不到保卫琉球的。

再举一例，李鸿章曾参与著名的三国干涉还辽事件。甲午战争后，中日签订《马关条约》，日本割据辽东半岛。中国利用列强在中国利益上的矛盾，虎口夺食，使日本到手的鸭子又飞掉，这是一次非常成功的借助三国力量维护中国利益的实践。德国、俄国和法国三个欧洲列强认为辽东半岛太重要，因此逼迫日本人交还，这对日本是奇耻大辱。日本虽然在甲午战争中战胜中国，但战利品被三个国家活活瓜分了。这次李鸿章成功地实践国际化思维，把中日冲突上升为国际冲突，利用列强在中国的矛盾维护中国的利益。

再比如，袁世凯从1882年到1894年在朝鲜镇守12年，成为朝鲜实际上的太上皇。他的主要任务是捍卫大清政府朝贡体系在朝鲜的最后一个堡垒，其主要挑战对象是日本。袁世凯在12年中形成了一个很重要的思维：在东亚地缘政治中，中日关系是无法和解的、你死我活的敌对关系，要跟日本结盟，简直是与虎谋皮。袁世凯在李鸿章去世后，于1901年任直隶总督兼北洋大臣，后来任军机大臣，主掌清廷的内政、外交、军事各方面的事务。他延续了李鸿章远交近攻的外交政策。因为日本的政策就是扩张，中国不是朝鲜，不会老老实实等待被侵略，故而中日矛盾无法调和。当时中国物质基础非常落后，没有工业生产能力，仅靠精神意志和血肉之躯根本无法打赢日本，只能拉外援。

袁世凯主要联合的对象是美国。1908年袁世凯被罢免之前，最后一次外交尝试是派唐绍仪秘密到美国，试图实现中国、美国和德国的大结盟。结果被日本抢先，日本的驻美大使高平小五郎与美国国务卿罗脱签订《罗脱—高平协定》。美国承认日本在满蒙的特殊利益，日本投桃报李，承诺不会侵犯菲律宾。袁世凯联美失败还有一个重要原因，他没有顾及英美关系的大组合，英国和日本之间有1902年的《英日同盟》。此时，美国和英国的领导人都认为英美面对德国、日本这些新兴国家时应该联合起来，建立特殊关系。他们不希望因为中国与日本的问题影响到英美关系，所以会有《罗脱—高平协定》。该协定进一步削除英美关系发展的阻碍。

袁世凯做总统后，更是坚决执行远交近攻，所以日本非常恨袁世凯。后来，日本见袁世凯无法收买，便想要强行逼迫袁世凯接受"二十一条"。但袁世凯将"二十一条"泄密，利用国际舆论争取到英美道义上的支持，在国际舆论上孤立日本，又一次成功地借助国际力量把中日矛盾上升为世界性的事件。尽管一战期间，中日没有发生军事战争，但是外交的战争亦非常惨烈。日本方面认为"二十一条"得不偿失，并没有使其获得实际意义，反而失去中国的人心，中国人从此非常仇日。

袁世凯之后，北洋政府的历任领袖和外交官，比如顾维钧、颜惠庆等人，同样延续清末以来的远交近攻，联美反日。李鸿章的认识还是比较朦胧的，而到了1919年顾维钧在巴黎登上政治舞台时，非常鲜明地借助美国总统威尔逊的威望来争取中国的民族独立，收复山东主权。以顾维钧为首的中国外交官执行非常典型的联美反日战略，这种战略从北洋政府到蒋介石的南京国民政府,一直延续下来。延续的原因有两点:第一点是在东亚地缘政治方面,中日的敌友关系和强弱关系对国际格局具有客观性影响;第二点,顾维钧等人是国际法专家,而且作为职业外交官也有一套成功的经验。弱者跟强者斗争,必须依靠舆论的力量,就像一个人遇见强盗,一定要大声喊,通过舆论对强盗造成一种心理威胁。因此需要努力将中日冲突尽可能地上升为世界性事件。

蒋介石做南京国民政府领导人的时候,这种战略思维也非常明显。自"九一八"事变起,蒋介石的目标就非常明确:打不过,靠国联,靠华盛顿的《九国公约》。尽管不能起到实质性作用,但是公理道义自在人心,可以迫使日本被孤立。日本如果退出国联,意味着日本从条约关系上和英美更远了。日本"大东亚共荣圈"的战略,触犯了美国、英国、荷兰在东亚的海权和陆地的利益,二战爆发以后"ABCD同盟"的建立便成为必然。所谓的"ABCD"指的是美国、英国、中国和荷兰四国,而中国是世界反法西斯战争的核心之一。日本很愚蠢,但同样也说明日本很自信。日本认为依靠明治维新的奇迹,可以实现明治一代人开拓万里波涛的豪情壮志。但事实上,日本有点自不量力。现在,民众总是埋怨国民党军为什么不去打日本,但民众并不了解当时的情况。无论是蒋介石还是当时的舆论共识都认为中国打不过日本,打不过还硬挡并不明智,反而一定要保存有生力量。共产党可以打游击战,但蒋介石是领袖,没办法采取共产党式的游击战。实际上,国民党军也是在打游击战。从南京到重庆,这不就是游击战吗?重庆守不住,可以再到西南或者到昆明。国共双方都意识到必须打游击战,然后是持久战,利用中国巨大的空间换取时间,等到美国被日本拖下水,中日战争即上升为世界战争。

自清以来,从李鸿章到蒋介石,中国的领导人认清东亚中日冲突是一种零和游戏。顾维钧等外交官也有意识地利用地缘政治处理外交关系。日本中了西方帝国主义的毒，也在外交战略上犯下致命性的错误。日本"脱亚入欧"，在19世纪末主要学习英国，因为英国是一个世界性的日不落帝国，日本也想建立一个帝国。但日本野心还不够大，它只想建立一个地区性的东亚大国。日本的国力非常有限，难以支撑建立起东亚帝国，特别是面对资源、人口庞大的中国，日本无法真正征服。日本在中国问题上遇到了很大挑战，从而造成日本内部在外交政策上的分歧，这反映为其是南下还是北上、与谁结盟的争议。1940年轴心国意大利、德国、日本成立同盟。松冈洋右是一个有世界眼光的人，他被一个俄勒冈的美国家庭收养，在美国长大，英语非常好，后来曾在伪满洲国任职，对东北问题有深刻的认识。他认为日本必须要控制东北，日本要与德国同盟。但事实上，与德国同盟只获得一个虚名。根据东亚战争的实际情况，德国不可能派出强大的陆军或者海军来到东亚帮助日本打美国或者中国，最后导致日本在整个东亚孤军作战。

日本跟德国结盟意味着日本会与美国成为敌人。美国很清楚，从一战到二战英德存在不可调和的矛盾，日本既然选择与英国的死敌德国结盟，那么美国便不可能和日本进一步搞好关系。从战略上，1940年松冈洋右很愚蠢地成立轴心国同盟，进一步推动中日战争世界化。当时山本五十六也意识到这种情况，然而因为杀身成仁是日本武士道的精神，所以没有办法阻止。"珍珠港事件"最终把美国这只睡着的狮子惊醒。美国造了140余艘航母，日本造十几艘后再也造不出来，因为日本地域太小。战争的国际化、近代的中日冲突构成东亚地缘政治的矛盾。日本想要主导东亚，但忽略了第三方，比如美国与日俱增的称霸亚太的目标。美日海军在亚太的竞争非常明显。在战略上日本存在巨大的失误：现代战争是一场总体战争，是一种工业化的战略，包括国力、国家资源在内的对抗，而日本没有重视这一点。

如何解读蒋介石的外交策略？为什么一定要坚持国联的主导？一定要坚持持久战呢？显而易见的是中国打不过日本，国民党政府坚持的原则是寄希望于美国的援助。汪老师提示大家要从更深层次的近代视角来理解此消彼长的中日矛盾关系。从东亚地缘政治的动态变化可以看到自李鸿章、袁世凯到蒋介石、毛泽东等历代中国领导人，他们在大变局的过程中积累了丰富的处理国际事务的经验，逐步用世界政治的思维去处理东亚、中日之间的矛盾。

从琉球交涉调停到"九一八"事变，包括后来的开罗会议，可以看到中国领导人处理世界事务的思维变迁，这是一个累积的过程。从晚清、北洋到民国，有一种连续性，虽经历改朝换代和革命，但是这种世界思维的知识和经验会通过各种方式传递下来，演变成为一种外交思想。这为研究近代中国的外交思想、外交战略提供国际化视角的资源，有重要的前瞻性。

另外，汪老师所讲的现代意义令我深受启发。汪老师研究历史特别注意唯物史观和辩证法，强调一分为二看问题而不能只看一方面。中国人过去提起抗日战争总是有悲情论色彩，只看到日本对中国的负面影响。汪老师则提醒要看到抗日战争带来的持续积极影响。比如抗日战争对我国工业布局的影响，大一统意识的复兴，特别是动员与宣传方面的积极影响。这一问题涉及现代中国的爱国主义传统和中国的民族主义塑造。对于中国这样一个拥有深厚的中央集权传统、一党执政的国家而言，抗日战争能提供新的历史遗产，有利于塑造民族主义认同感和爱国主义。

清末梁启超发表《新民说》，他提出"中国人没有国家意识"，然而梁启超是一个知识分子，他能做的只是呐喊。鲁迅所讲的"阿Q精神"也无法对情况的改变起到实质的作用。承载了近代中国新兴思想的《新青年》也只是一个刊物。真正要让千千万万中国人,特别是那些知识分子青年认识到中国是中国人的中国,必须要用中华民族主体性认同来凝聚全国同胞的共同信心,共同去面对民族性、国家性的抗日战争。

另一个层面,抗日战争对未来的政治也产生深远的影响,是中华民族复兴精神的起点。抗战中宣扬的一些"主义"在今天也在发挥作用。时至今日中国很注重建立全国性的抗战纪念馆以弘扬当代的爱国主义精神。我自己的孩子就参加过类似的爱国主义教育活动,家长带着小孩参观国歌纪念馆等。另外抗战影视剧也在蓬勃发展。抗日影视剧、抗日博物馆、南京大屠杀纪念日等等不断唤醒着国人的民族意识和爱国主义精神。因此,抗日战争对动员与宣传的影响十分巨大。

关于抗日战争的现代影响,可能更多侧重于怎么把中国建成一个具有现代民族意识、民族认同感的国家。早先梁启超、陈独秀、鲁迅等人的呼吁,只是个别知识分子或先知先觉者的呐喊,但毕竟没有形成历史的洪流。而抗战却在某种程度上成功实现了这一目标。

另外,抗战对当今中国的政党、国家制度的形成也非常重要。中国共产党是在抗日战争中真正成长和壮大起来。抗日战争也大大提升了中国的国际地位。虽然抗日战争使我国人民遭受了巨大的苦难,但如果没有抗日战争,中国很难在二战之后成为世界格局中的四强之一,尽管当时这个地位不被英国、苏联等老牌大国所认可。因此,汪老师对国际地位提升的讨论,更侧重于从外交角度看待抗日战争给我国带来的积极影响。如果没有抗战,中国很难拥有国际地位上升的机遇。

听完汪老师的讲座,我深受启发,自觉受益匪浅。从汪老师身上看到一个学人的品质和情怀,既把学问做好,又在生活中活得非常潇洒,值得后辈学习!谢谢!

瞿骏教授：

同马老师一样，与谈实在谈不上，因为汪老师在历史学界是重量级的学者前辈。我接下来谈的只能是一些对讲座的学习体会。

我最深的一个感受是，汪老师从讲题的设置到内容的展开，都充分考虑到今天讲座的场合：一所专精法律的华东政法大学。诸位都不是历史学科班出身，汪老师没有选择一个专业性很强的主题，但又在他的讲座里处处渗透着深厚的学术素养和专业性。他更多的是想让各位同学能够在历史的基础认识论层面对他所说的多样化的视角能有所体会。换句话说，在讲述那些扎实的研究内容时，不只是讲述研究心得，以免非科班出身的听众难以吸收。这场演讲本身就可以体现出汪老师的良苦用心以及学术素养。

汪老师提到了历史感的问题。有些习以为常的东西，背后可能经历过很多变迁。国民应该具备基本的历史感。从历史感延伸，人们会获得更多的认知。比如抗战初期，无论是中国的物质基础还是组织效能甚至社会治理都非常落后，只有在感知到这些问题的基础上才能理解为什么抗日战争非常艰辛。

此外，要从多角度看待问题。比如对所谓的国民党的黄金十年（1927—1937），需要从辩证式的角度去认知。再比如战争时期的军队调动问题也是这样。茅海建教授在《天朝的崩溃》中提及，鸦片战争时期，中国调动两三万大军效率很低，很可能在进行组织三个月以后士兵还无法到达战争的前线。这是因为路途过于遥远，动员能力和运输能力也远远不够。抗战时期，动员能力已取得了一定程度的进步。而如果现在的中国需要调动军队，变化更是巨大。1937年淞沪会战时，国民党派出了70万军队，但真实调动人数远超70万人。其中几十万军队还没有到达前线，会战便已结束。因为那个时期的运输能力达不到要求,经常是调动了一个师的兵力,但真正到达前线的却只有一个团。这就是活生生的历史,它不仅是一种情绪化的表述,去感慨抗战的屈辱和悲惨,实际上更有许多无奈的现实性因素。汪老师在讲座中时时刻刻提醒诸位对历史该如何认识,如何真正触及历史的温度,认识历史的方方面面。

汪老师还联系到"文革"时代的下乡。费孝通也曾谈过"文字下乡"的两面性:一方面,文化人下乡以后给当地人带来文化和知识;另一方面,知识和实践之间也存在差距。那些西南联大的教授及其子女读书很好,成绩很棒,但当他们在捉蚂蚱、采棉花、捉龙虾的时候,那些乡下的小孩远比他们聪明得多。这也从侧面印证汪老师提到的镰刀的例子。

接下来我对现代意义的问题再谈三点感想:

第一点,汪老师提到一个很重要的历史认识方法论。在诸位高中时所接受的基础的历史学习中,通常会以改朝换代或其他政治性的时间节点作为某种历史进程推进的起点或终点,但历史其实并不是这样的。比如一项条约签订之后,文本很快就可以公布,但是蕴含在条约里的精神可能需要很长一段时间才能为众人接受。比如《南京条约》签订以后,地方官员、基层民众懂得近现代国际交往的秩序可能要等待很长一段时间,而不是说签订条约之后人们便立刻认识到这样一个问题。中国1895年以后就一直在宣传新思想,马老师提到的五四运动当然也会有国家性的宣传。但这些思潮需要一定时间才能真正全面影响国人,实现民族性的塑造。

第二点,民族意识的觉醒。抗战时期的工业布局以及人口迁徙为何如此重要?回答这个问题需要回到历史的情境里。日本人其实挺了解中国,所以日本人在抗战背景下的一些行为以及对行为合理性的解释在特定历史处境中是具有说服力的。比如日本人会利用中国传统"夷夏之辨"的学说论证外蒙古政府独立的合法性和合理性：外蒙古是被占领的，不是传统的中华民族。这个论调放在文明征服的角度里是可以说得通的，但也存在两个问题：一是日本与中国的关系已经不再是亲人和外人、满人和蒙古人之间的区别；二是中国也不再是当年的传统封建王朝。于中国而言，朝鲜成为日本殖民地就是一个活生生的例子，这段历史凸显出现代民族意识的重要性。如果深入历史情境，无论是伪满洲国，还是汪精卫的一些辩解，也不是全无道理。汉奸之所以站不住脚，是因为在现代意义上站不住脚，历史的情境已经发生改变。

第三点，关于历史认识的态度问题。在中国人关于中国近现代史的整体认知中，虚拟性、创伤性的历史记忆较多，而荣光性、正面性的历史记忆相对较少。其实抗日战争的历史影响是多面的。举一个例子，钱穆在《国史大纲》里，没有直接用"抗战"的表述，而是在"抗战"后面加两个字，称之为"抗战建国"。诸位需要去思考，为什么这些学者要在"抗战"后面加两个字变成"抗战建国"？钱穆能写出《国史大纲》这本书，除本身的学养之外，更重要的是在1937年卢沟桥事变中他的内心所受到的触动。回顾他逃难的过程，从北京先坐轮船到香港，从香港前往长沙，再从长沙转经衡阳，后来因为西南联大要往云南迁移，又从广西转至越南再抵达昆明。胡适曾感叹：从广西到云南竟然还要出国，这哪里是一个真正的民族国家！钱穆在《国史大纲》中简短地写下了这些文字。诸位如果能把书读厚，就会发现文字中包含着他一路走来的心绪、情感和他所看到的东西，这些事物构成了文本之外的另外一个面向。需要将他的学养和经历结合在一起，才能真正读懂《国史大纲》，真正读懂抗战这一代人，读懂无论是普通人还是精英知识分子的心态和想法。我想，可以用同样的方法和同样的理念来解读汪老师今天所做的讲座。

以上是我个人讲座后的一些感触,略作阐释,感谢大家!

杨义成老师(《探索与争鸣》编辑部编辑):

我从一个学术期刊编辑的角度谈谈自己的学习体会。

首先,汪老师的演讲确实大气磅礴、全面而深刻。我因为学校的原因长期在南京读书、生活,会经常去南京紫金山附近的纪念馆等一些场所实际体会这些历史。比如,漫步在城墙边的时候,脑海中会回想起中日在南京交战时的点滴,联想到城墙仍然发挥着很重要的作用。

《探索与争鸣》学术期刊一直非常关注对抗战相关问题的近代史研究。在抗日战争胜利70周年时,期刊曾经专门组织一个品牌专栏,名为"国际视野下的中国抗日战争"。今日再看,当时的研究尚有很大的局限性,对于国家的世界视野的关注还需要加强。国际视野经常被理解成各个国家分别与中国发生的关系。比如抗战时期,英国对中国的支援,德国与中国的交往,苏联对中国的援助。这只是分割的视野,而不是国际视野。

汪老师的讲解着重从宏观角度讲述中国在抗战时期发生的变革,以及二战时整个国际大环境对中国产生的影响。汪老师总结的中国国际地位的提升,以及中国现代性的发展,我认为是非常到位的。

刚才瞿老师提到的一点很有意思,即某种情境之下汉奸的诡辩可能是有道理的,但是在现代意义上这个诡辩又是站不住脚的。我想补充一点,实际上抗日战争这种"水涨船高"式的现代化路径,不仅使得汉奸的诡辩站不住脚,甚至抗战结束之后的国民政府,在现代意义层面也出现站不住脚的问题。1945—1946年,随着民族意识的崛起,整个中华民族对未来提出了一个更高的要求。方才瞿老师曾讲"抗战建国",

当我们将视线聚焦于那段时期的历史文献时，不难发现当时的中国人民在政治协商等一些场合中，提出一系列关于政治、经济和国家重建的方案。国民政府的问题在于，没有正确认识到人民对于这方面的需求。相反，战争的胜利使国民政府更加膨胀。此时除中共持武装反对的立场，大部分的军阀都已经服从国民政府，军队的装备也大幅提升，国民政府看到的只是表面上政府威望的高涨和全国统一程度的加强，这反而导致了整个国民政府更加虚弱。因为越是民族威望高涨、国家统一程度不断加强、军队现代化不断提升，就越需要建立一个现代化的政府，一个能够有效管理和动员整个中国人民的政府。然而从实际的历史来看，国民政府并不是一个合格的现代政府，它没能引导中国走完现代化的进程。

今年，《探索与争鸣》特刊专题讨论了当下的历史文化认同和当下的大众历史思潮、历史教育问题。其中有学者指出了一个很重要的当代历史现象：中国近代史上，实际可能并不存在不同于当前历史发展的另外一条道路，不存在想象中的另一种发展的可能性。今天中国走过的这条现代化道路，在一定程度上是必然的。汪老师讲到的抗日战争的现代意义，很大程度上说明了这个"必然性"从何而来。谢谢各位老师！

王红曼（华东政法大学中共法治战略研究中心副研究员）：

我是做近代金融史研究的，听了本次讲座深受启发，尤其是民族意识这一块，使我的思想拔高很多，真的非常感谢！

满永（华东政法大学科学研究院研究员）：

汪老师讲抗战的国际视角，对抗战历史研究意义重大。抗日战争，首先是中日双方的战争，但实际上更复杂，可以说是三方：一个是日方，中方有两方——国共本身还有两种抗战史。我自己的体会是，原来接触的抗战史实际上仅仅是国内史，在国内史里面还有一个更侧重的单方史。在这个阶段，我们了解的抗战史可能会有很大问题。今天讲国际视角，对跳出原来国内视角的约束会有很大的帮助！

这种国际视角叙述本身也具有现代意义。我们往往在国际地位上、国际影响上强调今天的中国，而将过去称为屈辱史。在这种长期的历史教育之下，我们看待国际上发生的一些事情总会有一种假象，总觉得别人又想干什么、又想做什么，可能会有一些情绪性的东西表现出来，而缺少一定的定力。当我们引入国际视角的时候，在面对国际问题时可能就会有更多的定力，更具大国的自信与气概！

四、 问答环节

提问：

老师好，我是传播学院的学生，对动员和宣传这一块比较感兴趣。请问老师，中共和国民党对于媒体的态度是否存在不同？或者说媒体对战争产生的影响是什么？

汪朝光研究员回答：

中共和国民党都很重视媒体的作用，但二者的运用方式或具体做法有所不同。中共可能比国民党更重视媒体，一个重要的原因是，当时中共并非执政党，需要注意利用其他方面的资源。也正因非执政党的地位，中共在媒体宣传上具有更大的灵活性和言语空间。总体来讲，双方都很重视媒体，但在形式或者内容上可能有一些差别，中共的做法可能更灵活，更能收到正面效果。

马建标教授回答：

  国共两党与媒介的关系，最大的差异为：一个是执政党，一个是"在野党"。执政党主要是巩固现有的执政地位，在某些方面严防死守，进行取缔；而"在野党"无所谓，需要扩大它的影响力，便造成共产党使用媒体非常灵活。执政地位的不同，是造成差异的最大原因。此外，共产党与国民党的理念也不一样。共产党强调阶级概念，对大众进行动员；而国民党在这方面是非常忌讳的，事实上任何一个政党都忌讳做大众动员，因为有可能会失控。这个问题在今天依然存在。

五、 闭幕致辞

屈文生教授（华东政法大学科研处处长）：

  汪老师从中日比较视角出发，对 1931 到 1945 年的抗日战争进行对比。特别是将 pre-modern China 和 modern Japan 进行对比，从物质基础、组织效能和社会治理三个方面，对抗日战争进行系统化的思考，反思抗日战争的现代意义。

  在当前抗疫期间，中国也强调动员及其组织能力，这说明历史的研究对当下是有启发意义的。系统化地思考和解读历史以后，会启发我们对民族意识的构建，对抗日战争作为民族复兴的枢纽进行全新的理解。

瞿老师说这场讲座是为华东政法大学量身定做的,对此我表示特别感谢!在听马老师的评价时,我非常感慨。马老师和我都是"70后",但他却已经在《历史研究》发表5篇大作,这是史学类的顶刊,是中国社会科学界的顶刊。

如果说汪老师对于抗日战争的讲解是从现代和国际视角出发进行的深入解读,那么马老师则采用一个国际化的视角,把中日双边化的问题上升为中日冲突的多边化国际问题,同时关注李鸿章、袁世凯、顾维钧、颜惠庆等人的外交思想战略。这场演讲不光是对抗战问题的阐发,也是对国际问题的阐述。我认为马老师的国际关系、全球史的视角对我们特别有启发。刚才瞿骏老师特别重申,汪老师这种辩证式的认知能力,将抗战和抗战以外的事件结合起来,对做研究很有益。

瞿老师的演讲能力非常强,观点清晰,对汪老师讲座的解读十分到位。瞿老师所提到的民国时期满、蒙、日、汉之间关系的一种可能的审查角度是很有启发的。虽然这只是一种思想假设,但在设立、论证、推翻的过程中能够体现出一种思辨的价值。杨老师从期刊编辑的角度,以一个学术编辑敏锐的眼光,给予汪老师的学术演讲高度的评价,并谈了自己对这场学术演讲的理解。

"东方明珠大讲坛"倡导的是跨学科的研究。去年我们做了8场专题讲座,那时候叫"法学东方明珠大讲坛",后来把"法学"两个字去掉,因为我们认为不应把大讲坛局限于法学一个学科。华东政法大学是一所单科大学,虽然可以在法学或者政治学科中做到小而精,但从长远来看也会使教育有一些狭窄。我比较提倡跨学科的交流。我个人的研究也是如此,我在做语言学研究时会涉猎历史学和法学的相关理论。我认为作为科研处的负责人,我有义务把"东方明珠大讲坛"做成一个跨学科交流的平台。以今天为例,我们可以发现法学和史学是有共性的。我粗浅地认为,两门学科都重视叙事。叙事是一个语言学的术语,强调讲证据和事实。司法是通过证据构建事实,进而得出判决;历史是通过证据来构建事实,最后形成史论。所以它们最终都以证据、史料作为核心。

今天的讲座对于老师、同学拓宽视野有很大裨益,给我们以史学浸润、熏陶。某种程度上说,今天的讲座也算是我校"四史"教育的一个部分。汪老师做近代史研究,近代史当然包括前"三史"。最后,再次感谢汪老师带来这样一场精彩的讲座,也感谢各位老师的精彩与谈!

华东政法大学第13期"东方明珠大讲坛"

1840年以来的中国时刻

与谈人：李忠夏
山东大学法学院教授、博士生导师

李广德
中国社会科学院法学研究所助理研究员

致辞人：屈文生
华东政法大学科研处处长、教授

主持人：陆宇峰
华东政法大学科研处副处长、教授

主讲人：王人博

山东莱西人，现为中国政法大学教授、博士生导师，《政法论坛》主编。近年来出版的专著包括：
《寻求富强——中国近代的思想范式》（商务印书馆2020年版）
《1840年以来的中国》（九州出版社2020年版）
《你看我说》（北京大学出版社2019年版）
《业余者说》（广西师范大学出版社2018年版）
《法的中国性》（广西师范大学出版社2014年版）等。

华东政法大学科研处主办
华东政法大学松江校区
明法楼西楼E201
2020.10.30 14:00—17:00

第 13 讲
1840 年以来的中国时刻

时　间：2020 年 10 月 30 日
地　点：松江校区明法楼西楼 E201 室
主持人：陆宇峰（华东政法大学科研处副处长、教授）
主讲人：王人博（中国政法大学教授、《政法论坛》主编）
与谈人：李忠夏（山东大学法学院副院长、教授）、李强（《法学研究》责任编辑）、李广德（中国社会科学院法学研究所助理研究员）

一、开场致辞

陆宇峰教授（主持人）：

尊敬的各位嘉宾、各位老师、各位同学，大家好！欢迎来到华东政法大学第 13 期"东方明珠大讲坛"，我是主持人陆宇峰。

第 13 期"东方明珠大讲坛"，我们荣幸地邀请到中国政法大学王人博教授主讲"1840 年以来的中国时刻"，大家欢迎！

在法学界，王人博老师是一位非常与众不同的优秀学者，人称"大爷"。原因大概有四个方面：第一，王人博老师一直在引领中国的法学理论研究。王人博老师是国内最早谈论法治、人权和宪制问题的学者，而当国内学者今天还在讨论这些问题的时候，他又另辟蹊径，开始研究近代中国的问题。今天讲座的内容正与此相关。第二，王人博老师是法学家里面最不喜欢法学的学者。他喜欢鲁迅，喜欢电影，喜欢听歌，他结交的朋友除了来自法学界之外，还有很多来自文学界、史学界，广结良友可能也是王老师学问深厚的重要原因。第三，王人博老师非常爱学生，也非常受学生爱戴。王老师曾在西南政法大学工作。据说王老师办讲座的时候，现场往往水泄不通。"非典"时期，王老师在中国政法大学的草坪上举办露天的读书会，很多同学都围在他旁边。今年"新冠"时期，"大爷"又来陪伴同学们，非常有意义。第四，王人博教授是今日法学界为数不多的可以将学问与思想融贯在一起的学者。他是《政法论坛》的主编，这本刊物一直坚持开设"读书札记"栏目，鼓励年轻的学子要坚持读书，要把阅读的书籍作为研究的基础。

今天还请到另外三位嘉宾。首先是山东大学法学院副院长、博士生导师李忠夏教授，去年李老师也是陪着王人博教授一路讲学，来到华政长宁校区，那天大家席地而坐，讲座气氛非常愉快。其次是中国社科院法学所的两位老师，一位是《法学研究》编辑李强老师，另一位是李广德助理研究员，刚刚毕业的帅小伙。我校科研处处长屈文生教授也来到讲座现场，将全程参加本次活动。

现在，我们期待已久的讲座正式开始，有请"大爷"上台！

二、 主讲环节

王人博教授：

在座的各位同行、同学，大家下午好。非常荣幸来到华东政法大学,就近代中国的问题和大家做一次面对面的交流。特别感谢在百忙之中来参加讲座的屈文生教授,以及各位在座的同仁,特别要感谢的是同行的几位老师,他们不辞辛苦,与我一路相伴来到了华政,在这块风水宝地与大家交流。

我是华政的老熟人,最早来的时候是1985年。我当时在长宁校区待了半年,总体上讲长宁校区给我留下一个美好的印象。以前我在西南读书的时候,梦到过上海。在梦中,从重庆到上海或许坐电车经过几个站便到了,足可见梦是对抗空间距离最快的"交通工具"。最近两年,我来华政比去我的母校西南政法大学要多,去年这个时候我也来过华政长宁校区。简单谈谈我与华政的故事,算是个开场白吧!

今天,我想跟大家交流的话题是"1840年以来的中国时刻",讲的是1840年以来中国怎么走入近代,以及近代与当代之间有何种内在关联。但我不讲观点,因为一切历史都是当代史。我们当下生存的境遇或状况需要从历史当中寻找参照。历史虽然不可能直接提供一个实用的参照,但是肯定会催生我们对现实的思考。

这是一个非常重要的历史观,也是历史的价值所在。历史从来不会重复,也很难高度相似。随着时代变迁和语境变化,当时的状况肯定无法为当下的实践提供非常实用的经验,但是历史确实能激发我们对当下的深刻思考。

道理很简单,比如要想认识李强,光看他的外表是不够的,必须要追溯他的个人成长过程。对历史和国家而言也是一样,必须熟悉它的过去,历史是认识中国问题的一个长镜头。历史不是用百年计算的,不要在乎当下的点滴得失,要把眼光放长远,用千年计算。国家建设"雄安新区"时,提出的口号便是千年大计,而非百年大计。这说明"雄安新区"的建设关系到千年的历史,唯其如此,才能理解得更透彻一些。

下面进入正题,在"1840年以来的中国时刻"这一标题中,为什么加"1840年"呢?大家都明白,1840年是中国历史的分界线或分水岭。在这个坐标的那一边,中国是由自己的精神和思想喂养的一个独立的世界,这个世界可以被称为中国世界或中华世界。在1840年以前,中国虽也接触过很多外国的东西,比如印度的佛教,但是印度佛教进入中国以后被本土化,成为中国文化的一部分。明代中后期的阳明学即是"儒释道"三家的融合。1840年以后,中国被甩入另一个世界,而中国对这个世界是非常陌生的。为什么用"甩"这个字?一是因为这条路并不是中国自觉地走上来的,二是因为中国是被外国推了一把。

1840年以后,中国自立的精神思想的实践,加入了很多外来的东西。它们跟佛教不一样,对中国而言都非常陌生。中国必须面对一个跟中国完全不一样的"异己者",也可以把它称作中国的"他者"。如何处理中西关系,如何面对西方,成为1840年以来的一个重大课题,这个课题到现在仍未结束。

中国历经近200年的近代化过程,但是中国仍然是中国,西方仍然还是西方。放在当下,中西关系即是中国与以美国为代表的西方国家的关系。1840年非常重要,在1840年之前,中国与西方虽然彼此都知道对方的存在,但二者之间没有整体性的遭遇。在元代,特别是明代,中国人给西方起名为"泰西",泰是泰山的泰,西是西方的西。但"泰西"到底在哪里?它的地理区域有多大?中国人都不知道。

为什么叫"泰西"呢?"泰"指的是离中国非常远的西边,有个陌生的世界,中国人知道有这么一个"异域"的存在,但中国人并没有打算看看这个世界到底是什么样子。大家都知道,明代时有一位意大利的传教士来到中国,这个人叫利玛窦(Mateo Ricci),在他书写中国的文字里面,也把自己说成来自泰西。"泰西"是一个地理意义上的描述性概念,它不带有任何的价值因素,即并不体现文明程度的高与低、是与非、先进与落后等对立因素。当时处于文明中心的中国,对遥远的泰西这一异域缺乏必要的兴趣,并不会主动教化西方。内敛性是中华文明非常重要的特点。相反,西方文明表现出的则是进取性和扩张性。

1583年利玛窦来到中国以后,历经千辛万苦从澳门走到广东,又艰辛地走到南京。他在南京居住三年后再次出发,经过三个多月到达北京。他将三样闪耀的宝贝呈贡给皇帝,第一样宝贝是自鸣钟,第二样宝贝是他自己亲手绘制的一张世界地图——这是中国最早的一张世界地图,跟现在的世界地图差别也不太大。制作地图的过程非常辛苦,他知道在中国的观念中,中国居于世界的中心,于是所制地图既没有违背地理学,也照顾到中国人的价值观。第三样宝贝是精美的西方书籍,特别是拉丁文和意大利文的书籍。在16世纪西方已经可以生产精装书,类似于我的那本《1840年以来的中国》,而当时的中国都是线装书。这三样东西让皇帝和皇帝身边的高级官僚们都感到很新奇。他们不曾见过这种自鸣钟。后来利玛窦为什么又被留在北京好长时间?据传是因为钟坏了没人会修,皇帝认为利玛窦送了礼物给自己,就要亲自负责到底。然而,这个能出产如此精妙宝贝的"泰西"并没有引起中国皇帝和他身边官僚的警觉。自视甚高的天朝上国往往把这类宝贝归结为一个词:奇技淫巧。

为什么讲这样一个插曲呢?我想告诉大家的是,中国人对外面的世界并不是很好奇。换句话说,如果中国的皇帝及官僚们看到这三件东西之后感到新奇,应该主动派官员去看看,并与之交往。但是中国官僚对此并不挂心,没有警觉意识。中国缺乏认知西方的动力,因此缺乏与西方整体性的交往。与之相反,西方传教士不远万里来到中国,只为一个目标,即让中国人聆听上帝的福音,使中国人也能成为上帝的子民。与其他西方传教士一样,利玛窦对中国也持有不少偏见,但是并不傲慢,大体上持一种平等的交往态度。

利玛窦对中国的儒学有着同情式的理解,他非常欣赏中国的科举制度,也赞扬过中国的城市,比如他认为南京的繁华并不亚于任何一座欧洲的城市。因此,尽管明代的西方人对中国有偏见,但还是持有相对比较平等的态度。当然利玛窦为了传教,所讲的一句话在罗马教廷引起很大的非议。这是句什么话呢?利玛窦说耶稣有孔孟之心,他想通过把西方的基督教和中国儒学打通的方式,让中国的儒生们接纳进而信奉基督教。但这种传教方式不被罗马教廷允许。在正统的罗马教廷观念里,认为儒学是异教,中国的儒生是异教徒。利玛窦也赞美过中国的官僚,认为通过科举考试儒家士大夫大多数是正直的、亲民的。总体而言,利玛窦对待中国相对平等,并无傲慢态度。

与利玛窦相比,后来西方传教士的传教态度表现出很大的不同。其原因并不单单是因为内部的派别不同,而更是因为关注点不同。利玛窦重点关注中国的官僚阶层,比如明代科学家也是高级官员的徐光启成为利玛窦的徒弟而入教。到了清代则完全不同,1840年以后中国屡战屡败,在文明上也开始处于弱势地位。李鸿章将之总结为"三千年未有之大变局",中国对打败自己的对手并不了解,比如鸦片战争之后英国不要中国的领土、龙椅、江山,要的是贸易和租界。那时的中国人并不懂现代贸易的观念,而且显得相当陌生。正如马克思所总结的那样,工业革命之后英国进入大工厂时代,产品的产量激增。英国的羊毛产品全是大机器生产的,而中国则仍旧依赖男耕女织。与中国相比,英国是一个疆域很小的国家,其面积比新疆最大的一个县也大不了多少,人口也远不能满足其生产的盈余。因此鸦片战争的本质是贸易战,目的是打开中国的市场。

原先中国的小农经济自给自足，不需要买英国的棉布。但是英国对中国的产品有大量的需求，因此产生巨大的贸易逆差。英国对中国的产品需求主要表现在茶叶和瓷器上：英国是欧洲诸国中偏好喝茶的国家，而喝茶需要瓷器，中国不但有茶叶，而且生产最精美的茶具。英国不用紫砂壶而用瓷器，所以英国人也愿意收藏中国瓷器，特别是唐宋时期的古董。于是英国政府决定，既然不能卖给中国棉布，便换种思路将商品输入中国。因为利润非常高，英国政府便对东印度公司走私鸦片的行为睁一只眼闭一只眼。中国为什么需要鸦片呢？我查资料发现，宋代中国已经开始有了鸦片的买卖。明代李时珍的《本草纲目》记载鸦片是可以入药的。因为中国自古以来人口众多，但缺医少药，特别是在广大农村，农民解决温饱都很困难，更别说看病吃药。我相信中医，但是历史上广大农村地区的那些中医，不少人是不会治病的。当时的中医跟现代医学不一样，它不需要考试，也不需要资质证明。孙中山是学西医的博士，因此被称为孙博士。古代中国农村行医的人，良莠不齐，鲁迅的老爹是被"医生"忽悠而早逝。很多老中医很好，但是鲁迅父亲遇到的是庸医。

我热爱鲁迅的初衷也在这里——我的祖父也是这样死的。他23岁病逝，其实他那个病放到现在绝对只算个小毛病，但是在农村被耽误了。这也是鲁迅为什么跑到日本学现代医学，要医治中国的国民，但后来又转成学文学，因为他意识到更需要医治国民的灵魂。

再回到鸦片问题上：中国自古以来缺医少药，鸦片恰好有镇痛的作用。很多女性痛经，用鸦片后就不疼了。后来很多的女性吸鸦片上瘾，倾家荡产。英国向中国推销鸦片的巨大利润便是从这个地方来的。我曾在北京一所著名的高校做过一场讲座，题目是"小小的毒品——鸦片：如何搞乱一个帝国"。鸦片后来甚至发展成一个非常高级的交际工具。为了贸易平衡,鸦片给中国的经济和贸易带来毁灭性打击。在鸦片战争中,英国从军舰上发射的炮弹一打一个准,而中国的炮台要打英国的军舰,却因为射程问题而够不着。中国的火炮用的是火药,打不远,而且也不精准。鸦片战争让中国人第一次看到西方的船坚炮利。中国为什么不行?武器不行。魏源提出"师夷长技以制夷"。当然,更早的是林则徐的"师敌长技以制敌"。后来这个敌人的"敌",改成了"华夷之辨"的"夷",这跟华夏是对应的词。再后来清廷又遇到太平天国运动。太平军以星火燎原之势占据中国的南方,最后定都南京,前后共14年。清廷国库空虚,传统军队战力匮乏。清廷号召南方各个省份保家卫国,湖南出了一个人叫曾国藩,他号召父老乡亲,有钱的出钱,有力的出力,组建湘军。后来曾国藩的弟子李鸿章也向他学习,在安徽招兵买马组建淮军。大清王朝靠这两支私家武装战胜了太平天国。问题的关键在于,军事上的优势必然要转化为政治、经济等优势。太平天国事件之后,中国的政治权力下移到地方,地方崛起已经成为定局。

从曾国藩、李鸿章,一直到张之洞、袁世凯都是地方势力。从洋务运动开始,政治、经济、文化、教育等各个方面发生变革,地方从军事工业到现代工商,完成现代工业的初步积累。国家要发展经济和军事离不开人才,因此需要中央和地方的教育变革,当时开办了一大批语言学校,为培养洋务人才做储备。由此观之,中国向西方学习的第一个阶段是从曾国藩开始的。后期主要是张之洞。地方势力的崛起,特别是远离京城的南方地方势力的崛起,在中国向西方学习的过程之中扮演着极为重要的角色。地方势力的崛起打破了中央一元化的行政体制,使得近代中国形成中央与地方二元化的行政结构,而这也对辛亥革命产生很大影响。辛亥革命并不是出现了统一的领导者、统一的政党,然后建立一支军队,解放全中国。回溯辛亥革命的历程,会发现在这次革命之中，地方势力发挥了重要作用。这次革命是以各省独立而完成，这也与曾国藩、李鸿章、张之洞等地方势力逐渐坐大有关。想把当时"碎掉的中国"重新捏合成一个有机的国家，太难了。

通过洋务运动，中国的军事工业取得巨大的成就。通过学习西方的科学技术，清政府组建了一支强大的海军，特别是北洋水师，号称亚洲第一、世界第四。那段时间，中国人开始睁眼看世界，知道世界是什么样子的。那时的中国也开始建立现代化的企业，尝试建立比较现代化的工业体系，这也是洋务运动的一个结果。没想到中日甲午战争之后，北洋水师全军覆没，中国再度从迷梦之中惊醒。

甲午战争跟鸦片战争是完全不同的，毕竟在当时中国的认知内，输给西方尚且情有可原，但输给日本则意味着亚洲第一地位的丧失，于是人们开始反思战争的失败是制度的原因。但战争之中的偶然因素是很多的，并不完全是制度的原因。战争涉及战术战略、军队水准、武器装备等各个方面。总而言之，应当对中日甲午战争的失败有一个清晰而全面的认知。

到了1905年日俄战争，日本又把俄国打败。当时中国国内的舆论集体倒向立宪主义，认为日本国战争之胜利，乃是其国家制度的胜利。所以甲午战争最重要的结果，是打破清廷拒绝政治改革的禁区。可光绪皇帝遇到了成事不足败事有余的康有为，而康有为将光绪皇帝当成康熙皇帝。可光绪皇帝非常懦弱，他并没有康熙皇帝的雄才大略，而且在光绪皇帝的上面，还有一个比光绪皇帝更有权有势的慈禧太后。可以说，与古今中外成功的改革相比，光绪皇帝比不上其他君主，而辅佐光绪皇帝的人也比不上其他辅佐的人。

姑且不论人的因素，当时戊戌变法缺乏其他有效的支持力量。除帝国中央之外，地方的督抚也都不支持康有为，比如湖广总督张之洞、湖南巡抚陈宝箴等。张之洞为对付康有为,在康有为的眼皮子底下安插了他的眼线。此外,康有为、谭嗣同等人由于缺乏行政经验,没有办法准确辨识改革重点,提供的建议缺乏章法。百日维新,居然在103天之内发布184个"红头文件",这叫乱改!改革派陈宝箴给皇帝上奏折,对皇帝的改革提出严厉批评。其他反对派的大臣也向慈禧太后表达了激烈的反对意见,要求慈禧太后做主。这便有了9月21日的政变。甲午战争使中国有机会出现一场变化,但是这场变化的思想准备并不充分,也没有得到任何强有力的势力的支持,因此这样一场变革也注定要失败。最终,陈宝箴也"即行革职,永不叙用"。

以是否支持改革为标准,西方人从其自身的价值观出发,很容易把中国当政者视作两个阵营,即保守派和改革派。在此种标签的指导下,西方初期认为光绪皇帝是改革派,慈禧太后是保守派,后来光绪皇帝被软禁,慢慢失去了西方的支持。我认为此种标签并不合适,问题的关键是怎么能够完成类似变革。此种变革不像日常看书、写论文,而是一项系统性工程,需要打通各种行政过程之中的关系,也要处理非常复杂的人际关系。因此,行动逻辑与思想逻辑完全不是一回事。

恰好这个时候,山东义和团运动爆发,并以"刀枪不入""扶清灭洋"为口号,扶清和灭洋这两点正好合老太后的心思。但等与洋人的战斗开始后,清廷却发现自己根本打不赢。当然电视剧的表现让中国人感到真过瘾:太后向美利坚宣战、向英吉利宣战、向意大利宣战、向法兰西宣战、向日本宣战等,一共向十一个国家宣战,多牛。当然宣战很容易,但结果却让地方坐大。当时太后下圣旨给各个地方的实权人物,说你们必须像义和团一样跟洋人宣战。以张之洞为代表的南方省份认为这样搞不行,于是抗旨,结果形成东南互保。东南互保的理由为圣旨是假的,因为太后不可能下这么愚蠢的圣旨。当时又是电报时代,确实不好验证电报到底是由谁发出来的。于是他们便以这个理由抗旨进行东南互保，并在上海议和。后来因为甲午战争时刘坤一被调离出关与日作战，于是由张之洞署理两江，而康有为、梁启超在上海创办的《时务报》也得到张之洞的支持。当然这是后话。义和团这么一闹，中国出现新局面：皇帝和老太后全都跑到西安，洋人把北京城占领了，最后清政府不得不与洋人谈判。跟洋人谈判的结果是签订和约，太后必须承诺进行立宪改革。

这是第三个时间点：在庚子之变的压力之下，晚清被迫进行立宪改革。当然改革非常失败，1908年《钦定宪法大纲》、地方官制改革、建立责任内阁等举措全都失败。原因很简单，开放满人的政权是慈禧太后无法做到的，清朝亲贵的特权是她的命脉。死结在以下两点：一是权力必须掌握在她手里，二是满人不能失去特权，所以立宪改革自然没法进行下去。改革失败的原因是慈禧太后私心太重，干不成大事。第一她不会放权，她的权力欲望非常强；第二她更不能放弃满人的特权，她认为政权是满人的，汉人可以帮忙打理，但分享政权是不行的。于是，立宪改革变成一个字——"压"。具体层面的改革是没问题的，但修修补补终究动不了真格。

所以，以孙中山先生为代表的革命党很清醒，认为满人绝对不可能改革，要改革还不如革命。但是，孙中山的辛亥革命带来一个很大的问题，即到底什么是共和。因为所谓的排满革命是共和革命，孙先生的这一共和思想非常清楚也非常简约。当然，西方共和主义这条线索是非常复杂的，分为公民共和主义、古典共和主义和现代共和主义。在古典共和主义中，按照孟德斯鸠的说法，共和是贵族、王室和平民组成的混合政体。他认为英国是最典型的共和国，贵族有权利，普通百姓有权利，王室也有权利，三家联合执政，组成一个共和政体。但孙中山先生在共和革命中所理解的共和是非君主制,共和是君主制的对立面,简单地说没有君主便是共和。所以,孙中山先生的共和毫无疑问是反君主主义的。但是他不称之为"反君主革命",而叫"排满"。排满与反君主制这两者之间有联系,但是区别非常大。因为反君主制是一种理论体系,而排满是一种政治选择。把话说白了,其实孙中山先生说过的,只要满人倒了,哪怕汉人不搞共和而搞君主制,他也能接受。换句话说,排满第一,然后才是反君主,这两者不能重合。排满的一个最重要的原因是中国历史上的末代皇帝是满人,这是绝对不能接受的。排满革命跟历史上的反清复明会党差不多,所以孙中山最终依靠的力量也是这两种人:一是会党,即黑社会;二是留日的青年学生。

当时辛亥革命爆发,孙中山在美国募捐。他在饭馆吃饭时翻开当地的一份英文报纸,发现武昌起义胜利了,感觉革命来得太突然。在革命同志的期盼下,孙中山起身回国。在上海一上岸,革命同志们都在迎接孙中山从海外回来,实际上迎接的不是他个人,而是等他从美国拿回的钱。同志们问孙先生带了多少钱回来,孙先生说我带回了革命精神,一分钱都没带回来。当时中华民国临时政府国库里有多少钱呢?只有两块大洋,所以大家都急着用钱。所以,辛亥革命的结果是中华民国的成立,而中华民国为什么给袁世凯当大总统,是因为民国活不下去了,没钱,政治体系便无法运转。最后,孙先生留下遗言:"革命尚未成功,同志仍需努力。"

辛亥革命之后,经过军阀混战,蒋介石统一中国,却是利用中国传统的"拜把子"方式。蒋介石跟张学良、冯玉祥、阎锡山等人都拜了兄弟,通过这种方式将中国在名义上统一。但中国的真正统一还是通过革命,即区别于旧民主主义革命的新民主主义革命。1949年另一个共和国的诞生,才是真正的国家统一。

中国在近百年里经过多次立宪,先后颁布13部宪法。第一部正式宪法叫《中华民国宪法》(1923)，又被称为"曹锟宪法"，非常短命。后来出现1947年的《中华民国宪法》，这部宪法史称"伪宪法"，因为共产党没有参加立宪。中国历史上最长寿的一部宪法是现有的八二宪法，今年38岁。想来想去，中国近代史一路走来，从宪法学立宪的角度看，当下是最好的。八二宪法是活得最长的，先不论价值有多大，但起码它活着。这一百多年的中国时刻中，今天的时刻是历史延伸的一个结果。从中国近代史看，中国最大的宪制问题是中国是多元一体的超大规模国家。多元的问题在于：中原、边疆和草原这三个不同的区域需要不同的政策。如何能把这么一个超大规模的国家有机结合，这是中国遇到的一个很大的现代性挑战。宪法的根本问题是，如何在一个统一的中华人民共和国的国体框架之下，处理最发达的地区和边疆、草原地区之间的关系。不能要求中国的宪法会同美国宪法、日本宪法一样，因为国家的状况不一样。比如，日本不会有民族主义运动，即使有也是对外的，内部不会有。相反，中国人口构成很复杂，所谓五十六个民族五十六朵花。而日本只有单一的大和民族，内部没有民族问题。在日本说到民族主义运动即是对外扩张。从这一百八十多年的历史看，不论是立宪还是宪法，甚至中国这个国家本身，都具有其特殊性。

谢谢各位聆听！

三、与谈环节

陆宇峰教授（主持人）：

感谢王人博教授的精彩讲解！王老师一个半小时的讲解都围绕着

一个重要主题,即1840年以来中国现代国家建立和现代宪制建设的曲折道路。1840年之前与1840年之后的中国完全是两个中国,近代中国人是在建设一个完全不同的中国。王老师也说很多事情是以千年计的,1840年前的几千年是一个中国,而之后想把它转型为另一个中国。这是一个艰难的历程,可能我们今天还在为之奋斗。

今天在上海来讲这个话题也非常有意思。王老师谈到利玛窦,而徐家汇有一个耶稣会教堂,里面有一张很有名的照片,其内容是利玛窦和徐光启两个人站在一起。徐光启穿着官服,利玛窦的穿着也是如王老师所说的中国儒生的官服,我不知道是不是后来皇帝也给他封了官。大家可以看到,他们二人是平起平坐的,以完全相等的身份在一起,那个时候是一个很良好的交流。但是到1840年以后,情况完全改变了。

王老师今天把1840年以来的重要时刻全部串讲一遍。我们看到,每个时刻中国人都做过努力,但一次次地遭遇失败。鸦片战争之后,太平天国的兴起导致地方政权下移,这给中国带来很大的难题,大一统的模式受到地方政权下移的很大影响。日俄战争之后,立宪派、改良派兴起,但在中国文化里要做成事情,首先要有合适的人,而那个时候并没有合适的人。庚子之变后,清廷被迫改革,但又由于私心作祟,中华民族还是没能走出困境。到了辛亥革命,孙中山先生希望民族革命与民主革命毕其功于一役,但远远低估了近代中国社会的复杂性。孙中山先生奋斗一辈子,最后只是一个从没成功过的革命家。蒋介石也想统一中国,但靠的根本不是宪制的方式,而是"拜把子"、玩心计、玩中国江湖文化那一套。用传统的东西建设一个现代的国家,这也是不可能实现的。今天王老师给我们一个很大的启发,揭示出1840年以来中国宪制道路的艰难所在。

再次感谢王老师!

接下来有请山东大学法学院副院长李忠夏教授与谈。李忠夏老师是系统论宪法学家,在宪法学领域里面,长于用系统理论研究中国宪法问题。这样的人在宪法学界里面只有他一个,所以他经常"单挑"整个宪法学界,但也经常被"群殴"。此外据我所知,李忠夏老师可能是获得国家社科重大项目的最年轻的学者。

有请李老师!

李忠夏教授:

感谢屈处长和宇峰的邀请,感谢华东政法大学,当然也感谢王老师的信任允许我们来作陪。"大爷"一个半小时的讲座内容极其丰富、视野非常开阔,我个人受益匪浅。我的与谈肯定不敢谈一些评论性的意见,只是说一说自己的一些学习心得。

刚才王老师讲的1840年以后的中国时刻,其实是有点沉重的。因为1840年以后,中国的记忆其实是一段非常屈辱的记忆,直到新中国成立。而且,在上海谈这个话题也很有意思。前段时间,我刚好看了一个关于上海的纪录片。在鸦片战争以后,上海有两位非常有名的英国人,一个叫沙逊(Sassoon),一个叫哈同(Hardoon),直到今天很多上海人可能都还记得这两人。今天看到的南京路,就是哈同着手炒作起来的,他以非常卓越的眼光看到这条路的商业价值。而他当时做房地产生意的钱是靠卖鸦片赚的。东印度公司的很多外国人在中国都是卖鸦片的,但是为什么他的鸦片卖得这么好呢?因为当时清政府与英国签署了十年的禁烟令,很多外国鸦片商纷纷抛售自己手中的鸦片,哈同趁机把这些抛售的鸦片全都低价买入。结果没过多长时间,十年禁烟令几乎形同虚设,鸦片价格大涨。所以他通过卖鸦片聚敛暴利,然后开发了南京路。最后,南京路变成今天上海最繁华的一条商业街。许多建筑都是当时由沙逊和哈同开发的。今天的和平饭店是原来的沙逊大楼，今天的上海展览馆则是哈同曾经在上海建立的哈同花园的一部分。今天在南京路上的很多建筑，都跟鸦片战争、近代史密切地联系在一起。

一提到鸦片战争，国人都会感到非常沉重。刚才"大爷"也讲到1840年以后的情况。李鸿章称其为"三千年未有之大变局"。中国一直都是一个自给自足的国家，从来没有遇到外界这么强劲的冲击，给中国带来从思想观念到制度层面的极具革命性的变化。从这种冲击开始，中国一步一步走向近代，然后走向现代化的道路，之后才走到今天的八二宪法。王老师实际上想要通过一种历史的叙事告诉我们，中国是怎么一步一步走到今天的。

我想从三个角度谈一下我的学习心得体会。第一点是，学者在治学的时候一定要把历史作为一种方法，尤其是治宪法学。对于宪法学而言，历史的重要性不言而喻。大家知道八二宪法，但是可能并不知道八二宪法的思想根源到底来自什么地方。新中国成立后第一部宪法是五四宪法，之后的七五宪法、七八宪法和八二宪法都是对它的修改。五四宪法也不是凭空冒出来的，它的思想根源是在近代史的演进当中发掘出来的。唐德刚先生曾经提到"历史的三峡"，中国在1840年以后处于"历史的三峡期"，是从帝制向民主制的一个转型。"历史的三峡"意味着什么？三峡是急流而下的一条不归路，是没有办法走回头路的，只能顺流直下。如果逆流而上的话，一定会船毁人亡。同时，他也讲到中国从帝制向民主制的转型是一个一转百转的过程，并不是说今天废除皇帝，辛亥革命一声炮响，然后革命和转型就成功了。中国的制度也需要转型，中国的思想观念也需要转型，中国的习惯也需要转型，方方面面其实都需要转型。

但是，今天我更多的不是想谈1840年以后中国的改变，而是想要挖掘1840年以后中国哪些东西没有变。中国移植了西方的很多概念，移植西方指的是把西方那一套拿过来，原封不动。事实上并不是这样的。我们去读"大爷"的著作会看到，同样都是一个民权的概念，在西方是一层含义，到了中国则是另外一层含义。在中国的民权思想里面，带有更多的社会主义的"群"的观念，而在西方的民权观念里面，更多的是一种自由主义的、原子式的个体主义，这其实是非常大的不同。中国把西方的东西拿过来后，经过中国文化和传统的熏陶，可能会变成另外一个东西——表面上看起来是同样一个东西，但是扎根在这个制度环境里面会发生根本性转变。为什么会发生这种情况？我觉得可以用沟口雄三的理论解释。沟口雄三认为，中国社会主义观念的根源是前近代的一些思想观念，比如"公私"观念、大同思想等等。孙中山先生提出的三民主义，再到后来共产党提出的社会主义，都跟"共"字有着很大的根源，其根源于中国古代的大同思想。

日本和中国是不一样的，日本有日本的前近代，中国有中国的前近代。到了近代之后，受前近代根深蒂固的一些东西影响，两个国家表现出不同的近代道路。这是把历史作为一种方法。我们不仅能片面地去看1840年以后带来的一种根本性变化，有时候还要回到历史，到1840年之前去寻找中国可能内在的一些不变的东西，这些是中国根深蒂固的东西。由此衍生出第二个问题，即"作为方法的中国"。我们要发掘在近代化和现代化的道路上，中国独有的、根深蒂固的那一套东西到底是什么？沟口雄三专门写过一本书叫作《作为方法的中国》，葛兆光先生有一本书叫作《宅兹中国》，都是在界定什么是"中国"。

今天在研究宪法学的时候，同样也要强调中国到底是什么。那么，在八二宪法当中中国所独有的东西到底是什么？由此可以衍生出第三个问题：我们应该怎么理解八二宪法？这方面，"大爷"写过关于八二宪法精彩的著作和论文。如果将宪法放到一个历史的维度,八二宪法和五四宪法有什么不同,跟《共同纲领》有什么不同?甚至八二宪法到了今天,它和在1982年那个时刻相比,自身发生什么样的变化?所以我一直都在强调八二宪法经历过双重变迁。如果不能透视双重变迁,对于八二宪法的很多东西是没有办法理解的。

第一重变迁是五四宪法的变迁。五四宪法是社会主义的,总体趋势是消除个体利益,消除个体私欲,是把个体利益限制到最小化的一部宪法,是实现公有制意义上的社会主义的一部宪法。而八二宪法其实恰恰是对五四宪法完全公有化体制的改造。首先,八二宪法将个体经济写入宪法之中。这是对五四宪法的一种超越,某种程度上也是对《共同纲领》的超越,真正解决了公私并存的问题。接下来是八二宪法自身的变迁。个体经济一旦被写入宪法之中,意味着个体利益从既有体制中分化出来,随之而来的是需要一系列配套制度对它进行保护。因为个体开始有了财产,不再是以前最低限度的生活资料标准。财产需要保护,个体开始自由生产,于是慢慢产生私营经济的需要,计划也没办法再实现。所以需要不断地修改宪法,把私营经济写入宪法,把市场经济写入宪法,把社会主义初级阶段写入宪法,等等。你会发现它引发了一系列配套性的制度变迁。这个变迁又可以回到沟口雄三先生关于中国公私观念的阐述上,以前中国认为私是不好的东西,要把私的利益全部撇掉。但是在明末清初之后,中国其实已经把"万民之私"的观念纳入到"公"的观念当中,即要在实现"万民之私"的基础上实现一种"公"。当然,它并非完全是对西方放任性的个体自由的强调,它同时蕴含一种"公"的观念,或者说在私有的结构当中同时植入社会主义的思想。

由此可以将传统的"公私"观念的变迁与八二宪法互相印证,找到八二宪法的思想根源。我个人是研究宪法的,"大爷"虽然也是做宪法的，但是"大爷"的视野非常宏大，绝不仅限于法学和宪法，研究领域更加宽广，我只是结合我自己的专业——宪法学专业，谈一点对"大爷"讲座的学习心得。不对的地方也请"大爷"和各位老师同学多多批评指正，谢谢大家。

陆宇峰教授（主持人）：

李忠夏教授主要跟王老师的《法的中国性》做了对话，提出研究中国的宪法，并非仅仅找到这个对象，还要思考如何研究和采取什么样的方法研究这个对象。这也是王人博老师带给读者的重要启发——把历史作为治学方法。李忠夏老师谈及的一个很精彩的观点是，看中国不光要看1840年以来改变了什么，而且要去发掘1840年以来没有改变什么。什么事物特别难改变？为什么中国的转型如此艰难？王老师的讲座其实一直隐含着这个问题，它是造成中国近代化道路艰难的重要原因。把中国作为一个方法，则是李忠夏老师从沟口雄三先生处读出来的重要命题。最后忠夏老师还回到八二宪法，谈到一种历史性的宪法自创生现象。再次感谢忠夏老师。

接下来有请中国社会科学院法学研究所的李广德博士。大家都知道一个叫"法学学术前沿"的公众号，李广德博士是该公众号的创始人，拥有30多万粉丝，就粉丝量而言，是在场人里仅次于王人博老师的。李博士今年不到30岁，已经在《中国法学》上发表文章，一直关注公共卫生法治，这是一个很重要的法学研究领域，今年的疫情尤其让我们理解到这一点。现在有请李广德博士。

李广德助理研究员：

尊敬的王老师、屈老师，还有各位老师和同学，大家下午好。非常感谢宇峰老师邀请我来到"东方明珠大讲坛",在我看来今天是中国法学界顶级的思想盛宴,因为王老师在我心目中是中国法学界最有思想的人。思想与学术在某种意义上是有区别的,像我是研究卫生的,不需要有多少思想,把学问做好就可以了。在学术界,学问做得好的很多,但像王老师这样既做得好学问,又有思想、有境界的,并不多见。

今天在这里我还要特别讲一层渊源,是我和王老师之间的缘分。5年前我第一次来上海,也是来的华东政法大学,不过是在长宁校区。我当时刚到清华念博士,来参加华东政法大学第一届暑期学校,也是在这一届暑期学校上第一次见到王人博老师,当时王老师应华政的邀请给暑期班做专题讲座。所以我跟王老师的故事是从5年前便开始了。王老师5年前那次讲座的内容我已经不记得了,但王老师开口说的一句话,我至今记忆犹新。因为那天刚好华政新旧校长交替,王老师开场便说:"要办好一所大学,办成像华东政法大学这样好的大学是非常不容易的。但是如果要把一个大学办差,则很容易,只需要办个法学院就可以了。"王老师的幽默风趣和思想见地可见一斑。事实上,王老师有很多金句,比如刚才讲座一开始王老师便说"梦是这个世界上最快的交通工具"。因为王老师是山东人,我是湖南人,所以王老师在评论山东人和湖南人区别的时候,有一句非常经典的话:"山东人造反是为了让皇帝招安,湖南人造反是为了自己当皇帝。"王老师这样的金句很多,大家可以上百度看看。非常感谢王老师,跟王老师在北京有非常多的接触,在王老师身上也学到很多。

其实大家可能都知道,王老师有一本跟今天讲座同主题的书,叫《1840年以来的中国》。在我看来,这本书是一个法学或者说宪法视角下的对整个中国近代史的陈述,抑或说是王老师对近代中国历史的宪制重述。它有两部分内容。一部分内容相当于是用富强或者宪制这样一条线索把整个中国近代史串联起来。所以我觉得大家应该去读读这本书，第一部分可能会比你们看近代史的教材更为饱满、有趣和更有专业上的感觉或共鸣。这本书的第二部分，在我看来是王老师对做学问的方法论贡献。第二部分处理了很多宪法上的基础概念，由于很多法律上的概念都是从西方翻译过来的，在这个过程中存在一种用刘禾老师的话来说，叫"跨语境实践"的过程，即这些概念在中西方的语境下，很难构成一一对应的表达关系，比如说民主、民权等这些词，它们在西方和在中国的语境下是存在很大差异的。而王老师专门研究民主、民权等这些词汇在中国的意义问题。如果大家未来有志于学术的话，我觉得这是必读的一本书。

今天我想从认识论尤其是语境或者前见的角度来谈一点感想。在诠释学上，伽达默尔（Gadamer）有一个著名的理论或者概念叫"视域融合"，是说理解的发生，理解者本身的语境或者说背景知识很重要，王老师在著作里面也多次强调语境对于文本理解的重要性，因为语义是语境的产物。王老师今天的讲座提到很多中国近代历史上的仁人志士，包括魏源、康有为、梁启超、孙中山等等，解读他们的宪制思想和富强方案。王老师对整个中国近代思想家的理解和阐述同样是离不开自身情境的。因为每个人的理解，都建立在自己知识背景的基础之上。从这个角度而言，王老师身上具有一种情怀，这是王老师理解和诠释近代中国宪制思想的一种前见，也是理解王老师理论的必要背景。我想用一个比较常见的词"家国情怀"来形容王老师，这是我在读这本书的时候一个特别重要的感触。从洋务运动到五四运动，中国宪制思想演变史中所出现的每一种方案终究都面临失败的结局。在字里行间我们感受到的是王老师内心的惋惜和痛心，这是王老师的情怀所在。虽然这些前辈仁人的方案失败了，但王老师对他们个人的评价是很高的，立场客观而周全。甚至在我看来，关于"1840年以来的中国时刻"这一主题，王老师不仅在研究与评论中国近代的富强方案和宪制思想，也在论述与构建自己心中最理想的富强方案和宪制模式，笔端流露出浓浓的人文情怀。

王老师是我国当代最早研究权利理论和法治理论的学者，王老师写的《法治论》还被评为改革开放三十年以来影响最大的30本书之一，另外一本《权利论》也是法科生必读的经典书目。在我看来，王老师的态度不同于一般法律人所具有的纯粹自由主义的基础，王老师是一个自由主义的爱国者，如果从这个角度去阐述和理解王老师今天的讲座和这本书，可能会有更多智识上的碰撞和启发。

第二，今天王老师的讲座主题是1840年以来的中国，在这个时间轴里，自然也是包括当下的，但是王老师的讲座只讲到五四运动，而五四之后的中国开始走上另外一条革命道路，但讲座对后续几个内容都没有讲，书中也没有涉及，比如说新民主主义革命，再比如社会主义革命和一位著名的湖南革命家，等等。不过我知道王老师其实一直在读毛泽东，未来可能会有相关方面的成果，这样会构建一部完整的中国近代史的法政陈述。

我的一个困惑或者说疑问恰恰也在这里，在整个1840年以来的演变中，中国一直没有变的东西到底是什么？王老师的讲座告诉我们，每一种富强的方案和宪制的设计，都因为不符合中国的国情而失败，借鉴西方的方案并不符合中国的实际情况，那么，中华民族的民族性和国民性到底是什么呢？我们可以结合我国今天的防疫做一个对比，这也是我做公共卫生法研究的主题。现在国人可能会感觉到中国在防疫方面取得的巨大成功，并引以自豪，因此人们也对目前的防疫管制习以为常，不但没有觉得不舒服反而觉得挺安全。虽然也有人担心国家将紧急状态之下的防疫相关法律措施固定下来，有可能是法治的某种倒退。面对这样一种现实或者现象，我也在怀疑，我们到底应该担忧什么？是不是中华民族和国民的骨子里其实更加能接受这样的状态？换句话说，中国到底是需要一种国家主义、民族主义的国民性，还是需要建构一种个体主义、自由主义的国民性？如果为了安全、国家利益等价值可以牺牲个体的自由，大家接受一种管制的秩序，是不是这样的状态也契合这个国家和民族的传统？从 1840 年以来，先辈搞宪制，最开始时只想把宪制当作实现国家富强的工具，这是一种非常实用主义的态度，而没有去探究宪制背后深层次的文化和基础，没有厘清宪制与民主的内在关系，这更是对中国内在的民族社会根基的一种忽视或者误读。其实这个问题，到今天仍值得我们继续思考：中国具有何种国民性和民族性？又需要什么样的国民观念和社会根基？

这些疑问，在我看来可能是王老师对中国思想界或知识界的贡献——提出这样一个需要从整个国家和民族进行思考的问题，体现出王老师了不起的责任和情怀。谢谢王老师！

陆宇峰教授（主持人）：

谢谢李广德博士。

谈得非常深刻，谈出了大家读王老师著作的感觉。我们现在都是专业化的写作，写论文不需要注重感情色彩，但是王老师的书总是给读者这样的观感：这么多代优秀的中华儿女在追求宪治的道路上，一百多年来一次次地均告失败，而人一生能有多长时间，又有多少代人蹉跎着岁月。这是王老师写文章会常带感慨的一个重要原因。李广德老师也谈到中国的民族性问题，实际上王老师之前做的"新民说"丛书便是这个主题。当然王老师的想法其实很多时候是比较复杂的，一方面他强调中国人有自己的文化传统,有自己的民族性;另一方面他是读鲁迅的,鲁迅经常讲的则是民族劣根性。所以什么东西应该保存,什么东西不应该保存,可能还是要继续研究。

李广德老师谈到更重要的命题:中国人追求宪治一直失败,重要原因之一是中国人的实用主义思维。为什么要立一个宪法?因为有了宪法可以搞民主。为什么搞民主?因为有了民主或人权后,国家会富强,可以把别的国家打赢,不受欺负。这就像两个人谈对象,不是真的爱你这个人,而是爱你的钱,并没有欣赏你的内在。抱着这个心态去谈恋爱是谈不好的,去做宪制和法治也是做不好的,必须要找到它们的内在价值。

再次感谢李广德博士。下面有请《法学研究》责任编辑李强老师。

李强(《法学研究》责任编辑):

1840年以来中国的历史演变是一个连续的过程,但其中的一些时间点有着特殊的意义。好比开车总会遇到岔路口,在岔路口总要选一条路走。做出不同的选择,结局可能完全不一样,这是转折点的意义。王老师讲的1840年以来的中国历史,有几个重要的转折点,便是所谓的"中国时刻"。其中一个是太平天国运动。这个时刻面临的问题是统一国家有走向分裂的危险,最后通过地方势力的崛起维持了国家统一。这也为后来的很多历史事件,比如军阀割据,埋下伏笔。这是太平天国运动作为中国时刻的转折性意义。

接下来的中国时刻是从1894年甲午战争到戊戌变法,乃至1900年以后的预备立宪。在此之前的洋务运动算是一场国家能力建设运动,建设成果如何,要经历一次大考。结果,中国在甲午战争中战败,开始走上变法改良的道路,这是国家建设的一个新方向。此即戊戌变法作为中国时刻的转折性意义。

接下来的两个中国时刻是1911年和1949年。这两年不用多说，一个是中华民国成立，一个是中华人民共和国成立。两个中国时刻有相应的标志性事件：1911年10月10日打响辛亥革命第一枪，1912年1月1日中华民国政府在南京宣告成立；1949年10月1日，毛泽东向全世界宣告"中国人民站起来了"。这些时刻是一些标志性的、形式性的甚至仪式性的具有历史纪念意义的时刻。"时刻"不是自然意义上的事实描述，而有其规范性意义，是具备学术解释力的概念工具。

当我看到王老师演讲的标题中有"中国时刻"，首先想到宪法学理论上有所谓"宪制时刻"或者"立宪时刻"的说法，国内有学者写过名为《立宪时刻》的书。这些概念的灵感源自西方的政治思想史研究，比如波考克（Pocock）提出的"马基雅维里时刻"。所以，我是从"立宪时刻"的概念来思考如何把握作为学术概念工具的"中国时刻"。显然，王老师说的"中国时刻"是"中国性的时刻"，其关键学理内涵是所谓"中国性"。从1840年以来的中国历史来看，仅从政治层面而言，"中国性"的内涵是中国的国家建设，"中国时刻"是在中国的国家建设方面具有重要转折意义的"时刻"。太平天国是这样的时刻，甲午战争是这样的时刻，戊戌变法是这样的时刻，1911年、1949年更是这样的时刻。

王老师是一名宪法学者，为什么要研究中国近代史，研究戊戌变法等课题？这或许需要从实质宪法的观念来理解：中国的宪制可能内在于中国的国家建设。

陆宇峰教授（主持人）：

好，感谢李强老师，谈了自己对"中国时刻"这个概念的理解。

接下来有请科研处处长屈文生教授与谈，他是法律翻译研究专家，长期从事话语研究,在这一点上和王老师的研究有异曲同工之处,有请屈老师。

屈文生教授(华东政法大学科研处处长):

尊敬的王老师、三位李老师、各位同学,大家好。一场好的学术讲座,最好是能够启发听众。启发什么?启发的是听众已知的东西。讲者要寻找的是和听众之间的共情,最好是能够讲听众所部分知道的东西,但是听众知道的部分又不如讲者讲得那么深刻。写作所追求的是用陌生性带来高级感,但这应是写作而非演讲的追求。从这个意义上讲,我今天听了王老师的演讲,包括三位与谈人和主持人的发言后,深受启发,受益匪浅。

众所周知,华东政法大学的"东方明珠大讲坛"是华政努力打造的一个高水平学术讲坛。这个学术讲坛首先是多学科性和跨学科性的,王老师的这场讲座恰恰满足了我们的期待。

我也做一点近代史研究,所以下面谈两点,权当作为王老师的脚注。

第一点,关于本次演讲的题目"1840 年以来的中国时刻"。1840 年非常重要,是中国近代史的开端。但关于中国近代史的开端,实际上学术界也有不同看法。比如说我最近翻译的《中国进入国际大家庭》这本著作的作者徐中约先生认为,中国近代史的起始点是 1600 年,这跟欧洲人所讲的整个欧洲的近代史,比如英国以 1640 年作为近代史的开端,在时间上非常接近。1840 年为什么对中国重要,并且今天仍然重要呢?因为中国人铆足了一股劲。这股劲源自 1840 年以来的 "century of humiliation"(百年屈辱史)。

毛主席在天安门城楼上宣告"中国人民站起来了",其背后的信息是：中国自 1840 年以来实际上已经坠落了，然后再站起来。1840 年的中国时刻，China's moments，这个概念不光法学界在提，传播学界、历史学界也都在提。这个词蕴含着近代史对中国人的意义，1840 年爆发于中英之间的屈辱战争以中国战败收场，开启了一个国家的近代化历程。1840 年是一个非常重要的时刻，像北大李贵连教授有一部著作《1902》，黄仁宇写的《万历十五年》，都是取一个特定年份。王老师取的 1840 年也非常重要。日本近代史开端与中国近代史的开端有些近似。1854 年日美签署《神奈川条约》(《日美亲善条约》)算是日本近代史的开端。当然，关于日本的近代史也有不同的说法，有人认为 1886 年的明治维新是日本的近代史开端。所以我想这可以作为一个注释。

第二点，王老师讲到一个非常敏锐的问题，即中外关系史上的贸易问题。关于中英的贸易，我们最近点校了一本著作，是口岸知识分子王韬的翻译作品《王韬卷》。在《华英通商事略》里，他讲到中英的贸易往来始于 1596 年。这一历史时期，伊丽莎白女王即将取代西班牙国王，成为当时的海上霸主。她派遣一个乌特使团到达中国，试图与万历皇帝建立贸易通商关系。在欧洲人看来，中国不是典型的东方，而是"远东"。利玛窦曾用过与"远东"逻辑相近的概念，即"远西"和"大西域"等词。远东(far west)和远西(far east)既是地理远近的差别，也是欧洲中心主义话语霸权的表征；既体现国际意识形态的变化，也反映出国际力量或国际格局的变化。实际上，王老师刚才提到的"泰西"，也是和"远西"相接近的一个概念。1621 年的《远西奇器图说》[德国耶稣会会士邓玉函(Johann Terrenz)著，明末士人王徵笔受]是中国引入的第一部物理学著作，书名运用了"远西"的概念。可见，以中国为中心的历史观和以欧洲为中心的历史观，或者以中国为中心的话语表达和以西方为中心的话语表达，是值得研究的。

"法律东方主义"也是学界近来经常讨论的一个问题,那么 legal orientalism 得以成为一个问题的原因在于"他者"视角。刚刚王老师在讲座中也提到,他者视角是戴着有色眼镜从雾里看花的。中国通常追求的是以我为主,例如"师夷长技以制夷""中体西用"。但在戊戌变法,特别是庚子之变、1902 年变法修律以后,主流话语就转而变成了"西体中用"。而今天,国人又在谈国学、"中体西用",出现历史的循环。不知道大家有没有考虑过"东西"这一概念,即以前说的买东买西,但是国际上对"东西"的理解与中国不同。我们最近在做天主教教廷颁布的《托尔德西亚斯条约》研究,此即地理大发现之后的第一个条约。在这个条约中,教皇把地球划为两半,一半是东方,另一半是西方,西方归属于西班牙,东方归属于葡萄牙。因此,国际关系中的西和东是地理大发现之后的概念,也是中西交流的一个核心点。中西交流的关键在于寻找通约性和共识。但这非常困难,因为西方理念与中国是不兼容的,中国希望实现 compatibility,但实际往往是 incompatible,这种不兼容使事情复杂化。

我最近在学习王老师的著作。我发现王老师会特别关注语言学界的一些研究,我特别高兴。我在哥大访问时的导师是刘禾教授(Lydia Liu),发现王老师有提到刘禾老师的著作,提到《跨语际实践》,即 *Translingual Practice*。中西交流中的一些问题是翻译引起的,但不能完全归于翻译。大家刚才提到的民主(democracy),这是一个复合词,由"demos"和"cracy"两个部分组成。demos 是 people 的意思,cracy 是 rule 的意思,合起来后是指人民的统治。中文"民主"这个词,最初并不是 democracy 的译词。"民主"的早期含义是指"民之主",与 president 同义。比如在 1864 年的《外国公法》之中,丁韪良用"民主"这个词来翻译"总统"。如果将 cracy 译成"主",那么 autocracy 或者

meritocracy 中的 cracy 应当如何办？包括今天法学界谈的 juristocracy。juris 是 of judges 的意思，代表"法官的"。法官治理表明，权力从人民到达比人民拥有更多的知识、比律师拥有更多的知识的法官手中。这一词似乎可译成"法官治理"或者"司法治理"，这里无法用"主"这个字来翻译，即使它们属于同一个词根。包括所谓的"精英治理"或者"精英统治"，如果用理解"民主"的同样方式去理解，也会得出不一样的结论。

此外，王老师刚刚提到鸦片是一种药，而清政府对鸦片的态度也非常暧昧。众所周知，两次鸦片战争都因鸦片而起。但是，不管是中美《望厦条约》、中英《南京条约》、中英《五口通商章程》等都没有"鸦片"这两个字。当然中美《望厦条约》有提到违禁品"contraband"，实际上是指鸦片。

历史思维不光是一种研究思维，更是一种看待人生的态度。

陆宇峰教授（主持人）：

好的，感谢屈处长精彩的分享，对近代史的开端、中西贸易的开端、他者视角等问题都做了很精彩的讲解。我特别想讲的是，今天是第13期"东方明珠大讲坛"，而屈老师从第一场到现在是一场不落，全程参与了每一场大讲坛。华政虽然是不大的学校，但科研处的工作还是比较繁忙的。每次讲座之前，我都看到屈老师拿着老师们的作品细细品读，亲身参与，跟各个学科的专家们一起学习。这也是同学们应该学习的。再忙都不能落下阅读，要抓紧看老师们提到的书，有很多东西都是需要仔细阅读的。例如刚刚屈老师的发言，可能很多细枝末节的史料碎片你都了解一点，但更重要的是去阅读和思考，看那些大学者是怎样处理这些问题，怎样从史料之中挖掘出更富有思想的内容。这就是治学，使研究生有机会通过这样的路径成为一名学者。接下来，我们有请杨陈教授发言！

杨陈教授：

大家好，刚刚大家讨论的话题都比较沉重。但前段时间我看了一本书，书名叫《追寻富强》，作者是斯蒂芬·R.哈尔西（Stephen R. Halsey）。书中提到一个很有趣的观点：从中国自身的视角出发，人们认为中国的国家建构是不太成功的，但从全球性的角度来看，自晚清以来中国的国家建构还是非常成功的。与近代化的优等生日本相比，中国的近代化改革失败了，但是和那些更糟糕的国家比较，中国的近代化还不错，至少保持了主权上的完整性。

中国在近代化过程中的军事、财政建设都卓有成效。但问题在于，中国人觉得中国的近代化过程不够顺利，甚至从整体来讲是失败的，还经常走回头路。于是，很多学者都开始试图探寻中国近代国家建构进程中所谓的中国性的问题，即国家本身的中国性导致中国在近代国家进步等方面的特殊性。

前段时间我和张文龙老师也讨论过这个问题。我认为中国本身的中国性，可能是林毓生等人提到的普遍皇权观念的问题。普遍皇权观念并非君主至上，而是指中国的政治权力、政治秩序，创生了社会秩序、文化秩序和道德之心。在实践层面，政治权力创设了社会文化道德等一系列秩序。但是从意识形态或传统的道德哲学、政治哲学的角度来讲，正是道德或者个人的道德素养，以及整个社会的道德秩序产生政治秩序，产生文化知识，产生法律知识。这样一种普遍的、整体的、统一的观念，被称为普遍皇权观。

回到忠夏老师讲的问题，中国的"公私"和日本的"公私"不一样，原因是日本提倡实践性与形式性，而中国往往通过特定的价值秩序形成激励，产生政治与道德相互混同的基础理念。从这一观念上看，这会造成中国寻求富强的静态国家建设形式，这也是一种逆向思想的根源。

八二宪法在事实上形成了一种分化秩序。中国历史上一直以来的普遍皇权观，其作为中国人思想观念集成或者是一种道德政治复合体的观念，构成中国自身的中国性。这与中国近代的国家建构，构成一种特殊的装备关系。这是我对"王大爷"今天讲座的一些小小的感受，谢谢。

陆宇峰教授（主持人）：

感谢杨陈老师的分享。最后环节有请王人博老师再次登台，给大家做一个回应。

四、问答环节

提问一：

老师们好，我想问一下王老师以及其他老师，对于一名大一新生，应当如何开启一段学术研究之路，能不能和我们分享一下关于知识积累、文献阅读、文章写作等方面的经验？谢谢老师！

提问二：

老师们好，中国过去的岁月确实很沉重，在近代化的过程中，这些或好或坏的历史记忆，在一些关键时刻能够成为驱动中华民族前进的内在动力，但有时也会成为历史性的包袱。日本在明治维新以后，一直避免像中国一样成为一种近代产品，从而提出了殖产兴业。我们国家建国七十多年以来确实取得了很大的进步，但是如何避免这一历史包袱对我们的影响呢？

王人博教授回答：

首先感谢各位老师的真知灼见。

我先回答两位同学的问题。第一位同学问，如何在学术的入门阶段进行阅读和思考。其实说实话，大学四年是非常短暂的，一晃而过，而且学生要经历很多考试，包括司法考试、国考、英语四六级考试等等。那么，如何利用时间进行阅读和思考呢？其实我告诉大家，没什么诀窍，全是个人的喜好问题，这与每个人的性格有关。有的人天生好动，腿脚利索，但有的同学喜欢敲着脑袋拿本书来看、来想。我在广西师范大学出版社成立30周年时做了一个演讲，讲座标题是《做一个有趣的人》，要读你喜欢读的书，想你喜欢想的事，这个很重要。读书是为了自己的兴趣，带着兴趣读书是最好的，这是第一点。

第二，要抓住心情，要注意细节。两天读完一本书，虽然读完，每个字都认识，但是没用。要善于捕捉一本书之外的东西，关键要思考作者为什么会这样写。我认为读书最好的方式应该是身临其境。例如，我读《利玛窦中国札记》，当时感觉这是五六百年前的一个人写的有关中国的书，仿佛隔着时空与相隔五六百年的一个外国人进行对话，这种阅读仿若身临其境。这可能更有意思，有利于拓展思考问题的深度和广度。

针对第二位同学提的问题，我认为中日比较是一件非常好的事情。我最近在阅读孙歌教授的作品。孙歌教授是中国非常杰出的一位女性学者，她在写日本之时总是带入中国的事件。她研究的是思想史里的中国和日本。从我的阅读来讲，我认为中日的比较很有意思。中国人总认为日本是一个很成功的东方国家现代化的典范。除了西方人之外，真正进入发达国家行列的除了日本，还有哪个国家呢？韩国究竟是发达国家还是准发达国家，可能有不同的判断标准，包括俄罗斯也是。

但是不管从现代化的哪一个条件进行比较,日本毫无疑问都是发达国家。从这个角度来看,中国人认为日本是非常成功的,或者说是唯一的成功典范。

但日本学者对中日的看法非常复杂,比如共产党的知识分子。举个例子,竹内好是做中国研究的日本思想家,也是孙歌教授重点研究的对象。他认为日本什么都不是,而对中国革命表达了非常美好的想象。换句话说,他认为中日的近代化中,中国是真正成功的,而日本彻底失败了。当然这个看法可能很极端。

另外,大家都谈到1949年的"中国时刻"。1949年毛泽东在天安门城楼向全世界宣布"中国人民站起来了",而这个时候的日本是被美国占领的状态。可以想象,面对中国很自豪地说"我站起来了",而日本恰恰趴下的现实,一个日本的知识分子又该是何种心态?二战失败,两颗原子弹造成巨大破坏,又被美国占领,民族尊严丧失殆尽。到了1951年的《旧金山和约》,美国才把主权"归还"给日本。但是直到今天,日本冲绳仍是美国的一块租借地,日本自卫队没有美方的同意是不能到冲绳的。面对这种状况,像竹内好这样的知识分子会如何思考中国和日本到底谁是成功者呢?所以竹内好对毛泽东、孙中山有一种非常好的想象和研究。他认为中国近代史上有两个真正的革命家,一个是孙中山,一个是毛泽东,而日本什么都没有。日本也没有真正发生革命,即革天皇的命,日本的军人也没有"造反"。他曾想象,如果日本的战争失败,军队可能分化成两派,有一派绝对要抗美,与美国打游击战,可事实上日本最终老老实实投降了。而中国的革命成功了,所以中日完全不同。正好今天各位与谈嘉宾都谈到这方面的问题,而我认为其关键在于:通过什么视角去观察日本和中国。

下面我简单回应一下几位与谈的专家,非常感谢大家贡献的智识,有一些问题是我刚才没讲的,或者没有说得太清楚。

首先讲中国的发展。其实忠夏老师说了,决定中国近代走向的不是近代,而是前近代。日本研究中国思想史的杰出学者沟口雄三曾提出一个"基体"的概念,这是研究中国问题的重要核心概念,阐述了中国的动力学问题:中国历史的变迁动力在哪?动力关系是什么?这个概念也受到非议,但是沟口雄三确实勾勒出一幅中国前近代的画卷。他讲了很多问题,其中包括如何在中国发现历史,而不是在世界发现中国的历史。我认为忠夏老师可能最想告诉大家:1840年以后的中国与1840年以前的中国,它们之间的内在关联到底如何。

刚刚广德讲到一个话题:宪制文化对中国的价值。其实我最早有一本书研究这个问题,其中提出的一个范式是"富强为体,宪制为用"。宪制、宪法一直处于工具主义的位置。其实各位老师也表达了,在中国发展将近200年的时间里,谈人权、谈宪法和搞法治的原因与其自身的价值有关,但它们也处于不同的地位上。个人的价值和国家的强弱贫富联系在一起,这便是中国的范式。

刚才李强老师提出的"中国时刻"这一概念非常好,他已经讲清楚了为什么用这个概念。从规范意义上的立宪和宪法概念出发,这个时刻还不好确定。

最后,屈文生教授是翻译和近代史的专家,在哥大做过访学,师从刘禾老师,他讲的几个问题确实很关键。我也关注话语和跨语际实践,概念和关键词的本质都是语境话语的问题。今天屈教授讲得非常深,包括了国际贸易和鸦片问题。为什么几个条约里都没有鸦片两个字,为什么要做出规避,即使是中文文本里也没有?现在我也没研究清楚。仿佛是订约双方之间的一个默契。

一个成功的讲座不光取决于主讲人,还取决于主持人。如果今天的讲座还算成功，军功章里有主讲人的一份，也还有主持人的一份，所以感谢宇峰精彩的主持。谢谢各位！

五、 闭幕致辞

陆宇峰教授（主持人）：

感谢王人博老师的回答，今天时间很长，大家听到王人博老师的嗓子都哑了。实际上我们昨天聊到凌晨两点多，今天又和同学们有三个多小时的交流。非常感谢王老师，也非常感谢李忠夏老师、李广德老师、李强老师、杨陈老师等很多在场的老师。华东政法大学第13期"东方明珠大讲坛"到此结束，谢谢大家！

华东政法大学第14期"东方明珠大讲坛"

《民法典》的实施与新闻传播法研究的过去和未来

主讲人
杨立新
中国人民大学法学院教授、中国民法学研究会副会长

与谈人
魏永征
中国政法大学光明新闻传播学院特聘教授、中国新闻史学会媒介法规和伦理委员会学术顾问

范玉吉
华东政法大学传播学院院长、教授

彭桂兵
华东政法大学传播学院副教授

致辞人
屈文生
华东政法大学科研处处长、教授

主持人
陆宇峰
华东政法大学科研处副处长、教授

2020—10—27::18:30—21:30

华东政法大学科研处主办、传播学院协办

第 14 讲
《民法典》的实施与新闻传播法研究的过去和未来

时　间：2020 年 10 月 27 日
地　点：线上
主持人：陆宇峰（华东政法大学科研处副处长、教授）
主讲人：杨立新（中国人民大学法学院教授、中国民法学研究会副会长）、魏永征（中国政法大学光明新闻传播学院特聘教授、中国新闻史学会媒介法规和伦理委员会学术顾问）
与谈人：范玉吉（华东政法大学传播学院院长、教授）、彭桂兵（华东政法大学传播学院副教授）

一、 开场致辞

陆宇峰教授（主持人）：

尊敬的各位嘉宾、各位老师、各位同学，大家好！欢迎来到华东政法大学"东方明珠大讲坛"，我是主持人陆宇峰。

第 14 期"东方明珠大讲坛"题为"《民法典》的实施与新闻传播法研究的过去和未来"。首先有请我校科研处处长屈文生教授致辞。

屈文生教授（华东政法大学科研处处长）：

尊敬的各位嘉宾、各位老师、各位同学，大家晚上好。

欢迎各位来到华东政法大学第 14 期"东方明珠大讲坛"，今天我们非常荣幸地邀请到中国人民大学杨立新教授和中国政法大学魏永征教授，共同担任本期"东方明珠大讲坛"的主讲嘉宾，"四手联弹"，共同主讲。

在第四轮学科评估中，全国大概有 144 所高校参评法学学科，其中获评"A+"的高校是中国人民大学和中国政法大学，今晚的两位主讲嘉宾正是来自人大和法大。杨立新教授是中国人民大学法学院教授，中国民法学研究会副会长，全国人大法工委立法专家委员会立法专家，是《民法典》的编纂人之一。魏永征教授是中国政法大学光明新闻传播学院特聘教授。魏老师毕业于复旦大学新闻系，曾任《民主与法制》杂志专栏主编，新闻记者常务副主编、主编，为中国新闻史学会媒介法规与伦理研究委员会顾问。

近些年，华东政法大学传播学院在传媒法治学科建设方面取得了骄人的成绩，为社会培养出一批优秀的法制新闻传播复合型人才，产出了一系列丰硕的研究成果，涌现出以范玉吉院长、彭桂兵副教授为代表的一批知名学者。由司法部中华全国法制新闻协会成立的法制新闻培训中心，便设在我校的传播学院。学院作为卓越法律人才、卓越新闻人才培养基地，在师生中享有很高的美誉度，学院的科研实力和国际化办学水平也正在稳步提升。特别高兴的是在刚刚接收的国家社科基金和上海哲社项目的立项中，传播学院一举拿下五个省部级以上的课题，非常不容易，未来可期。

今晚的最大亮点是跨学科的对话，四位专家将对《民法典》从新闻学角度进行一次深入的讨论和对话。我本人也十分期待。大家经常听特朗普说某个新闻媒体报道的都是 fake news,我感兴趣的是,《民法典》该如何规制这些报道 fake news 的媒体。

本次讲座的真知灼见,最终将形成高质量的报告实录,我们将一如既往地在"学术华政"公众号上推送,以进一步提升我校"东方明珠大讲坛"的学术影响力、社会影响力,乃至国际的影响力,为传播法治学科的发展、为《民法典》的普及和传播助力。本次讲座由我校科研处副处长陆宇峰教授主持,谢谢大家。

陆宇峰教授(主持人):

感谢屈文生处长的致辞。屈老师已经谈到今天讲座的背景,今年 5 月,酝酿多时的《民法典》出台,法学界和新闻学界都对这部新时代人民权利的宣言书和社会生活的百科全书给予高度的关注。

《民法典》人格权编和侵权责任编都是在国内的基本法律中首次引入新闻报道、舆论监督的概念,其中对相关条款的研究,是促成法学与新闻学跨界对话和融合的一个良好的契机。鉴于此,第 14 期"东方明珠大讲坛"有幸邀请到中国人民大学法学院教授、中国民法学研究会副会长杨立新教授来主讲,有请杨老师。

二、 主讲环节

杨立新教授:

新闻人和法律人进行对话是挺有意思的一件事情。特别是涉及《民法典》的问题,在媒体方面还有哪些可以进一步研究的题目。因为我研究侵权责任法,也顺便研究媒体侵权的问题,这么多年在媒体侵权领域已发表一些文章,在起草《民法典》的过程当中也有一些思考。今天我给大家介绍的题目是:《民法典》对媒体行为的规范。

第一个问题,《民法典》为什么要对媒体的行为做出规定?

《民法典》人格权编和侵权责任编都提到媒体侵权的问题。其中有一些内容,原来的《侵权责任法》已经做出规定,侵权责任编只是对原有的内容进行丰富,并特别针对网络侵权规则补充完善。关于其他问题,主要还是在人格权编方面做出一些规定。《民法典》人格权编,起码有15个条文都涉及对媒体的行为规范。比如《民法典》第999条是关于新闻报道和媒体监督对人格利益不合理使用的责任。这个条文是一条最重要的原则性条文。第1000条规定消除影响、恢复名誉、赔礼道歉,这部分规定也可以运用到媒体侵权方面的问题中。其他条文都是关于具体人格权的规定。比方说第1014条,对于姓名权和名称权的不可侵害也适用于媒体。第1017条,包括对笔名、艺名、网名、译名、字号、姓名和名称的简称,这些延伸的保护也涉及媒体的问题。第1019条关于侵害肖像权的行为,同样涉及媒体的问题。还有第1020条关于肖像的合理使用,实施新闻报道等媒体监督,维护公共利益的目的,这些都涉及媒体行为的规范问题。

特别是第1023条规定声音权的保护。这一部分对文字媒体没有太大影响,但是影视媒体恐怕需要特别注意;第1025条规定媒体的新闻报道、舆论监督,还有侵权的具体行为。这一规定直接涉及媒体行为的规范问题。第1026条规定媒体怎么核实他人撰写的文章的真实性,这也是很重要的;第1027条规定文学、艺术作品侵权的问题;第1028条规定受害人发现媒体报道侵权后,媒体有更正或删除的义务;第1031条规定荣誉权的保护,这也涉及媒体的问题;第1032条规定隐私权的界定,本条涉及隐私权的隐私信息、隐私空间、隐私活动,对媒体的行为也有约束;第 1033 条规定侵害隐私权的行为,本条也涉及媒体的问题;最后一个条文是关于保护个人信息的第 1034 条。

人格权编一共 51 条条文,有 15 条条文涉及媒体行为的规范,再加上侵权责任编的条文,构成了《民法典》对于媒体行为的规范。据我了解,二十几部其他国家的《民法典》都没有对媒体行为做出如此多的规范。对媒体行为进行规范是中国《民法典》的一个很鲜明的特点。这些年来我一直在研究为什么会形成这样的立法方法。

一个国家应该有一部新闻法或媒体法,从而对媒体进行调整。在改革开放以前,中国法律不健全,对这些方面也没有立法。改革开放以后的四十多年,起初也特别强调要有新闻立法或媒体立法,但是一直没有很好的进展。现在来看,新闻法或媒体法的出现恐怕还是比较遥远的事情。但是一个国家不可能没有针对媒体行为的法律规范,因此中国出现一个特别的情况:在没有新闻法或媒体法的情况下,用《侵权责任法》对媒体行为进行规范。

这种制度是在司法实践中形成的。1986 年《民法通则》的人格权条款一共有七条,规定姓名权、肖像权、名誉权、荣誉权及名称权等精神性的人格权。在《民法通则》开始实施以后,人民群众便拿起法律武器保护自己,涉及人格权侵权时可以去法院起诉,主张自己的权利,使自己受到损害的权利能够得到保护。

在这一过程当中,法院遇到的第一个问题是新闻侵权问题。在侵害名誉权的案件中,最主要的是媒体侵权的问题,对此最高人民法院积累了大量的经验。后来又陆续出现文学作品侵权的案件,这在广义上也属于媒体侵权。司法实践对媒体侵权、文学作品侵权案件进行总结经验,形成了一些规范。最高人民法院在一些批复性的司法解释中开始做出规定,如《关于审理名誉权案件若干问题的解答》《关于审理著作权民间纠纷案件适用法律若干问题的解释》及类似的规则,陆续地把在媒体侵权、新闻侵权案件中积累的经验总结起来,最后在2001年的《关于确定民事侵权精神损害赔偿责任若干问题的解释》中形成比较完整的行为规范。

在没有新闻法、媒体法立法的情况下,司法实践总结出了很多关于媒体行为的规范,甚至形成一个系统,并发挥很好的作用。我在理论上深入地研究了这些问题,得到的结论是:媒体侵权作为侵权责任法的内容,同时也起到规范媒体行为的法律作用。研究媒体侵权法律规范的人越来越多,理论也越来越深入,逐渐形成一个小的学科。对此,我和张新宝教授有理论上的探讨,他撰文认为:新闻侵权、媒体侵权是伪命题。后来我在《中国法学》发表文章跟他进行讨论,形成了比较鲜明的对立观点:一方主张媒体侵权是不存在的,另一方主张媒体侵权是存在的,且在补充新闻立法、媒体立法不足方面发挥着重要的作用。

在制定《侵权责任法》时,立法机关专门召开专家研讨会,研究要不要写一部分关于新闻侵权的问题,民法学者和新闻法专家共同参与讨论,最后确定对最新的媒体侵权做出第36条的规定。对传统媒体的侵权,司法解释再加上《侵权责任法》第6条关于过错责任的规定即可解决,不必再做具体规定。在《侵权责任法》当中,专门写一个关于新闻侵权的责任,可能也不是非常合适。基于这样一些考虑,《侵权责任法》便没有写这些问题。

过了十年,在起草《民法典》的过程中,是否要写人格权编的争论一直到今天也没有完结,仍有人认为人格权编是不应该写的。但是,如今的人格权编有51条条文,其实写得挺好的,把改革开放以来司法实践中保护人格权的经验全部总结了起来。这是《民法典》最有特色的一编。人格权编是非常有必要的,把中国人格权的保护提高到一个新的水平。在制定人格权编的过程当中,有机会对媒体行为规范问题进行一个全面的总结和提升。媒体侵权的问题最主要的还是涉及对人格权的保护问题。这样对于媒体在整个社会活动当中的作用,以及其违反义务应当承担的责任,就有一个规范的机会。

《民法典》第999条规定了新闻报道、舆论监督的一般原则,这条条文特别重要。新闻报道、舆论监督涉及公共利益时不承担责任,但不合理使用需要承担责任。这样就把新闻自由的原则和不当的媒体行为造成权利人权利损害的责任划分得非常清楚。在每一个具体人格权的规定当中,这些内容也被写得很清楚。

从《民法通则》开始,我们一步一步积累经验,制定司法解释,制定《侵权责任法》,最终在编纂《民法典》时制定人格权编。虽然在民法的历史上,将媒体行为的规范写入《民法典》中并不常见,但符合中国的具体立法环境,具备合理性。由《民法典》这样的一个仅次于《宪法》的法典对媒体行为做出规范,可能发挥的作用会更好,适用范围、影响力会更大,法院也会有更好的可操作性。人格权编和侵权责任编这两个部分的结合,是中国法律对媒体行为的基础性规范,为今后进一步制定新闻媒体法打下了很好的基础。

第二个问题是关于媒体实施新闻报道和舆论监督的法定义务。

媒体最主要有两个职能:一是告诉大家目前正在发生的事情,二是新闻批评,即舆论监督。媒体不仅要告诉大家目前正在发生什么,更重要的是发挥监督的作用,告诉人们哪些东西是不对的,哪些东西是对的,要进行新闻批评,表达媒体的态度,这会在社会上发生潜移默化的引导作用:这就是媒体的职责。媒体有新闻报道、新闻批评的权利,那么也要负相应的义务。

中国《民法典》规定了新闻媒体三个最主要的义务。

第一个是媒体新闻报道和舆论监督与保护人格权的义务。这个义务规定在第 999 条,是总纲性的条文。"为公共利益实施新闻报道、舆论监督等行为的,可以合理使用民事主体的姓名、名称、肖像、个人信息等;使用不合理侵害民事主体人格权的,应当依法承担民事责任。"这个义务包含两个方面:一方面,媒体应履行新闻报道和舆论监督的义务;另一方面,媒体在履行自己的职责时也要保护好民事主体的人格权,不要使他们的人格权受到损害。这一部分是整个《民法典》对媒体行为的原则性规定。媒体在新闻报道、舆论监督时,只要有公共利益的目的便可以合理地使用他人的人格利益。在媒体履行职责的过程当中,合理地使用这些民事主体的姓名、名称、肖像、个人信息是正当的行为,法律是予以保护的。

1990 年发生过一个案件:北京有一个酱菜厂卫生不合格,卫生检查团去检查的时候,在车间里抓出 5 只苍蝇,地面上还流着很多污水。后来《北京晚报》刊发一篇文章,标题是《苍蝇聚车间,污水遍地流,某酱菜厂卫生不合格受处罚》。这篇报道发表以后,酱菜厂的销量大大下降。酱菜厂向法院起诉,称《北京晚报》侵害他们的名誉权。最后法院判决不构成侵权,因为这样的媒体报道是正当的舆论监督,虽然涉及被批评者的名誉问题,但评价是客观真实的:因为酱菜厂的卫生条件不好,对公众的健康有很大的影响。在此情况下媒体应该对之进行批评。

第二个是媒体事前的合理核实义务,来自第 1025 条的第 2 项"对他人提供的严重失实内容未尽到合理核实义务",而第 1026 条又把这一项义务进行了全面考虑。判断媒体是否尽到合理核实的义务有六个方面的因素:内容来源的可信度、对明显可能引发争议的内容是否进行了必要的调查、内容的时限性、内容与公序良俗的关联性、受害人名誉受贬损的可能性以及核实能力和核实成本。第 1026 条规定的内容都是在司法实践当中总结出来的。1987 年以后，法院在处理新闻侵权的名誉权案件当中，对媒体的核实义务（当时不叫核实义务，叫审查义务）方面进行深入研究，判例丰富。媒体在报道新闻时，不可能保证报道的事实与原来的客观真实一模一样。在公检法三机关的刑事案件处理中，最重要的是客观真实的证据要确凿。经过公安侦查，检察院审查起诉，到人民法院最后判决，有一审二审还有再审，这么多法律程序，都有可能发生事实认定错误的案件。相较之下，一个新闻记者仅仅是拿着自己的记者证、录音机、笔和摄像机去现场拍摄、记录、报道，他怎么能够做到再现历史，再现客观真实呢？所以对媒体新闻报道的真实要求一定要低于法院刑事案件认定的真实要求。法院认定一个刑事案件的事实，都离真实的客观事实有很大的距离，媒体记者去采访的时候，记下来的事实，怎么能够说它是完全符合实际情况的呢？所以对媒体真实性的要求是相对的真实，是新闻的真实。基本事实是准确的，它便是真实的，不能要求它和现实发生的事情是一模一样的。如果说主张媒体侵害他人的权利，事实不真实的时候，一定是基本事实就是不对的；只要基本事实是真实的，那么媒体就已经完成事实真实性的核实义务。如果要求媒体在报道事实时跟真实不能有一丝一毫的差距，就属于苛求了。所以《民法典》第 1026 条对核实义务做出的规定非常完整。

第三个是媒体事后的更正、删除义务，来自《民法典》第 1028 条。第 1028 条规定"民事主体有证据证明报刊、网络等媒体报道的内容失实，侵害其名誉权的，有权请求该媒体及时采取更正或者删除等必要措施"。条文可分为两个方面，第一个方面概括的是传统媒体的更正道歉。一个媒体不能保证自己的报道完全都是真实的。一旦出现问题，媒体最好的办法是更正道歉。如果更正道歉得到受害人谅解，原则上可以不追究媒体责任。1990年有一个案件,这个案件涉及《人民日报》的问题。冬天早晨在北京火车站站前,有一位妇女抱着一个女孩,冻得哆哆嗦嗦,有人问:"你为什么这么冷的天抱着孩子出来?"这位妇女说:"你不知道我有个狠心的婆婆,因为我生了一个女孩,就把我赶出家门,让我流离失所。"大家都特别同情她。这时候,正好《人民日报》的摄影记者路过,觉得是一个特别好的素材,就拍了下来。寒风当中一个女子穿得很单薄,抱着一个女孩瑟瑟发抖,发表的时候又配上了一些文字。这位妇女家所在街道的领导看到报道后说这不对,这个妇女是精神病患者,她婆婆对她特别好,她疾病发作时把孩子抱走了,到街上胡说八道。街道就给《人民日报》编辑部打电话,说新闻是假的。《人民日报》编辑部一听就赶紧来核实。经过核实,老太太确实没有虐待儿媳妇。《人民日报》编辑部便派一个干部,领着几个人去受害人家里赔礼道歉,受害人接受了。这就是一个赔礼道歉的义务。后来街道的人说《人民日报》要发表一个道歉的声明。报社解释说《人民日报》发道歉可能影响不好。大家也都接受了。

后来又发生一个问题,有一天我正好在最高人民法院的接待室接访,接访的正是这一家的婆婆。她拿着《北京晚报》的副刊《五色土》,副刊上有一篇文章是介绍照片的抓拍技术,然后说抓拍的技术应该是效果最好的。这篇文章用的范例是《人民日报》记者之前抓拍妇女抱着女孩的那幅照片。老太太很生气,到最高人民法院上访,问可不可以告报社侵权?我说,你完全可以告,但是我觉得报社仅仅是过失,你找报社,跟报社说这是不对的,报社认错也就算了,不认错再告。当一个传统媒体发表的新闻、照片等信息出现错误的时候,需要道歉、更正,这是一个很好的方法,尽到义务就可能得到谅解,即使不被谅解,法院在判决的时候也会予以考虑。

第 1028 条中还有一个问题是关于网络媒体的删除义务。网络媒体发表侵权信息可以适用避风港原则。在该原则之下，服务提供者一经通知即删除相关侵权信息，这可能就不会涉及侵权。所以《民法典》第 1028 条将传统媒体和网络媒体区别开来，网络媒体在避风港原则下确立通知删除的义务。

《民法典》在这三个方面对媒体行为起到事先防范的作用。这个规则显示出媒体在进行媒体报道和舆论监督时有哪些最基本的注意义务。

第三个问题是关于媒体侵权的问题。

媒体侵权问题在人格权编部分有比较详细的规定，内容比较丰富。有以下三个层面。

第一，确定媒体侵权行为的一般原则。这个原则就是人格权编的第 999 条，不合理使用他人人格利益的行为是一个很典型的判断侵权的标准。

第二，媒体侵权行为所侵害的客体。人格权编里主要规定的是姓名权、名称权和肖像权。这里要特别注意第 1023 条第 2 款，对自然人声音的保护参照适用肖像权保护的有关规定。这一规范是由我提议的，最后立法机关予以采纳。原来我设想有一条条文专门规定肖像权、声音权，但最后采用将声音权按照肖像权保护的方式进行保护。

一个人在人格特征上的标识分为三个方面：一是文字标识，即姓名；二是形象标识，即肖像；三是声音的标识。每一个人的声音都是独特的，声音不仅可以用声纹鉴定，以确定声音与人格的一致性，更重要的是一个人如果有一个好的声音，他能够获得很多的利益。法律委员会讨论这一问题时，有的人反对这种意见，认为好嗓子不应成为赚钱的原因。但事实上，好嗓子的确可以带来物质利益，不能因自己嗓音不好而产生嫉妒的心理，进而否定利用美好嗓音获得利益的行为。所以，对声音权应当给予特别的照顾和保护。

现在存在以下几个问题：一是在模仿秀中模仿别人的声音进行营利活动，可能构成侵权行为；二是在视频媒体上滥用他人的声音，模仿他人的声音，非法剪辑他人的声音，似乎也可能构成侵权。所以，声音权在《民法典》中首次规定以后，对媒体新闻报道和舆论监督会有什么样的影响，是一个需要研究的问题。

我们应当特别关注对于名誉权的保护。最高人民法院有系统的司法解释，《民法典》吸收了司法解释的很多内容，但是依然有必要进一步研究这方面的问题，以更好地保护名誉权，发挥好媒体的作用。

另外是关于荣誉权的问题。虽然荣誉权到底是不是人格权一直存在争论，但是《民法典》仍然把它规定成人格权。目前达成共识的看法是，荣誉权具有人格权性，是一种带有身份权性质的人格权，或说主要部分属于人格权，含有身份权的性质。在实施新闻报道舆论监督时，对荣誉权也要适当地注意。

关于隐私权，《民法典》中虽只有两个条文，但规定得比较细致，特别是第1032条第2款在界定隐私的时候，将自然人的私人生活安宁置于隐私概念中最重要的位置。此举是我国立法规定隐私权时做的最大努力，并取得了良好效果。强调私人生活安宁是隐私权最主要的、最基本的内容，其作用是在个人的私人生活和社会公共生活之间设立一道防护墙，让人们更好地享受自己的私人生活。所以在私人生活安宁问题上，媒体在实施媒体新闻行为的时候也需要考虑，如何在报道中不触犯完全属于私人生活的方面。诚然，舆论监督或新闻批评有其存在的合理性，但应该尽量减少接触私人生活，避免破坏私人生活的安宁。

第三，是关于个人信息的问题。在使用个人信息时也要避免侵害他人权利,这也是讲座的第二个方面。

关于媒体侵权行为具体的表现形式,主要有以下几点需要注意。

第一,对姓名权和名称权的侵害。它主要的表现形式是干涉、盗用和假冒。媒体行使权力时如果干涉他人的姓名、名称,盗用他人的姓名、名称,假冒他人的姓名、名称,则构成侵权。在这个问题上,侵害姓名权、名称权,可能不能完全归责于媒体,但媒体有义务避免实施侵害他人姓名权和名称权的行为。在肖像权方面,我认为媒体应当给予特别关注。

第二,对肖像权的侵害。《民法典》规定了肖像权,其侵权行为包括两个方面,第一个方面就是丑化、污损和伪造。丑化即指对一个人的肖像进行丑化性的描写,将人描述得不像个人样。另外是对他人的肖像进行污损甚至使用深度伪造、换脸技术伪造他人肖像的行为。这些侵权行为在肖像权的规定中都有所提及。第二个方面是非法制作、使用、公开、发表、复制、发行、出租、展览他人的肖像。这些行为也构成侵害肖像权。此处的使用、公开行为可能会涉及媒体行为。

第三,对名誉权的侵害。名誉权部分的规定中,提到以下几个问题。

一是传统媒体侵害名誉权的行为,并列举以下几种:1.捏造歪曲事实。媒体在报道的时候,捏造歪曲事实属于严重侵权问题。2.对他人提供的严重失实内容未尽到合理核实义务。这个问题本身是在实践中总结出来的一个很重要的规则。原来的司法实践中,它主要解决的是通讯员撰写、编辑文章时没有尽到合理的核实义务使得文章内容失实。此时因其未尽合理的核实义务当然要承担侵权责任。按照《民法典》的规定,未尽到合理的核实义务有六个具体的衡量标准。这里存在一个重要的问题,即媒体记者写的报道不适用这一条。媒体记者和媒体的通讯员之间的最大区别在于：媒体记者是媒体的组成部分，媒体记者的行为即是媒体的行为，而通讯员则不同，通讯员是向媒体投稿并在媒体审查其撰写的书稿属实以后再采用他的稿子进行发表。记者是自己的职工，通讯员不是自己的职工。这将导致在诉讼活动中出现明显的区别，自己的职工履行职务属于职务行为。职务行为意味着其在判决书中不可以成为被告，所以记者是不能列为被告的，而通讯员则可以列为被告。因为通讯员是一个独立的、不属于媒体组成部分的主体。直到今天，部分法院仍会在判决中将媒体和记者列成共同被告，这样的做法是错误的。无论是从媒体侵权的角度，还是从《民法典》第1191条第1款规定的用人单位责任角度，法院此种做法都是不符合要求的，所以我认为这一问题应当特别注意。3.使用侮辱性言辞等贬损他人的人格。在一个作品或报道中，事实是真实的，但是如果在事实真实的问题上使用有损于他人人格尊严的言辞，且这种侮辱性的言辞使他人的人格受到贬损，侵害他人人格尊严，此时构成侵权。这纯粹是言辞问题，而不是事实问题。1988年的河北王发英案是一个特别典型的案例，产生了很深远的影响。王发英是河北省抚宁县农机局办公室的一名干部。王发英有向上级告状的习惯，所以她本人不受领导待见，被"穿小鞋"。王发英感到委屈便写了一篇读者来信投递给《人民日报》。那时国家正好在纠正不正之风，《人民日报》将王发英作为向不正之风做斗争的典型，派记者实地调查，调查结果证明确有其事，于是《人民日报》的记者写了一篇题为《蔷薇怨》的长篇报道，其中一个表述是将王发英比作蔷薇，寓意其浑身有刺且被其他人打击报复。这篇文章先在《秦皇岛日报》发表，过了不久得到《人民日报》转载，使得这一事件持续发酵。县委、县政府还有单位的领导也因此受到打压。此时河北作家协会主席刘真来此进行实地调查，听人描述王发英是一个刺头，毛病较多，爱小偷小摸，占小便宜,天天告状,等等。刘真一听十分生气,认为王发英本身也存在严重问题,于是经过半个月左右的调查走访,写了一篇纪实小说《好一朵蔷薇花——"特号产品王发英"》,内容本身没有过分离谱的部分,但是存在 14 处贬损人格的内容,例如"小辣椒""大妖精""大妖怪""江西出产的特号产品""打斗演员"等。事件发生之后,《人民日报》支持王发英向法院起诉,法院最终判决刘真构成侵权。这一事件的确应该构成侵权,虽然刘真所写的事实部分是没有问题的,但这 14 处贬损人格的内容直接构成侵权。因此使用侮辱性言辞等贬损他人,这也是传统媒体侵害名誉权的一个典型特点。《民法典》已经涵盖这些内容。

二是关于文艺作品侵害名誉权的问题。1987 年《民法通则》实施以后,文学作品侵权的诉讼也逐渐变多。在这些案件中可以总结出来一些规则,涉及文学作品侵权的问题主要是两个方面:一方面是以真人真事作为描述对象的判断标准,另一方面是不以真人真事作为描述对象的判断标准。最高人民法院在司法解释中的相关内容主要是由我总结出来的。当时我在最高人民法院民庭第三组(债权、侵权案件合议庭),这些案件都是我们参加审批的,后来进一步写文章把这些问题总结出来。最近很多人在关注小说的侵权问题,《民法典》第 1027 条就是对文学艺术作品侵权部分的解读。很多人都是抄他人文章,整页整页地抄,应该起诉他们侵权才合理。

对于将真人真事以及特定人作为描述对象的小说,此时侵权的判断标准应当是含有侮辱诽谤内容,侵害他人名誉权。王发英案属于真人真事,而针对特定人的问题则不得不提及天津的一个案件。20 世纪 50 年代天津作协的副主席叫鲁藜,60 年代作为"反党集团"的成员被抓起来,一直到"文化大革命"结束,平反冤假错案后,时任天津作协副主席的柳溪从狱中接出鲁藜。后来,柳溪写了一部中篇小说《男人的弱点》，基本上写的是鲁藜的故事，但除了描写真实的事情以外还编造了其他故事，写得很不堪，比如描写一些负面的男女之事。鲁藜读后深感气愤，于是向法院起诉。天津法院审理之后认为构成侵权，因为文中虽然没有指名道姓，但主要事实都符合鲁藜本人的特征。天津法院向最高人民法院请示，我们研究之后认为可以构成侵权。最高人民法院就此总结出一个观点，即当文学作品描写一个特定的人时，如果小说中的人物和现实人物具有一致性、排他性，在这种情况下则应当认定为侵权。在这里，天津法院运用纵横比较法，把一个人的经历分别从横向和纵向进行一一比照，看小说的人物和现实的人物能否一致。现在，这些观点都已写入《民法典》中。

不以特定人为描述对象。这一种描述的特点是其刻画的对象不是真人、真事，书中只有一部分特征符合现实真人，此时可能只是"对号入座"的问题而不是侵权问题。这里有两种可能：一种是编写的故事中的人物的确和现实的人有相似之处；另一种是用某个人物作为原型去创造一个新的人物，留下一些真实人物的痕迹。这两种情况都是"对号入座"，都不能构成侵权。当然拿模特做原型进行描写的时候，需要处理好限度问题，处理不好也可能构成侵权。

三是网络作品侵权。网络侵权没有在人格权编中规定，而是写在侵权责任编中，第1194条到第1197条规定了网络侵权的一般原则，主要为避风港原则的通知权和反通知权，以及红旗原则。这些条文都是在原来《侵权责任法》第36条的基础上展开规定的。当然在此之前也有类似规定，即《电子商务法》中关于电子商务网络侵害知识产权的相关规则，这主要是对第36条的展开规定。现在《民法典》的第1194条到第1197条和《电子商务法》的规定基本上是一致的。

四是媒体侵权的抗辩事由。我之前对媒体侵权的抗辩事由做过一个比较细致的研究。有一次在北京开会,我同许多媒体领域专家一起讨论,提出媒体侵权抗辩的 22 个关键词,后来经进一步整理形成比较完整的媒体侵权抗辩事由体系。之后我又做了一个媒体权利司法保护的课题,里边提到新闻侵权抗辩的一些主要的规则。这个课题也因为媒体界朋友们的支持被评为优秀,感谢当时各位参加评审的专家。

人格权编中规定的媒体侵权的抗辩事由,主要有五个方面的内容。

第一是一般性原则。一般性原则还是要回到人格权编第 999 条,此处确定抗辩的一个基本要求是合理使用。当媒体行为属于合理使用时不构成侵权。关于合理使用,怎么样进一步阐明合理使用的标准和要求,有进一步深入研究的余地。

第二是肖像权的合理使用。《民法典》具体规定肖像权合理使用的五项内容。第 1020 条中"合理实施下列行为可以不经过肖像权人的同意"涉及抗辩的问题。其中第 2 项是"为实施新闻报道,不可避免地制作、使用、公开肖像权人的肖像",这是一个正当、合理的行为。媒体的抗辩权可以适用第 2 项的规定。如果认为媒体行为构成侵权,就可以此作为抗辩事由。这一部分与以往研究的结论做对比,最典型的是新闻照片的新闻性问题。如果一个新闻照片具有新闻性则永远不构成侵权。在侵权责任的理论中,当一个人的肖像淹没在一个新闻事件中时,任何人不得主张肖像权,此即新闻照片对肖像权侵权抗辩的最佳例子。20 世纪 90 年代有一位女明星的热度比较高,她回老家过年并参加正月十五的灯会。灯会人山人海,女明星被大家认出之后,有许多人请求照相、签名,因为场面的混乱,当时她有些许失态。正值此时,《自贡日报》的记者用镜头记录当时的场景并刊登在次日的报纸上,意指大明星德行欠佳。女明星看到报纸上的照片后向法院起诉侵权,法院最后判决照片构成新闻性。因此在一个新闻事件中,当事人没有主张自己肖像权的权利。媒体用新闻性主张对肖像权使用的抗辩是很有效果的。

第三是名誉权的抗辩。第1025条主要涉及公共利益。第1025条包含两层意思：首先，行为人为公共利益实施新闻报道、媒体舆论监督等行为而影响他人名誉的不承担民事责任；其次，在但书中列明三种情形作为例外构成侵权。关于名誉权的抗辩指的是前者，实施新闻报道和舆论监督等为公共利益目的而采取报道的行为方式属于正当行使权利。

第四是隐私权的部分。媒体可以从两个角度进行抗辩：第一个角度，法律规定的合理使用，即第1033条。这个条文规定隐私权侵权行为，但它有一个前提条件，除法律另有规定或者权利人明确同意外才构成侵权。这个前提把此类行为排除到侵害名誉权行为之外。我认为所谓的法律另有规定指的是第999条，即合理使用。即使涉及个人隐私，如果属于合理使用便不构成侵权。第二个角度，权利人明确同意也是不构成侵权问题的原因。比如，采访我时，我主动把我的隐私讲述给采访者，此时报道出来也可能侵犯隐私权。因此在这一问题上应该设立一个标准，即不能是简单的同意，而应当是一种明确的同意。一方仅仅讲给采访者听的时候，不一定构成明确的同意，只有当一方明确表示在新闻报道中可以使用时才构成明确同意。所以，这一部分应该把握住尺度的问题。

第五是个人信息的保护。其具体规定在第1036条，这部分内容较多。一是合理处理同意的信息，在该自然人或者其监护人同意的范围内合理实施的行为，此时处理他人的信息不被认为是侵权。成年人要求自己同意，无行为能力人、限制行为能力人要经过监护人同意。二是合理处理自然人自行公开或者其他已经合法公开的信息，这是因为公开导致的合理使用。但此处有一个但书，自然人明确拒绝或者处理信息会侵害其重大利益的，即使当事人主动公开也不能认为是合理使用。三是为维护公共利益或者该自然人的合法权益，合理实施的其他行为。

第五个问题是讨论媒体侵权责任的认定问题。

我认为从法律依据上，可能包括以下几点。

第一点，第1165条规定的过错责任原则，这是侵权责任编规定的内容。在这一点上，所有的媒体侵权问题都必须适用过错责任原则，绝对不可以适用无过错责任原则。有人认为要严格规范媒体行为就应该采用无过错责任原则——这是不合理的。《民法典》规定适用无过错责任必须有严格限制，必须有法律明文规定。过错推定必须由法律规定，无过错责任原则更须由法律明文规定。因此适用第1165条时，只能适用第1款而不能适用第2款，因为第2款采取过错推定。坚持过错责任原则，媒体有过错才要承担责任，没有过错不承担责任，这里用过失的表达可能更准确。中国民法对于过错和过失的用法不太准确，有时候过失中包括故意，有时候过错其实仅仅是一种过失，都不是特别的准确。媒体侵权原则上应当是过失，但也不排除媒体故意，比如媒体因为个人情绪原因宁愿承担侵权责任也要进行"报复"，这种情况可能是故意，但是实践中发生得极少。

第二点，即刚才提及的媒体和记者的关系问题。这一问题应适用第1191条用人单位责任的规定。如何体现用人单位的责任呢？应当说，记者是媒体的员工，在履行职务进行采访的时候，他执行的是媒体的职责，如果其有过失并对他人造成损害，应当由媒体承担责任。这一问题上，第170条可能存在职务代理行为。媒体有报道、批评的权利，作为媒体组成部分的记者实施报道、采访、收集资料、制作新闻、新闻批评等行为，这些属于媒体的职责，即使记者的行为构成侵权也应由用人单位即媒体承担责任。在诉讼当中，法院不能够把记者列为被告，更不能把记者和媒体列成共同被告,他们之间不属于共同侵权行为。按照第1191条规定,即使是记者有故意或者重大过失,也应由媒体承担责任后对记者进行追偿,而不是直接认定记者的侵权责任。

第三点,传统媒体和网络媒体侵权责任的法律交叉适用。传统媒体的侵权责任和网络媒体的侵权责任是不一样的,最大的区别为网络媒体发表新闻和他人信息时缺乏事先审查的义务,但是作为传统媒体(报纸、杂志、广播电台或电视台等)可能都涉及事先审查的问题。如果传统媒体没有尽到事先审查、合理核实义务即存在过失,需要承担侵权责任。网络媒体有避风港原则发挥作用,一方主张侵权,网络媒体即时删除就不必承担责任。当然这里也有一个问题,即这些规范的交叉适用问题。比如在网络上实施的侵权行为,如果是记者的行为,那同样应该跟传统媒体的侵权责任一样,要适用第1191条的用人单位的责任。但如果是因大量的网络用户发布信息侵权,那结果就完全不同。传统媒体和网络媒体的法律规定之间也有一个交叉适用的问题,它不是截然分开的。在这一点上,要好好研究《民法典》人格权编对于媒体免责事由的规定,对媒体注意义务的规定可以援用网络媒体侵权的规范。

第四点,侵权责任的承担。第1000条规定承担责任以后如何去执行。此时可能会涉及进一步侵权的问题。行为人因侵害人格权承担消除影响、恢复名誉、赔礼道歉等民事责任的应当与行为的具体方式和造成的影响范围相当。行为人拒不承担前款规定的民事责任的,人民法院可以采取在报刊网络等媒体上发表公告或者公布生效裁判文书等方式执行,产生的费用由行为人承担。这一规定要求行为人承担责任时应当注意影响的范围。同时涉及另外一个问题,即行为人实施侵权行为后,在履行更正道歉义务的时候需要注意,不能因为更正道歉反而使侵权的负面影响进一步扩大。

《民法典》刚刚公布不久,作为一部博大精深的法律,其中关于对媒体行为的规范方面有许多条文需要我们进一步深入研究。我今天提出的想法也都是初步的,仅仅是结合一般实践经验做一个说明,很难说完全符合民法典相关规范的深刻要求,同时也有我个人理解的问题。如有理解不正确或者阐述不正确的地方,也请各位老师、各位同学批评。谢谢大家!

陆宇峰教授(主持人):

谢谢杨老师!杨老师一个半小时的讲座一气呵成,详细介绍了《民法典》对媒体行为的规范。杨老师认为《民法典》的规范是富有中国特色的,对《民法典》关于媒体层面规范得比较详细、全面的原因做出具体解释。另外杨老师认为《民法典》对媒体规定了三重义务,包括新闻报道和舆论监督,事前的合理审核,事后的更正、道歉和删除,等等。讲座中也谈到关于媒体侵权中的一般原则、可能涉及的多项权利、媒体侵权的表现形式、媒体侵权的抗辩事由、媒体侵权责任的认定以及侵权责任的承担。

感谢杨立新教授!杨教授不仅是著作等身的民法学者,而且拥有丰富的司法实践经验,还是《民法总则》和《民法典》的主要起草人,感谢他从法学视角做出的权威解读!下面有请中国政法大学光明新闻传播学院特聘教授魏永征教授。魏老师是中国传媒法制研究的先驱人物。早在1994年,魏老师《被告席上的记者——新闻侵权论》一书即出版,有请魏老师。

魏永征教授:

尊敬的华东政法大学科研处及新闻传播学院的领导,尊敬的杨立新教授,各位老师,各位同学,大家晚上好!

刚才杨教授全面地讲述《民法典》的相关内容与新闻传播的关系，这是一次非常难得的学习机会。杨教授曾从最高院法官转到检察官。他在最高检的厅级领导岗位上，主动投身到民法学的研究中，称得上著作等身。刚才陆副处长也说，从20世纪90年代开始，杨教授就十分关注新闻传播领域的法律问题，从事多个项目的新闻侵权、媒体侵权研究，还直接参与过新闻侵权案件的处理，是一位非常关注新闻传播领域法律事务的法学家。我20世纪末有幸结识杨教授，从他的论著和言谈中深受启发。

刚才杨教授已经将《民法典》中有关新闻传播的问题进行系统全面的讲授，我没有也不可能有什么补充的。由于本次讲座题目是"《民法典》的实施与新闻传播法研究的过去和未来"，我就讲一讲过去，为大家更好地理解《民法典》和杨教授今天的讲座提供一些背景。题目是"从《民法典》回望新闻侵权纠纷审理和研究的历史"。

新闻侵权，或者称为媒介侵权、传播侵权，是一个学术概念。华东政法大学的老校长曹建明在1997年第6期《新闻记者》曾发表卷首文章倡议"加强新闻侵权法的研究"。虽然"新闻侵权""媒介侵权"的概念一直在使用，但法律条文中并没有"新闻侵权""媒介侵权"的概念，其内涵也并不是十分确定。本次讨论的概念是指：新闻传播及向公众传播过程中发生的侵害人格权益的行为。

正如杨教授所讲，《民法典》的人格权编，对新闻报道和舆论监督同民事权益的关系做出系统的规定，特别是明文就新闻报道、舆论监督行为做出规定，从法律层面上肯定、充实、确立学界称之为"新闻侵权法""媒介侵权法"的主要内容，确立以往法律没有规定而只是在民法理论上加以阐述的许多规范，连同"总则"编、"侵权责任"编的有关规定，实现调整新闻报道、舆论监督和人格权益等法律规范的系统化。

第14讲 《民法典》的实施与新闻传播法研究的过去和未来　161

1949年以来,中国没有保护公民人格权的概念,更谈不上立法。真正提到法律层面的,最初是1978年的《刑法》第145条,对诽谤和侮辱犯罪做出刑事制裁的规定。1982年《宪法》规定公民的人格尊严不受侵犯,禁止诽谤、侮辱。1986年《民法通则》专门对人身权做出规定。但对于当时的新闻界而言,这些规定并没有引起太多的注意,甚至可以说没有意识到这同自己有什么关系。梳理后,我将几十年来的发展大致分成三个时期。

第一个时期是启蒙期,指自1988年起的五年时间。1949年以来第一件轰动一时、引起新闻界极大震动的案件是《二十年"疯女"之谜》诽谤案。这篇文章发表在1983年第1期的《民主与法制》上。《民主与法制》1979年在上海创刊,由上海社联主办,当年在拨乱反正、宣传民主与法制方面享有很高的声望,最高期印发数达到180多万份。《二十年"疯女"之谜》的案情并不复杂,是有关一个女性到处告状,也跑到《民主与法制》杂志社,说遭到丈夫迫害。她的丈夫为调回上海让她装成精神病人,想不到被调回以后,她的丈夫就真的把她作为精神病人送进精神病院,关关放放,一直持续20年。杂志社派两位记者去调查,写出这篇报道,刊登在《道德法庭》专栏。报道指责这个丈夫迫害妻子,是一个摧残女性的罪犯。丈夫看到后找杂志社解释,我的妻子确实是精神病患者,在精神病院有几尺厚的病历。他要求在《民主与法制》刊登一篇他的说明,但是《民主与法制》出版社没有接受。后来就有人建议他可以到法院起诉。但是那时还没有《民法通则》,可以适用的法律只有《刑法》第145条,所以属于一起刑事自诉案。法院处理还是比较慎重的,从1984年起诉立案一直到1988年才终审判决。两个记者犯有诽谤罪,没有判实刑,分别剥夺政治权利一年半和一年。这个案件引起很大震动,新闻界众人大吃一惊:原来新闻记者报道失实,还要上法庭被判刑。记者的主要辩护律师是华政已故的朱华荣教授,他主要的辩护理由是认为记者没有诽谤他人的直接故意,只是具有很强的决意,听信先入为主的观念,固执己见。《民主与法制》出版社方面败诉后,一连七期刊登文章反驳法院的判决。上海市中级人民法院也在《上海法制报》刊登万言长文反驳。这种情况可以说是空前绝后的,现在不可能设想一家法院会在媒体上同自己的审判方进行论战。用现在的法律标准看这个案件,新闻报道肯定对这位丈夫造成了相当的损害,但是判决也存在一定瑕疵。作为刑案判决,必须证据确实充分,排除合理怀疑,主观的直接故意怎么证明确实是一个问题。记者进行的是职务行为,奉单位派遣去调查写报道。但诽谤罪没有单位犯罪,受害人只能起诉记者,这在当时的历史条件下有一点无奈。在《民法通则》实施以后,法院引导此类纠纷走民事程序。如刚才杨教授提到的王发英案,最初也要提起刑事自诉起诉刘真,但北京市的法院建议王发英提起民事诉讼。一直到本世纪的第一个十年,传媒领域的自诉诽谤案没有超过十起,大量的案件都是侵犯名誉权的民事案件,在这方面司法还是掌握得比较好的。

《民主与法制》的案件引起很大的震动,有些新闻工作者对此有相当大的抵触情绪,说"表扬过头不要紧,批评有一点失误就不行,一搞就是诽谤,这让舆论监督还怎么搞",又说"一批评就上法庭,新闻界处于进退维谷的两难境地",还有人认为这个案件是对新闻记者的镇压,这些说法有的还公开发表在报刊上。由于从来没有发生过新闻记者因为写新闻而要上法庭的事情,说明新闻工作者确实需要法律的启蒙。

另外,此类案件对法学界和司法实务也具有启蒙的意义。举一个例子:1984年出版的《中国大百科全书·法学卷》有1000多个条目,但就是没有名誉权、肖像权、隐私权、人格尊严等条目,也找不到诽谤、侮辱等条目,可见在20世纪70年代末和80年代初对于人格权问题的认识还是比较有限的。王利明、杨立新等教授的工作是具有开创性的,审判机关审理新闻侵犯人格权纠纷的工作也是具有开拓性的。而在《民法通则》生效以后,这类人格权纠纷案件大量涌现。这类案件有这样的特点:一是原告名人多,如杨在葆、杨沫、游本昌、刘诗昆、陈佩斯、刘晓庆、迟志强、李谷一、王国藩、方义华等,一上法院就成为新闻事件,影响很大;二是新闻媒体和记者方面败诉多,新闻界往往产生抵触情绪,这被称为"告记者热";三是基层法院有的问题难以把握就请示最高院,最高院以批复形式的司法解释进行指导。在这个时期,最高院从1988年起开始下达涉及人格权纠纷的批复,我收集到的就有15件,可能还不止这些。

通过这15件批复,我归纳出以下几点。

第一点,确定新闻报道核实义务。1987年发生了军人歌手徐良名誉权案,上海有一位记者在一次小型的聚会上听人说,徐良虽是一个荣誉军人,也是爱钱的。最近一次演唱会请他唱一首歌——《血染的风采》,他要价3000元。记者就此事写了一篇《索价3000元带来的震荡》,主题是讨论在新形势下怎么看待报酬问题,但客观上报道了"索价3000元"的事实。徐良所在的部队要调查他,他就到上海起诉。当时演唱会的举办单位出庭作证,称徐良没有要价3000元,记者仅仅听信传闻就写文章见报。最高院批示,记者根据传闻撰写严重失实的文章,应当承担责任。

第二点,媒体责任。当时上海有若干名誉权案件原告将媒体和作者列为共同被告,对此有两种意见:一种主张"文责自负",由作者承担责任;另一种主张发表文章的媒体也有责任。上海法院曾请示最高院,最高院在1988年1月做出批复:报刊社对要发表的稿件,应负责审查核实。侵害公民的名誉权案件,作者和报刊社都有责任,可将报刊社与作者列为共同被告。这个批复没有区分作者是外来投稿者还是本单位记者的职务行为，以后才对此进行了明确。在小说侵权案件中，1990年贵州《遵义晚报》刊登连载"历史小说"，其中影射丑化与作者有矛盾的三个人。被影射人投诉报社，报社置之不理。最高院批复：报社在已知所发表的历史小说对他人的名誉造成损害的情况下，仍继续连载，放任侵权后果扩大，应承担责任。还有1986年南京一家文学杂志刊登小说《太姥山妖氛》，作者以真实地名、姓名虚构事实诋毁农村基层干部，被判定刑事诽谤，但是杂志拒绝刊登声明消除影响，并质疑文学刊物对小说的核实义务。最高院批复杂志应承担民事责任。据此，媒体在不同情况下有不同的责任。

第三点，消息源责任。在徐良案中，所谓"索价3000元"的消息是新闻界的一位同事说的，但这是在非正式场合说的，也没有让记者报道，所以最高院批复认为这种情况下，消息源不承担责任。

第四点，小说侵权中的真实姓名和影射。使用真实姓名，虚构有损名誉的内容，构成侵权。影射虽然没有直接提到名字，但由书中所讲的事情可以直接指向现实中的人，也构成侵权。

第五点，死者名誉保护。当时最高院的批复先后有两件，一件是1989年的小说《荷花女》。荷花女是20世纪40年代一位演员的艺名，小说以真人为主角。这篇小说在《今晚报》上连载，其中虚构荷花女涉及两性等问题，荷花女在世的母亲对作者和报社提起诉讼。最高院批复：荷花女死亡后，其名誉权应依法保护，其母有权向法院提起诉讼。再一件是海灯法师名誉案，海灯法师有一个很著名的功夫一指禅：用一个手指头就可以把整个身体倒立起来。海灯圆寂后，《四川日报》的记者写文章称海灯法师的"一指禅"是假的，是用绳子把他的脚挂起来倒立的。海灯法师的养子范应莲起诉。最高院批复：海灯法师死亡后，其名誉权应依法保护,作为海灯法师的养子,范应莲有权提起诉讼。这两件批复成功确立死者名誉保护和近亲属起诉的原则,但是当时用语是死者名誉权,法学界提出异议:民事权利始于出生,终于死亡,死者名誉权的提法不符合基本法理。

第六点,肖像的有益使用。1991年朱虹诉《上海科技报》案中,《上海科技报》刊登过一篇报道,报道一位姓陈的老中医能治疗重症肌无力症。患此病的人,脸部的肌肉没有力量,整张脸都会塌下来,眼睛都睁不开。陈医生为说明医术高超,随手拿一个女孩治疗前后的两张照片给记者看,《上海科技报》便作为报道的插图刊发。这个小孩是当时已经30多岁的朱虹,她便起诉报纸侵犯其肖像权,最高院对该案件也有批复,认为报纸的目的是为宣传医疗经验,这种使用对社会是有益的,且该行为并未造成严重不良后果,尚不构成侵害肖像权。但是最高院也指出,报社以后不能再使用该肖像。本案肖像的使用涉及未成年人,涉及当时还没有提上法律层面的隐私,问题比较复杂,但是终究提出了基于社会公共利益对肖像合理使用的原则。

第七点,对公开的新闻报道和内参进行区分。在海灯法师案中,被告的记者先有一篇文章在新华社内参上刊发,后来在期刊公开发表。最高院批复认为内参上的内容不作为侵权处理。内参制度是中国特色。外国新闻媒体没有内参制度,按照英美法的诽谤法规则,诽谤内容只要第三个人知道就构成公开。新华社的"参考资料",印量数以万计,但内参内容不受侵权法规制。

第八点,管辖。按照当时批复,新闻侵权案件的法院管辖以被告所在地为原则。

新闻业界和学界层面也行动起来,研究如何跟上国家法制建设发展、立法保护公民人格权益的新形势,同时也对如何进一步完善有关法制,如何既保护公民的人格权益,也维护新闻媒体和新闻工作者的合法权益积极设计方案,提出建议。80年代末期,新闻出版署牵头成立中国新闻法制研究中心,副署长王强华担任主任。中国新闻法制研究中心牵头,上海《新闻记者》杂志社先后联合不同报社承办,在1991年、1993年、1996年,共召开三次全国性的新闻和法律责任研讨会。参加者除新闻实务工作者和新闻学、法学界人士外,还有新闻行政干部、法官等,共收到论文百余篇。后来"中心"选编出版《新闻法制全国学术研讨会论文集》,共收录论文76篇。讨论议题包括新闻侵权行为构成、责任主体、责任形态、责任方式。侵害客体除名誉权外,还涉及隐私权、肖像权等,还有探讨以调解或仲裁等非讼方式解决新闻纠纷,新闻的更正和答辩制度,言论自由、舆论监督和人身权益平衡,新闻工作者的自我保护,新闻侵权诉讼的举证责任等多个方面。《陕西日报》资深编辑陈泰志最先在会上介绍了美国沙利文案,引起与会者极大兴趣。

1993年,中国新闻法制研究中心在王强华主持下,"舆论监督和新闻纠纷研究"项目立项,为首个该领域的国家课题。在研究过程中,王强华共搜集20多个省、自治区、市有关个案200多件,1988年以来新闻侵权纠纷案180件,对我国舆论监督的历史、现状和存在的问题,舆论监督中的公法关系和私法关系做出论述和探讨,并于1998年结项后正式出版。

这一时期,经过司法和新闻界的共同努力,在一些基本问题上基本达成共识,诸如:新闻组织和新闻工作者与相对报道对象是什么关系?新闻组织和新闻工作者行使权利要不要承担相应的义务?新闻组织和记者报道传闻有没有核实义务,造成非法损害要不要承担法律责任?

第二个时期是整合期,指1993年以后至世纪之交这大约十年时间。在大量新闻侵权诉讼案件的基础上,最高院着手制定系统的司法解释。在1993年和1998年两件关于审理名誉权案件的司法解释发布后，上海《新闻记者》杂志先后约请中央人民广播电台记者徐迅访问两位主持制定的大法官。周贤奇大法官介绍1993年起草的《关于审理名誉权案件若干问题的解答》时，归纳各地法院在名誉权案件中提出的六大类25个问题，专门到当时名誉权案件最多的上海市进行调查研究，写出了初稿。最高院审判委员会将其讨论三次，修改了十几次，历时五年，是《民法通则》颁行以来对名誉权案件审判实践的总结。另一位梁书文大法官对1998年制定的《关于审理名誉权案件若干问题的解释》介绍了情况，提到新闻侵权纠纷的特点：一是数量逐年上升；二是原告中自然人多，被告中法人多，说明被告中媒体比较多；三是侵权方式多样化，包括报道、广告、文章、小说、图画、节目等；四是诉讼请求多样化，请求赔偿额上升。2001年制定的《关于确定民事侵权精神损害赔偿责任若干问题的解释》，主要内容也涉及侵害精神性人格权纠纷。这二十多年，法院主要根据《民法通则》和这三部司法解释审理新闻侵权纠纷的案件。

这些司法解释中比较重要的内容可以归纳为以下十个方面。

一是规定侵权构成四要件。1993年的司法解释规定是否构成侵权责任，应当根据受害人确有名誉被损害的事实、行为人行为违法、违法行为与损害后果之间有因果关系、行为人主观上有过错来认定。如今区分《民法典》依然采纳"四要件"说。

二是确定媒介侵权不同责任主体。职务行为的有限替代责任，主动消息源和被动消息源的区别，内参和内部资料的区别，转载责任，批评产品和服务引起纠纷中消费者和媒体的区别，等等。什么是职务行为的有限替代责任？1993年司法解释规定以原告起诉确定被告原则，原告起诉新闻单位的，以新闻单位为被告；起诉新闻记者，以新闻记者为被告；只有同时起诉新闻记者和新闻单位且记者属于本单位的，新闻记者不作为被告。2009年《侵权责任法》才明确规定用人单位替代责任的原则。

三是名誉侵权须是严重失实，诽谤和侮辱是穷尽列举。1993年的司法解释明确：批评文章基本内容失实，造成名誉损害，或是即使基本属实，但是有侮辱性的言论，均构成侵权。事实真实，同时也没有侮辱性言论，不构成侵权，这是一种穷尽列举。《民法典》第1025条，第1,2项是诽谤，第3项是侮辱，同样为穷尽列举。单纯的意见争议被排除在侵权之外。

四是规定文学作品当中的人物需要有特指性或者可识别性才构成侵权，或是真实姓名，或在事实上以特定人为对象。仅仅情节相似不是侵权。如今《民法典》第1027条与之衔接。

五是规定客观准确报道的国家机关文书和职权行为免责。对应《民法典》第1026条第1项。

六是隐私利益从间接保护走向直接保护。《民法通则》没有规定隐私权，在1993年和更早的1988年《民法通则》的司法解释中，都规定侵犯隐私作为侵犯名誉权处理，2001年的司法解释里规定法院对于隐私侵权要受理，但是司法解释不能单独规定一个权利，隐私只能作为一种人格利益加以保护。到《侵权责任法》制定时，隐私权才成为一项具体人格权。

七是全面保护死者人格利益。以前的最高院批复里只提到保护死者名誉，其近亲属可以起诉。2001年的司法解释罗列死者多项人格利益加以保护。如今发展为《民法典》第994条。

八是确立诉讼管辖制度。1993年司法解释规定由被告住所地和侵权行为地法院管辖，侵权行为地包括侵权行为实施地和侵权行为结果地。1998年司法解释进而规定侵权人住所地可以是侵权结果发生地。这样原告可以在其所在地起诉。

九是确定侵害人格权责任承担的方式。《民法通则》规定对精神性人格权侵权行为有权要求停止侵害、恢复名誉、消除影响、赔礼道歉,"并可以要求赔偿损失"。1998年的司法解释规定企业名誉权损害赔偿可以按照确因侵权而造成退货、解约等损失而确定。2001年精神损害司法解释明确精神损害赔偿必须造成严重后果,法人不适用精神损害赔偿。

十是大体设定精神性人格权损害的赔偿制度。2001年的司法解释对精神损害赔偿的适用范围、请求主体、构成要件、数额确定等做出系统规定。

在法学界学术研究层面,王利明、杨立新等学者从20世纪80年代后期开始从事侵权法研究,90年代开始从事人格权研究,1992年完成专著《人格权法新论》,1994年出版,奠定了人格权法的体系框架。他们是这个领域的拓荒者,在90年代初又进入新闻侵权领域。1995年,杨立新在检察官任内完成75万字的《人身权法论》,1996年出版。这部专著中有新闻侵权、小说侵权的专节。法学界、新闻传播学界同步将"新闻侵权"作为研究主题。1994年,《被告席上的记者——新闻侵权论》《新闻侵权与诉讼》《新闻侵权法律词典》,这三部书在同一年先后出版。前两部书的作者是新闻传播学界的学者,《新闻侵权法律词典》由王利明主编。1995年,王利明和杨立新出版《人格权与新闻侵权》专著。此后,国内有关"新闻侵权""媒介侵权"的著作纷纷出版。代表性的如本世纪初中央人民广播电台法律事务处处长徐迅主持的研究项目"中国新闻(媒体)侵权研究",共形成两部著作,一部是在搜集800件新闻侵权案例基础上形成的对各种统计数据基础的研究报告汇编,一部是对其中50件典型案例进行评析的文集。另外有一部《中国新闻官司二十年（1987—2007）》，作者是《人民法院报》记者刘海涛、沈荣，以及厦门法院法官郑金雄，全书83万字。记者与法官合作，凭借职业特点，访问到一些不易找到的当事人，查阅若干档案资源，书中许多内容很有价值。最近2019年出版的一部专著《传播侵权研究》，作者是中国社会科学院大学新闻传播学院的教授罗斌，全书80万字，也是一部巨作。另外还有专门研究介绍英美诽谤法的著作，新闻工作者探究如何避免和应对新闻侵权方略的著作，以及各种新闻侵权案例评析汇编，不一而足。那么这方面的书到底有多少？没有统计过，几十部是肯定有的，也有人说有上百部，至于论文那就更加没法统计。

在这一时期，新闻侵权纠纷问题慢慢走上比较平稳的道路。梁书文大法官在1998年说名誉权案件不断上升，媒体工作者对此也有所感觉。根据最高院公布的统计数字，全国名誉权案件在1993年有3000多件，1998年有5000件，接着继续上升，2001年达到顶点，有7000多件，然后向下回落，形成一条曲线。这些数字中新闻侵权案件有多少？最高院有一位领导说大约占20%，这只是估计，不是统计。但是案件数字回落在一定程度上说明新闻媒体和新闻工作者法律意识的强化和操作技巧的提升，注意避免侵权问题，避免新闻报道触及法律底线，懂得什么样的情况下会构成侵犯人格权益，什么情况下是合法的。

还有一个值得注意的是新闻诽谤案的被告败诉率，这里有几个数字：前两个数字都是在2005年由外国学者统计的，耶鲁大学教授陈志武统计的败诉率是63%，还有一位哥伦比亚大学的学者B. Lieberman（中文名李本）到中国访学，研究中国司法与媒体关系，他统计的败诉率更高，是67%。由于当时中国还没有裁判文书公开发布的制度，找案件不容易，需要整理大量报纸上的零星报道，所以这个统计数字并不是很可靠。而当时中国传媒大学在读博士、现任南京大学教授白净在

2007年所做的研究中,得出败诉率为59%。后来徐迅的研究项目统计的数字是52%。根据上海交通大学徐剑教授在2015年的统计,媒体胜诉率为44.3%。总体上同徐迅统计的数字相差不大,这一类案件胜诉和败诉的几率对半。

第三个时期是深度探索期。这个时期有两个值得考虑的因素。

一是在世纪之交国家要进一步推进全面建设社会主义法治体系,提出制定《民法典》。21世纪初第九届全国人大常委会组织起草《民法典》草案,并且在2002年12月进行过一次审议,但后来又确定继续采取制定单行民事法律的途径,并启动制定《物权法》和《侵权责任法》的工作。许多民法学家包括王利明、杨立新、张新宝、孙宪忠等,相继起草侵权行为法或者侵权责任法的专家建议稿,有的建议稿里列有新闻侵权、媒体侵权的专章或专条,有的没有。刚才杨老师也讲到,他同张教授曾有争论,争论要点是《侵权责任法》里要不要单独设立新闻侵权以及有关内容的专节。杨老师的《侵权责任法草案建议稿》起草于2002年,其中列有新闻侵权或者媒体侵权的专节,引起大家的研究兴趣。这个建议稿于2007年出版,现在存留下来成为很好的学术资料。

鉴于立法过程太复杂,有的学者建议通过制定有关的规范以供司法机关参考。我收集到两份材料,其中一份是2005年中国新闻工作者协会委托徐迅主持起草一个新闻侵害名誉权司法解释建议稿,中国记协把这个建议稿提交给最高院。最高院以缺乏上位法依据,没有启动制定程序,建议稿后来在《新闻记者》杂志上连载发表。杨老师后来也主持过一个项目,即"中国媒体侵权责任案件法律适用指引",并于2013年出版。该书提出为基层法院案件审理提供参考。他们的工作也为今天《民法典》的起草工作起到推动作用。

二是大众传播向网络传播发展,传统媒体传播的方式发生根本性改变。在20世纪web 1.0的阶段,信息从网络传播到人,属于大众传播的形式。本世纪初博客、微博出台,进入web 2.0阶段,实现人网互动。到本世纪第二个10年进入web 3.0阶段,移动互联网成为信息传播的主渠道。CNNIC(China Internet Network Information Center,中国互联网络信息中心)在2016年的《中国互联网新闻市场研究报告》中做出论断:原有单一的、线性的传播形态已经被彻底颠覆。在传播理论上,有人提出和使用"向公众传播"(communication to the public)、"社会化传播"(social communication)等概念。只要传播行为主体的传播内容为社会公众所知晓,他就应该对传播的内容负有责任。概括地说,有四个变化:1.新闻单位已经不再是新闻报道的唯一渠道。所以在《民法典》里边,没有用新闻单位、新闻机构这样的词语,用的是新闻报道、舆论监督行为,存在其他一些主体从事新闻报道、舆论监督行为。2.传播的主导权从媒体走向用户,过去的受众现在变为用户,用户可以按照自己意愿获取新闻信息,也可以自己发布新闻信息。3.网络平台取得传播的优势,包括算法运营。4.新闻的界限日益模糊。原先认为通过报纸、电台、电视传播的才是新闻,现在网络上面传播的、网民普遍关注的信息是不是新闻?

在这种情况下,虽然从2001年到2004年间有关侵害名誉权的纠纷案件数量是下降的,但互联网发展起来后侵权纠纷又呈上升的趋势。北京市朝阳区和海淀区这两家法院在本世纪第二个10年初都有一份报告,披露近年来受理涉及网络的侵权案件,占媒体侵权案件的70%—80%左右。海淀法院的统计是2000年之前,网络侵权的案件只有17%,2001年到2005年占29%;从2006年到2010年,网络侵权的案件达到了72%。北京市三中院2013年8月到2016年6月,共审理名誉权二审案件116件。其中,网络侵害名誉权案件70件,约占案件总量的 60.34%。涉及传统媒体的名誉权纠纷只有 22 件，占全部案件量的 18.97%。《新民晚报》2015 年 3 月 15 日报道周强院长向全国人大做的工作报告，登了一幅图表说明 2014 年民事案件增长的情况，显示名誉权案件增长 27.9%。名誉权案件的曲线又趋向上升，其中主要是网络侵权案件的增长。

2009 年《侵权责任法》通过，没有对媒体侵权进行专门规定，新闻界中主张单列媒体侵权规定的人士不免有些失望。但是《侵权责任法》是按照一般侵权归责和特殊侵权归责的体例，只有特殊侵权行为才予以专门规定。新闻侵权公认是一般侵权行为，所以没有单列规定。而网络侵权作为一种特殊侵权行为，在第 36 条做出规定。新闻侵权有关的内容，直到今天《民法典》的人格权编和侵权责任编中才有一个比较完整的规定。但是《侵权责任法》也还有一些同新闻有关的新规定，比如关于责任主体的规定，用人单位对于职务行为侵权要负替代责任，对 1993 年司法解释有关新闻单位同记者的职务行为"有限替代责任"的规定予以纠正。但是最高院没有宣布撤回这一条，有的法院可能还是按照 1993 年的司法解释进行审判，杨老师指出这样的审法是不对的，违反侵权责任法。

为了落实网络侵权规定即第 36 条，最高院在 2014 年又制定出《关于审理利用信息网络侵害人身权益民事纠纷案件适用法律若干问题的规定》。这个司法解释主要解决六个问题：1. 结合互联网技术的发展以确定管辖法院和诉讼程序。2. 网络服务者是否知道的规定。在第 36 条第 3 款中，网络服务提供者知道有侵权行为，但没有采取措施，应该与侵权的用户承担连带责任，如何衡量"知道"，做出细化规定。这个规定澄清一个看法，以往观点认为，第 3 款来源于美国的红旗原则，但是按照司法解释对"知道"侵权的解释，并不是红旗原则，而是过错责任原则。3. 利用自媒体等转载网络信息行为的过错及程度的认定。4. 个人信息保护范围,我国对个人信息保护是从公法开始的,而作为自然人人格权益,开始以私法进行保护。5. 规定非法删帖、网络水军等互联网灰色产业的法律责任。6. 加强对被侵权人的司法保护力度。

在公布这件司法解释的同时,最高院也公布了八起典型案例,对于处理网络侵权有很重要的指导作用。

第一个案件,谢晋猝死后被诽谤案。谢晋到浙江上虞参加活动,睡梦中突发心肌梗塞去世。有两个人在网上编造谣言污蔑谢晋是嫖娼而死。谢晋夫人徐大雯对这两人提起诉讼。最高院认为精神损害赔偿应当与侵权人的过错程度相适应。这两个侵权人完全是故意捏造,所以要承担更高的精神损害赔偿,法院判决赔偿受害人经济损失10万元,精神损害抚慰金40万元。

第二个案件,蔡继明与百度公司名誉权案。蔡继明是政协委员,提出取消五一长假,有些网民在百度贴吧建立"蔡继明吧",纷纷发帖反对,后来发展为对蔡继明的人身攻击。蔡继明通过他的助手要求百度公司采取措施。百度公司认为这个通知不合规范没有及时处理,引起纠纷。此案最后结果是判决百度公司赔偿蔡继明10万元,但是驳回蔡继明要求封闭"蔡继明吧"的诉求。由于蔡继明既是教授又是政协委员,属于公众人物,又是讨论五一长假这样的公共事务,不能一封了事。当然,人身攻击的内容必须删除。

第三个案件,金山公司和周鸿祎的案件。周鸿祎是360公司董事长,发帖子攻击金山公司的软件有很多问题,金山公司对周鸿祎提起诉讼。海淀法院在判决中提出一个观点:公众人物发表言论应承担更大的注意义务。

第四个案件,赵雅芝的姓名权、肖像权纠纷。本案提出一个观点,被侵权人的影响力是判断经济损失的重要因素。赵雅芝是香港的著名影星,赔偿应该更多一些。

还有王菲诉张乐奕等案件,在当时影响很大,被称为"网络暴力第一案"。王菲是一个普通的北京市民,与第三者有不正当关系。他的太太跟他闹翻后,跳楼自杀。太太的朋友张乐弈开通一个网站,把死者的博客日记、书信、照片通通贴出来,揭发王菲,网民纷纷转帖,并进行人肉搜索,把王菲的住址、姓名、电话全部公开,还有人到王菲住所进行骚扰。有些网站也纷纷转发有关信息。法院判决张乐奕的行为构成侵害王菲的隐私权、名誉权,承担民事责任。转发这些内容的网站也需承担侵权责任。此案提出的观点是:王菲的婚外情在道德上应予批评,但并非公众干预其个人生活的合法理由。公民的个人感情生活包括婚外男女关系均属个人隐私,无论是个人通过互联网披露,还是媒体的公开报道,都应当注意个人隐私的保护。

我昨天再次阅读这八起案件,联想到《民法典》第998条:认定行为人承担侵害精神性人格权的民事责任,应该考虑行为人和受害人的职业、影响范围、过错程度,以及行为目的、方式后果。这八起案例很符合这些原则,涉案当事人如谢晋、蔡继明、周鸿祎、赵雅芝,都结合了当事人身份、侵权行为的影响和情节、后果等综合考虑。对于"公众人物",法律也不是对其权利一概"弱化"保护,有的根据侵权情节和后果还要强化侵权人责任,有的则要提升其言论的注意义务。王菲虽然是普通市民,但是由于自己不道德行为受到公众谴责,按照"公众人物"理论已成为"非自愿公众人物",但根据具体情况其隐私仍然予以保护。有不少学者认为第998条是对奥地利学者维尔伯格(Wilburg)所创立的动态系统论的一种应用。我认为第998条是对我国审判实践深刻的总结和提炼。这八起典型案例都同第998条存在一定的联系。

《民法典》的有关内容把学术上所称的"媒介侵权法""新闻侵权法"提升到系统化的高度。如名誉和名誉权、肖像和肖像权、隐私和隐私权等概念,学术专著定义各有差异,现在《民法典》第一次给出法定定义,从而避免由于学术理解的差异而有可能造成同案不同判的情况。《民法典》确定的若干规则,是在审判实践的基础上参考学界的研究成果提炼和发展而形成的,有些规则有很明确的发展脉络。《民法典》有关内容结束了以往主要以《民法通则》的原则规定和司法解释并同时参照人格权学理来审理媒介侵权纠纷的历史,而把调整新闻报道、舆论监督之间的关系建立在确定的法律基础上。

以上的回顾,还要请杨教授还有其他各位老师指正,谢谢大家。

三、与谈环节

陆宇峰教授(主持人):

感谢魏永征老师!魏老师的讲座有三个特色。首先,如果说杨立新老师是法学家中最关心新闻传播的,可能魏永征老师便是新闻学家中最关心法律的。其次,魏永征老师今天的讲解,多次谈到华政,看来跟华政有很深的缘分。最后,魏老师今天着重讲解了新闻侵权,和传播侵权的研究和实践的历史,给我们展现出实践和法律变迁的图景。接下来有请华东政法大学传播学院的彭桂兵副教授与谈,有请彭老师。

彭桂兵副教授:

谢谢宇峰副处长。真诚地感谢刚才两位资深学者,一位是民法学者杨立新教授,一位是传播法学者魏永征教授,两位给我们提供了丰富的学术营养。杨立新教授主要就《民法典》中与新闻传播相关的 15 条内容做出精心剖析。从六个方面谈了新闻传播法的一些内容。从 1983 年的第一起《二十年"疯女"之谜》诽谤案说起,一直谈到《民法典》的出台。今天的主题主要是《民法典》的实施与新闻传播法的过去。两位资深教授讲到有关新闻传播法丰富的案例,特别是杨教授结合《民法典》中涉及新闻传播法的一些关键性的内容进行讲解。目前的听众中,其中一部分来自法学,另外一部分来自新闻传播学。本次学术大讲坛促成了法学和新闻传播学的有效对话。新闻传播法学面对的一个问题便是怎么样才能加强法学和新闻传播学的融合。所以,接下来我主要从新闻传播法学研究的角度,谈一谈未来新闻传播法学研究可能面临的问题。

第一点,新闻传播法学在学科合法性上需要统一概念和术语,才能取得进一步进展或成效,希望法学界和新闻传播学界在当今互联网的环境下能够达成共识。20 世纪 80 年代时,学术界讨论新闻媒体侵犯人格权案件,多数用的是"新闻侵权",最具代表性的就是 1994 年魏永征老师、孙旭培老师和王利明老师分别出版的三部著作:《被告席上的记者——新闻侵权论》《新闻侵权与诉讼》和《新闻侵权法律词典》。2010 年,王利明老师和杨立新老师合著的《人格权与新闻侵权》,仍然使用"新闻侵权"。但是早在 2007 年,杨立新老师出版的《侵权责任法草案建议稿及说明》,已经发生术语使用的转变。杨老师使用的是"媒体侵权",改变以前"新闻侵权"的提法。2009 年,徐迅老师主编的《新闻(媒体)侵权研究新论》一书出版,书名体现了徐迅老师的两难:到底是使用"新闻侵权"还是使用"媒体侵权"呢?2013 年,杨立新老师主持的项目成果《中国媒体侵权责任案件法律适用指引》的内部版本叫《媒体侵权责任案件司法手册》。该书再次使用"媒体侵权",沿袭了前面几年一直使用的术语。2014年,魏永征老师在《新闻与传播研究》上发表一篇文章,题目为《从"新闻侵权"到"媒介侵权"》。魏老师在这篇文章里面梳理了"新闻侵权"提出的历史脉络,以及学界使用"媒体侵权"的指向,并指出无论是"新闻侵权"还是"媒体侵权",都难以作为一个法律概念被提出。杨立新老师在前面的演讲当中也提到当时和张新宝老师为什么形成对立的观点,可能从概念的使用方面便存在争议。虽然特定概念可能难以作为一个法律概念被提出,但不影响其作为学术概念被使用。最近几年,特别是互联网的迅猛发展,有学者提出"传播侵权",最典型的是中国社会科学院大学罗斌老师出版的80万字著作《传播侵权研究》。从"新闻侵权"到"媒体侵权",再到"传播侵权",学术概念的变迁折射出时代的变迁,也反映出新闻传播法研究的知识体系的变迁。新闻传播法研究仍没有在学术概念上达成共识。在学科命名的问题上,究竟是叫"新闻传播法",还是叫"媒介法""大众媒介法""媒体法""大众媒体法""传媒法""大众传媒法""传播法""大众传播法"呢?在这个问题上,我最近收集了我国以及英美国家出版的关于这一领域的教材或专著,看究竟是使用哪一种命名比较多?统计得出的结果是使用"传播法"的比较多。

第二点,看待新闻传播法研究的方式。民法经常使用民法解释论和民法立法论的视角看待民法规范。现在民法学家可能更多地从立法论视角看待《民法典》。

目前主要讨论的有以下几点:《民法典》体系设计的合理性的问题,各编各条款的安排问题,以及围绕着相关立法规范的学术争议的问题,还有从比较法视角看待我国的《民法典》的问题,以及未来如何改进既有的民法立法规范的问题。如果从民法解释论和立法论的关系进行分析,有很多内容需要探讨,比如"公众人物"的概念在立法时曾引起争议,最后没有入法。司法实践当中很多判决使用"公众人物"的概念,但是从立法论的角度又没有立法的基础。在这种情况下,怎么样看待司法实践当中对"公众人物"的阐述?如果从民法解释的角度进行解释可能是存在着问题的,为什么呢?因为没有立法的基础,法官阐释的时候可能就没有约束。至于如何理解和适用《民法典》各条款,是司法未来面临的一个挑战,属于民法解释论的范畴。我认为相较于民法解释论,民法立法论的约束可能要少一些,解释论可能约束要更多一些。所以,"公众人物"有时候为什么备受批评,是因为这一概念没有基于本土的立法被解释,而是参考美国的一些司法案例,便产生了一些问题。民法真正成为一门科学的关键在于民法解释论,民法规范的解释要具有统一性,还要遵循科学的方法论。学者想让民法成为一种规范的科学。遵循科学的方法论,可能受到的拘束就会多一些。今天讲座的主题是《民法典》的实施。如何从民法解释论的角度看待与新闻传播相关的《民法典》规范?这可能就是未来新闻传播法学研究,包括民法学研究,面临的很重要的挑战。特别是《民法典》自2021年1月1日实施以后,如何帮助专业的法律从业者以及传媒从业者,更深入地理解《民法典》与新闻传播的相关条款,进而帮助法官以及传媒从业者更精准地使用法律,这可能是法学界和传播法学界要共同面临的艰巨任务。举个简单的例子,《民法典》第999条和第1025条,两个条款都表述:"为公共利益实施新闻报道、舆论监督等行为。"从解释论的角度而言,其中可解释的空间很大。按理说,所有的新闻报道、舆论监督都是在实现公众的知情权,都是在满足公众利益的要求。新闻报道按照目前的制度体系,是一种职业性行为,在满足公众的知情权上应该是很好理解的。舆论监督并非一种职业性行为,但是如果联系《宪法》第41条,任何舆论监督都是实现公众批评建议权的方式,都是公民参与国家事务的重要手段,这本身也包含着公共利益的范畴。为什么立法者还要强调"为公众利益"呢?目前有的释义本中明确写道:"行为人实施新闻报道、舆论监督等行为,影响他人名誉的,不承担民事责任。"在这一释义文本中省去"为公共利益"这几个字。另外,新闻报道、舆论监督在这两个条款当中,是并列作为两种法律行为存在的。从新闻操作角度而言,批评性新闻报道本身便是一种舆论监督。舆论监督是包含在新闻报道当中的,为什么还要把两种行为并列呢?这种情况究竟如何去解释?再比如第1025条的"合理核实义务",尽管第1026条列举出六个方面,但草案中原先的审查义务和核实义务有何区别?内容核实与内容审查,我个人觉得还是有区别的。2015年杨立新老师出版的《媒体侵权与媒体权利保护的司法界限研究》这本书里面,使用的是审查义务,包括前面讲到的《媒体侵权责任条件司法手册》里面也是使用审查义务,这都给未来的司法提出一系列的挑战。从这个意义上来说,立法论基础上的解释在未来可能面临着更加艰巨的任务。华政传播学院在法学下设立传媒法制专业,已经培养出两届研究生。今天在线的有新闻传播学的学生,还有法科的学生。我们期待无论是新闻传播学的学生,还是法科的学生,都能够加盟到华政传播学院传媒法制专业中来。再次感谢两位资深的前辈学者,感谢科研处给我们提供的机会。谢谢各位老师、各位同学。

陆宇峰教授(主持人):

谢谢彭桂兵副教授。彭老师的每次发言,总能令我感受到他对新闻传播法研究满腔的热爱。今天彭老师谈到学术概念的变迁折射出时代的变迁,以及新闻传播法研究的变迁,并展望未来,希望加强立法论基础上的解释论。最后有请华政传播学院的院长范玉吉教授,有请范老师。

范玉吉教授:

尊敬的杨老师,您今天晚上给我们提供了一席非常好的学术盛宴,各位老师和同学都借这个机会再一次向您学习。您的著作,是新闻传播学界研究新闻侵权等问题最重要的依据之一。今天有这样的机会聆听您的讲座,对我们启发很大,向您表示敬意。魏老师和我这几年基本上每年都见,魏老师也一直对华政传播学院的学科发展、专业发展都非常支持。您的教材也是学生上课用的最主要的教材。您现在在学术研究上依然非常地有活力,我看今年您就有三篇文章,《青年记者》上的两篇、《新闻记者》上的一篇。而且《青年记者》最新的一篇就是关于《民法典》中新闻报道行为主体的研究,给我们这些后辈很多的鞭策和鼓励。有这样的一个机会通过网络空间来聆听您的教诲,对我们帮助非常大,也向您表示感谢。感谢两位处长,给我们提供这么好的平台,在这里向各位专家学习。最后感谢宇峰副处长一晚上辛苦的主持。

华东政法大第15期“东方明珠大讲坛”
两大法系
背景下的
作品保护制度
2020/11/10 6:30-9:30 PM
主讲人
李明德
中国社会科学院法学研究所研究员，中国知识产权法学研究会常务副会长
与谈人
李雨峰
西南政法大学民商法学院（知识产权学院）院长、教授，中国知识产权法学研究会副会长
李扬
中山大学法学院教授，中国知识产权法学研究会副会长
致辞人
陆宇峰
华东政法大学科研处副处长、教授
主持人
丛立先
华东政法大学知识产权学院副院长、教授
华东政法大学科研处主办

第 15 讲
两大法系背景下的作品保护制度

时　间：2020 年 11 月 10 日
地　点：线上
主持人：丛立先（华东政法大学知识产权学院副院长、教授）
主讲人：李明德（中国社会科学院法学研究所研究员、中国知识产权法学研究会常务副会长）
与谈人：李雨峰（西南政法大学民商法学院院长、教授，中国知识产权法学研究会副会长）、李扬（中山大学法学院教授、中国知识产权法学研究会副会长）

一、 开场致辞

陆宇峰教授（致辞人）：

尊敬的李明德教授、李雨峰教授、李扬教授，各位老师、同学，晚上好！欢迎来到由华东政法大学科研处主办、华东政法大学知识产权学院承办的"东方明珠大讲坛"。

本期"东方明珠大讲坛"一如既往地维持了最高规格，邀请到中国知识产权法学研究会常务副会长、中国社会科学院李明德研究员主讲《两大法系背景下的作品保护制度》这个既富有理论性、历史性和比较法色彩，又对于我国《著作权法》第三次修改富有启发意义的主题，也邀请到另外两位中国知识产权法学研究会副会长，即西南政法大学李雨峰教授和中山大学李扬教授与谈，这要归功于我校知识产权学院副院长丛立先教授的热心帮助。我们热烈欢迎李明德老师、李雨峰老师、李扬老师的到来，也感谢丛立先老师为我们张罗今天的知识产权之夜！

"东方明珠大讲坛"是疫情期间起步的，基本上一直都在线上进行。大半年来，科研处不仅没能尽地主之谊，向老师们当面致意，为了满足众多的听讲需要，还往往要求老师们牺牲晚上的休息时间。可以说，十多期大讲坛之所以能够收获学界的赞誉，与数十位中国社会科学界的顶级专家的鼎力支持是分不开的。在这里，科研处诚挚地感谢老师们的无私奉献，以及对华政科研的巨大帮助。科研处能够做的，是全力服务好大讲坛，认真整理好文字实录，让更多人能够从大讲坛汲取营养，收获新知。

祝今晚的讲坛圆满成功！

丛立先教授（主持人）：

感谢华东政法大学科研处副处长陆宇峰教授的支持。我们今天晚上的主讲嘉宾，在座的同学和各位实务界人士都很熟悉，是我们知识产权界的泰斗，也就是我们中国知识产权法学研究会常务副会长，中国社会科学院研究员、博士生导师李明德教授，在座的老师和同学都深受李老师的学术影响和知识传授。

今天我们还请到了两位重量级的与谈嘉宾。一位是西南政法大学民商法学院，也是西南政法大学知识产权学院院长李雨峰教授；另外一位是中山大学法学院李扬教授。两位教授都是我们知识产权界的中生代的代表人物，也都是我们知识产权法学研究会的副会长，由他们两位来作为李老师的与谈人，我本人觉得非常合适，能够从不同角度为李老师这场学术盛宴增光添彩。刚才致辞的是我们科研处副处长陆宇峰教授，陆宇峰教授是清华大学毕业的从事法理学相关研究的著名教授。

另外莅临本次讲坛的还有华东政法大学科研处处长屈文生教授，以及江苏省高院宋健法官等专家，我们对所有这些嘉宾的到来表示欢迎。下面就进入到李明德老师的讲座时间，欢迎李老师开始讲座。

二、主讲环节

李明德研究员：

谢谢主持人的介绍，也非常高兴屈文生处长、陆宇峰副处长能参加今天晚上的讲座，当然还有李雨峰教授、李扬教授。下面进入我今天的主题：两大法系背景下的作品保护制度。

首先说一个引言，大家或许知道今年的国家社会科学基金项目的指南里边有一个我提出的题目，即"两大法系背景下的版权和著作权概念研究"。据我所知，主持人丛立先教授已经拿到了这个项目。一年前我也出过另外一个题目叫"作品构成要件研究"，中国政法大学张今教授拿了这个重点项目。基于现实当中的一些问题，社科基金指南提出了这样的两个题目。从前几年到现在，我们可能还在讨论的计算机字体能否获得著作权保护，即字体是不是构成作品，此外还有人工智能是否构成作品、体育赛事直播画面是否构成作品的问题。除此之外，这是应使用权利限制与例外的概念，还是合理使用的概念？在我看来，我们的学术研究和实务界在一些基本问题上还存在着一些认识模糊，所以我提出了这些题目。今年《知识产权》杂志向我约稿,我想自己先来回答一下这些问题。我的文章《两大法系背景下的作品保护制度》在今年《知识产权》第8期已经发表。下面我想结合这篇文章和我最近的一些研究,为大家做一个分享。

第一个问题是从特许权到作者权。人类在原始社会就已经有了作品的创作,比如说音乐、舞蹈,以及一些岩画、壁画。进入文明社会以后文字出现了,也就有了文字作品。就中国来讲,在孔子、司马迁的时代,那个时候作品依靠的传播方式是老师的讲授和学生的传抄。我们中国人有造纸术和印刷术两大发明,其中包括雕版印刷术和活字印刷术。这两项发明就提供了版权制度的技术基础,因为它们使得作品的大规模廉价复制成为可能,所以就有了版权保护的必要性。在欧洲中世纪后期,罗马教皇、英国国王、法国国王等都授予一些出版商图书印刷的特许权。比较公正地说,这也属于一种版权保护,当然它的侧重点是在出版商而不是作者。随着西欧资本主义市场经济的发展,个人权利意识逐渐觉醒,出现了保护作者权利的要求,也就有了一个从特许权到作者权的过渡。

在当时,英国是资本主义经济发展最早的国家,也是最早出现作者权利保护法的国家。1709年《安娜法》的全称是《为鼓励知识创作而授予作者及购买者就其已印刷成册的图书在一定时期内之权利的法》。我们可以从中看到,为了鼓励创作而授予作者以权利,这是对作者及其权利的承认。名称上的购买者实际上是指出版者,出版者也在一定的时期之内享有权利。这部法律还是侧重作品的利用,仍然带有出版商特权的色彩,出版商仍然享有权利。一般都说,1709年的《安娜法》是世界上第一部版权法。但我在写这篇文章的时候才查到相关资料:在《安娜法》制定的时候,当然有 copy 这个词,也有 right 这个词,但是在

30年之后的1740年,英文当中才有了copyright的概念。它现在被称作世界上第一部版权法,这是后人的归纳,可能还不太准确。从名称本身来看,它是保护作者权利和出版商权利的法。

从特许权到作者权,欧洲大陆的法国走得非常彻底。在法国大革命之前有启蒙运动,否定神权和君权,倡导人权。法国大革命也是高举人权大旗,以人为核心。在法国大革命中制定的《表演者权利法》和《作者权法》把表演者、作者、人放在了突出的地位。1804年的《法国民法典》也是主张人人平等,要求以人为核心来调整平等主体之间的民事关系。法国的作者权法理念传到德国以后,康德、黑格尔等哲学家又对其有一些发展,认为作品是作者精神情感的外化。由此可见,作者权法的理念是以人、以作者为核心的,首先保护作者的精神权利,然后才是经济权利。在两大法系中,因为起源的不同而产生了以"利用作品"为核心还是以创作作品的"作者"为核心的区别。

随着历史的发展、欧洲资本主义经济的发展和全球资本主义经济的发展,版权法和作者权法在欧美和全球有一个扩散。美国、印度、南非等国受英国影响而接受了版权法的理念,而意大利、荷兰、德国、西班牙等欧洲大陆国家则接受了作者权法的理念。日本在明治维新的过程当中,从德国引进了作者权制度(Urheberrechtsgesetz,UrhG)。然而在表达相关术语时,日本人使用了"著作权"或者"著作权法"的术语。我个人认为,如果是从法国、德国继承过来的话,准确的含义应当是作者权法。日本著作权法的英译,有时候会译为copyright law,但是也有一些译为author's right,即作者权利法。我们中国1910年制定了《大清著作权律》,这实际上是日本人帮我们起草的,并沿用了著作权术语。1915年和1928年制定了《中华民国著作权法》,1990年制定了《中华人民共和国著作权法》,我们直到现在都是用"著作权法"的术语。从字面上它很容易让人感觉到是关于作品(著作)权利的法。但事实上,从法国作者权法到德国作者权法,我们这部法律准确的含义应该是作者权利的法律而不是作品权利的法。大概在十年前,著名的英国版权学家汤姆森·斯特林(Thomson Sterling)到中国来,在我们社科院法学所做过一个讲座。他在讲座中提到说:你们中国的法律很怪,我们要么是copyright law,要么是 author's right law,你们居然是 work's right law。我当时就给他做纠正,我们这部法律的含义是 author's right law,是作者权利法不是作品权利法。他的误解大概来源于他的中国学生望文生义地认为这是 work's right law,这其实是不对的。我个人认为,起源于欧洲大陆的作者权制度、专利制度、商标制度经由日本而传入中国,而日本在相关问题的理解上发生了一些变异,这些变异最后又反映在了我们现在的法律之中。理解这种变异,有利于我们更好地去理解知识产权制度,比如说我今天讲的作品保护制度。这是我要讲的第一个问题:从特许权到作者权。

第二个问题,版权与作者权。按照《伯尔尼公约》第六条之二,作者享有的权利分为两个方面:一是精神权利,一是经济权利。它的原文规定,当作者所有的经济权利都转让了以后,他仍然保有独立于经济权利外的署名权和保护作品完整权。至于经济权利,则是与复制、发行、表演、演绎、广播等等相关。《伯尔尼公约》规定很清楚,用的术语是 moral rights,指精神权利,相对的术语则是 economic rights,指经济权利。所以英美法系的版权相当于经济权利。有一位法国学者说,英美法系的版权相当于法国《著作权法》中的经济权利,而法国《著作权法》中除了经济权利还有精神权利,即保护作品中所体现的作者人格、精神、情感等等。英文 copyright 这个词的含义就是 a right to make copies,即制作复制品的权利,直观地看就是一种利用作品的权利。随着作品传播技术的发展,版权不再局限于复制权,扩展到了发行、演绎、表演、广播、放映、出租、互联网络传播等方面。所以,我认为版权这个词本身就和精神权利无关。比如英国《版权法》在1956年之前就没有关于精神权利的规定,1956年时才引入了虚假署名的规定,而虚假署名是来自仿冒法passing off。英国由于加入了欧盟,才必须服从欧盟的相关的法律规定。受欧盟或者大陆法系的影响,英国版权法于1988年引入了署名权和保护作品完整权。现行的法律中有作者和表演者的署名权,有保护作品或者表演的完整权,以及防止假冒署名和侵犯隐私的权利。美国版权法则一直没有作者精神权利的规定,直到1988年为了加入《伯尔尼公约》,才引入了视觉艺术家的署名权和保护作品完整权,而且非常有限,仅限于视觉艺术家的精神权利。当然我们说美国版权法、英国版权法不保护作者的精神权利,并不是说英国和美国的法律不保护。事实上,它们是在其他法律当中保护作者的精神权利,比如隐私法、合同法、仿冒法,以及制止虚假标识、制止虚假宣传和商业诋毁的法规,等等。例如,未经作者许可而擅自发表其作品,就会涉及隐私保护的问题;张三的作品被写上李四的名字,就可以用虚假标识相关法规来加以制止;如果对作品肢解篡改,可以用商业诋毁相关法规来加以制止。以上是英美版权法体系的一个状态。

大陆法系作者权法是以人为核心的,所以首先规定作者的精神权利:发表权、署名权、保护作品完整权,甚至极端的收回作品权。其次才规定作者的经济权利如复制权、表演权等。我们国家《著作权法》关于作者权利的规定就是这样一种方式,先规定作者发表、署名、保护作品完整等权利,再规定复制、发行、表演、改编,等等。作者权法体系是以人为核心,以作者为核心的,作者把自己独有的精神状态、精神情感、人格外化到作品当中去,所以精神权利不得转让,也不能受让。就算是张三写的作品换上李四的名字，但是其中的精神状态仍然是张三的，不可能变成李四。作者精神权利是不能转让，也不能受让的。关于精神权利的保护期限，德国采用一元论，即作者有生之年的70年之后由文化机构保护；法国采用二元论，即作者经济权利为作者的有生之年加70年，而精神权利无限，由他的后裔主张。我们国家《著作权法》的规定相当于法国的二元论，经济权利是作者的有生之年加50年，精神权利的保护是没有期限的。中国是作者权法体系，现行的《著作权法》用了人身权和财产权的术语，这主要是受了民法学者的影响。《伯尔尼公约》中用的术语就是moral rights和economic rights，郑成思教授的著作中也是用精神权利和经济权利。本次《著作权法》修订的时候，我们也提出来是不是改成这样的术语，当然这个难度还是比较大。我本人写的《著作权法》教科书也使用了作者的精神权利和经济权利的术语。出版社的编辑问我是不是搞错了，因为《著作权法》的规定中用的是人身权利和财产权利。我回答说不是我搞错了，而是某种程度上是我们的法律没有准确地反映大陆法系的精神。

我在西南政法做讲座的时候，有人问我经济权利和财产权利的区别。按照德国的理论，著作权是一项财产权，分为作者的精神权利和经济权利，两者合起来就是著作权，是一项财产权。这表明，作者的精神权利带有财产权的性质。德国著名的版权学家阿道夫·蒂茨（Adolf Dietz）博士曾经举过一个例子，假如在1990年人们不知道互联网的时候，有一位作者把某一个作品所有的经济权利都转让了，但是他的精神权利是不能转让的，仍然保留在自己的手里。到互联网络来临之时，依据不可转让的精神权利，他就可以获得一项新的经济权利，即作品在网上的传播权利，中国把它叫作信息网络传播权。因此我们说作者的精神权利具有财产的性质和特色。按照我的理解，著作权是一项财产权利是一个总的说法，然后还要分为作者的精神权利和经济权利。《著作权法》修订的时候，我曾经提出过这个建议，当时国家版权局的副局长沈仁干先生给我做了一个背书，他认为民法学家谢怀栻老先生主张精神权利和经济权利合而为一，叫作财产权利。我们不去预测学术研究能不能将来影响立法，但至少在研究过程中，我们要特别注意到《伯尔尼公约》所用的术语就是 moral rights 和 economic rights。版权与作者权之分，反映出两大法系的不同。

　　第三个问题，作品的构成要件表达与独创性。《著作权法》正在修订，也有关于作品定义的修订。《著作权法》本轮修订之初，有三份专家建议稿：中南财经政法大学的吴汉东教授、中国人民大学的刘春田教授和我，分别领衔起草各自的专家建议稿。我们社科院专家建议稿对作品的定义是"文学、艺术和科学领域内具有独创性的表达"，例如文字、音乐、美术、计算机程序等。当时国家版权局有一些官员认为我们的定义既简明扼要，又反映了作品的实质。比如要是给予文学、艺术和科学领域这三个概念最宽泛的理解，就可以涵盖我们生活的各个方面。作品的构成要件在我看来就两个：一是表达，二是独创性。

　　关于"表达"，两大法系一样都是保护表达，而不保护思想观念、客观事实、自然规律、技术功能等等。有人曾经讨论过节目板块是否可以获得著作权的问题。节目板块更多是一种功能化的东西，比如《超级女声》可以在其中设置不同的节目，一场节目构成一个作品。《非诚勿扰》也类似于此。但是板块本身是功能性的。在作品名称是否构成作品的问题上，德国的《商标法》把作品名称纳入商业标识范畴。在作品中的人物是否够构成作品的问题上，米老鼠、唐老鸭以及我们中国的葫芦娃、孙悟空等形象都是可以的。但是文字作品所描绘的人物，比如说杨子荣、少剑波等等，本身是否能够构成作品呢？一般认为这类人物容量不够，很难本身构成作品。《著作权法》包括杂技作品，这更多的是杂技的艺术表达，不是转圈、走钢丝等杂技的技能。这两年大家也在讨论"喷泉作品"，即喷泉是否能构成作品，我本人持否定意见。在北京知识产权法院判决之前，我认为它不构成作品，因为喷泉喷出的水花是受到水流的压力和角度控制，不能从功能性的要素中分离出来。最后法院按照美术作品判决，我想大家都有一系列批评意见，华东政法大学王迁教授还有其他几位老师也都写过批评文章。

另一个问题是作品的种类规定是否应当开放。我们现行法律的规定是"法律、行政法规规定的其他作品"。很多人都主张开放，最新的草案也是开放，即列举了作品的种类后，又规定"其他符合作品构成要件的智力成果"。据我所知，《著作权法》的修订草案今天就在全国人大常委会审议，大概这几天就会通过。我个人的意见是维持现有的规定，即"法律行政法规规定的其他作品"，不要开放。因为我觉得这样的规定起到了一个"刹车"的作用。比如说法院想保护喷泉作品，但是没有这个作品种类，就只好退而求其次，要么认定是视听，要么认定是美术。这两天我们开会也有一些专家学者提到喷泉作品、香水作品、杂技作品、头发造型作品等等。如果真要是开放了，最后会不会出现一些荒诞的结果，我们不得而知。这是我讲的第一个要件表达。

第二个要件是独创性，独创性就是独立创作，相关的表达来自作者，而不是来自抄袭。这一点上两大法系是相同的，就是 original from the author。但是恰好是独创性的标准不同，产生了两大法系的区别。按照英国版权法的相关判例，作者在创作表达的时候，只要付出了劳动、技能、判断、努力（labour, skill, judgment and efforts），就可以了。美国版权法曾经是"辛勤收集"和"汗水理论"。到了 1990 年的 Feist 案，美国最高法院提出了"最低限度的创造"（modicum creation），这个标准其实很低。依据版权法比较低的独创性要求,广播节目表、电话号码本和体育赛事直播画面都可以认定为作品。在 1995 年的 Magill 一案中,爱尔兰法院判决电视节目表构成作品,因为相关的人员在编纂的时候付出了劳动技能、判断和努力。美国众议院关于 1976 年《版权法》的报告也说,体育赛事直播画面构成作品,因为几架摄像机拍摄赛事画面,导播瞬间选择其中的一幅传达给观众,符合独创性的要求。可见英美法系版权法独创性要求较低。欧洲大陆的作者权法体系是以作者为核心,作者将自己的精神、情感、人格外化于作品当中。齐白石画了几只小虾,是把自己的精神情感外化到作品当中;徐悲鸿画马、毕加索的绘画、梵高的《向日葵》,都是把自己的精神状态、情感人格外化到了作品当中。对于精神情感,作者有发表权,即决定什么时候把自己的作品公示;有署名权,表明这个东西是我的精神产物,不是别人;还有保护作品完整权,不容他人破坏精神情感的权利。按照大陆法系的标准和理念,没有体现足够多精神情感人格的表达,不构成作品,广播节目表、电话号码本、体育赛事直播画面都不构成作品。

作者精神、情感、人格的标准高于劳动、技能、判断、努力和辛勤收集、汗水的标准,作者权法体系关于独创性的标准,高于版权法体系的独创性标准。我个人认为高于低于的说法是没有问题的。按照大陆法系,德国最高法院在 1985 年的 Inkassaprogram 案判决说,由于计算机程序没有体现足够的编程人员的精神、情感、人格,不符合作者权法的独创性要求,所以不能作为作品获得保护,否定了计算机程序的著作权保护。这个判决还提到数据汇编也应当体现作者的精神、情感、人格才能作为汇编作品受到保护。除此之外,荷兰最高法院在 1991 年的 Grote 案中说,对于字典词条的选择和编排,只有体现了编纂者的观点和个性的时候才能够作为作品获得保护。否定计算机程序和电子汇编的著作权保护,显然不利于欧盟国家。所以欧盟于 1991 年发布了《计算机程序保护指令》,1996 年发布了《数据库保护指令》,在这两个指令当中提出了一个独创性的标准:作者自己的智力创造,即 authors own intellectual creation。这样,就解决了计算机程序作品和数据汇编作品的独创性问题。我过去也有一个误解,认为这好像是一个介于作者权法体系和版权法体系的标准。最近我在修订我的《欧盟知识产权法》,发现相关的判决讲得很清楚:作者自己的智力创造标准略低于精神、情感、人格的标准,但仍然是作者权法体系的独创性标准。按照英美的标准,数据汇编按照很低的 labour, skill, judgment and efforts,或者说最低限度的创造标准,所有的数据汇编都构成汇编作品,所以英美没有必要发布数据库保护指令。欧洲大陆欧盟发布《数据库保护指令》,创设特别权利,是因为对于独创性的要求比较高。

我们中国是作者权法体系,从法国、德国到日本再到中国,应当要求作品体现作者的精神、情感、人格。我们这些年的一系列的争论中,第一个是字体是不是可以作为作品。南京中院曾经判决过字体可以作为作品受到保护。如果我们写个一笔虎、一笔猴或者是一笔马,或者书法家写书法作品,肯定是胸有成竹,将自己的情感挥洒在外而构成作品,这个没有问题。但是标准字体,一横太长了要砍掉一截,一竖太短了要加长一截,没有体现个性。所以说即使在美国,也没有把字体作为作品予以保护。美国相关的判决认为,字体是工具,我们每个人都要用字体去写东西,如果字体是作品,那就意味着每一个用字体的人都是侵权者,这样就很荒谬。若干年前华东政法大学有一位教授,大概是受了方正公司的委托开一个研讨会,我没有参加。他后来告诉我,很多专家学者都觉得这个字体可以作为作品,我就对他说了一句话:如果字体真的可以作为作品受到保护,那么我后半生就只有一件任务,打倒知识产权制度。但是现在个别的法院仍然在做这样的判决，这确实很荒谬。即便美国也没有把它作为作品，更何况我们要求的是作品当中要体现作者的精神、情感、人格。

下一个问题是法人是不是可以成为作者。日本《著作权法》明确规定法人是作者，我们中国著作权法的规定是将法人视为作者。我在欧洲参加相关的学术会议演讲，他们就觉得你们中国人怎么能把这个法人叫作作者呢？我就告诉他们，我说我们是视为作者，regarded as。他们最后说如果是视为作者的话还说得过去。事实上，欧盟的《计算机程序保护指令》和《数据库保护指令》都非常明确地规定：作者是一个或者一群自然人。

紧接着的问题就是动物是否可以成为作者。十几年前我在西南政法做讲座时，有一位女同学给我提了宠物绘画的问题：某人养了一条小狗，小狗很聪明作了画，又有人未经许可在网上疯传。她问这怎么保护。我当时笑着告诉她不保护，因为知识产权保护的是人的智力活动成果，《著作权法》或者《版权法》保护的是人的表达和创作。宠物不是人，尽管看上去是绘画，但不是人创作的，因而不是《著作权法》或者《版权法》意义上的作品。我曾经去泰国看过大象表演，大象表演的最后一个节目是大象绘画，然后以 10 美元、20 美元卖给观众。假如说有好事者把大象的绘画汇集起来出版，也显然不会有侵犯版权的问题，因为这不是人的绘画。中国法学会大概五六年前有一个非洲的高级研讨班，非洲的一位法官给我讲了一个案件：一位游客在丛林里面拿着摄像机拍摄，大猩猩一把抢过去也学着人的样子拍了一段。那这一段视频有没有版权？某法院判决有版权，我也觉得很难理解。假如有版权，那该去找谁发放许可？如果我未经许可使用了，谁来主张权利？猴子自拍照是美国第九巡回上诉法院 2018 年 5 月的判决。有一个摄影师在丛林里安放了一架照相机，调好光圈，准备好快门，在草丛里边隐藏，就希望有一只猴子来按动快门，拍下自拍照。就这个案子来说，摄影家确实成功了，确实有一只猴子按了快门，而且还按了好几次。我曾经看到过这幅图片，猴子憨态可掬。当摄影家用猴子的自拍照去做商业性运营的时候，动物保护组织到法院起诉。一审法院就判决猴子的自拍照不是人创作的，故不能受美国版权法的保护。动物保护组织不服判决，上诉到第九巡回上诉法院。法院明确说：第一，这是猴子的自拍照，版权法保护的是人的创作，不是猴子的创作；第二，动物保护组织没有资格代表猴子去起诉。这个判决非常清晰。

再往下推，机器或者人工智能是不是可以成为作者？最近这些年来，许多青年学者和学生对这个东西很感兴趣，写了很多文章。我想说的是，人工智能作品的概念是不成立的。美国第九巡回上诉法院1997年的一个判决涉及一些教会人士假托上帝名义编纂了一本书，有人未经许可将书复制发行，教会组织对此提起诉讼。法院在这个判决当中说，如果真的是无生命的或者说是世俗之外的上帝编纂了这本书，那就是没有版权的。但在事实上，这是由一个个有血有肉的教会人士编纂的，所以应当受到版权保护。在这个案子当中，第九巡回上诉法院还顺便说到了计算机生成的材料。判决书用的不是 works generated by computer，而是 materials generated by computer，所以这也不受保护。判决书特别讲道：假如让世界上一个有血有肉的人，为了侵犯版权而承担责任，那么这个版权所涵盖的作品，也应当是这个世界上的一个有血有肉的人创作的，而不是上帝创造的，也不是机器创造的。

我曾参加2018年社科基金会评，凡是见到人工智能作品的或者人工智能发明的文章，基本上都是"枪毙"的，因为我觉得这个概念都不成立。不是说我本人有偏好，而是我觉得在那种情况下是为国家社科基金负责。如果选了这样的题目,有人又去做研究,最后的研究成果对于我们的学术和实务是没有任何意义的。2019年我们去欧洲访问,哥本哈根大学有一位教授说,只要把电闸一拉人工智能作品就不存在了。从根本上说,是人发明了计算机,创作了计算机程序,设立了数据库;而且是人打出了关键词,计算机程序按照人的要求或者指令最后画出所谓的绘画,写出所谓的文字作品。所以它们更多的是一种工具,计算机程序或者人工智能不能脱离人。几年前我写了一篇文章,题目是《作者,作品,著作权》。这应当是一个公式:只有人或者作者创作的才叫作品,才有著作权或者版权。如果把作者换成猴子,把作者换成机器,这一公式是不成立的。而且按照作者权法,自然人创作作品时投入自己的精神、情感、人格,因而享有精神权利。即便是按照版权法体系,也是人或者作者(英国版权法术语是 person,美国版权法的术语 authorship)付出劳动、技能、判断、汗水,或者辛勤收集,才有版权保护。现在也有些人脱离作者去说独创性,我就不太清楚他们是怎么理解独创性的。苏州大学董炳和教授说过,独创性的起点是人,不是动物,不是机器。有些人说人工智能创作可以让程序员成为权利人,这与著作权法的基本理念相悖。按照著作权法,谁创作谁有权,没有创作凭什么享有权利?要是说别人创作了,受让人也仅仅是获得一个经济权利,没有精神权利的问题。这些我们都要回到根本上去理解。

第四个问题是版权与相关权。这也是两大法系的不同所在。在相当长的时间里,《版权法》和《作者权法》都保护作品,只是作品的范围可能略有不同,因为《版权法》的独创性标准比较低,《作者权法》的独创性标准比较高。但是随着作品传播技术,比如录音技术、留声机技术、摄影技术、摄像技术、无线电广播技术、电视广播技术的发展和普及,产生了如何保护表演、录音、广播的问题。在录音技术、留声机技术出现以前,听一场音乐会肯定要去歌剧院,要购买门票。但是有了录音技术、留声机技术后就不用去了,可以买唱片或者光碟听。这样,如何保护表演、录音、广播就提上了议事日程。大陆法系的作者权法体系起源于法国、德国,强调作品应当体现足够的作者的精神、情感、人格。照此标准,表演者虽然有智力劳动的付出,但是不具有足够的独创性,所以不构成作品;录音制作者虽然有智力劳动的投入,也不具有足够的独创性,也不构成作品;广播组织人员虽也投入了一些智力劳动,但达不到独创性的要求,不构成作品。正是因为有较高的独创性要求,作者权法体系就创设了一个术语:邻接权或者相关权。按照保护邻接权的《罗马公约》,那就是表演者权、录音制作者权、广播组织权,这在国际上形成了共识。世界知识产权组织的 WCT(*World Intellectual Property Organization Copyright Treaty*,《世界知识产权组织版权条约》),当然是保护作品和版权的,但是 WPPT(*WIPO Performances And Phonograms Treaty*,《世界知识产权组织表演和录音制品条约》)也提到表演者权和录音制作者权。由于大陆法系、作者权法体系要求的独创性标准比较高,只能去创设一个邻接权体系。我有时候也觉得大陆法系叠床架屋,体系非常复杂。

至于英美法系的版权法体系,独创性标准是劳动、技能、判断、汗水,最低限度的创造,游刃有余地解决了表演、录音、广播信号的问题。从作品的角度看,英国《版权法》的作品种类里面包括录音作品、广播作品,美国《版权法》有录音作品,当然又有电影作品或者视听作品。按照美国《版权法》,录音作品的作者是表演者和录音制作者,录音作品涵盖了表演和录音。关于广播,按照美国《版权法》,无线电广播(radio)属于录音作品;视听广播,如体育赛事、社会事件的直播画面,属于电影作品或者视听作品。录音作品、电影作品涵盖了广播信号,也可以从

TRIPS 协议（*Agreement On Trade-Related Aspects Of Intellectual Property Rights*,《与贸易有关的知识产权协议》）第十四条第三款规定予以说明。根据规定，如果某些成员没有授予广播组织以广播组织权，则应当依据《伯尔尼公约》1971 年文本，针对广播的内容，允许版权所有人制止未经许可而使用的行为。广播组织权涉及的是广播信号，对于广播组织权保护，最有价值和最有意义的就是不构成作品的客体。比如广播组织播了电影、诗朗诵、小说联播、相声等，即便不保护广播组织权，这些作者也可以主张权利。只有体育赛事画面和社会事件的直播不构成作品。在这种情况下，广播组织权才有意义。作者权法体系独创性的标准高，创设了邻接权体系；版权法体系独创性标准低，没有去创设邻接权体系，而是用作品解决相关的问题。我们中国是作者权法体系，对于作品、作者权利的要求比较高。所谓作品就是作者精神、情感、人格的投入，至于邻接权或者相关权所保护的客体，比如说表演活动录音、广播信号，是指达不到独创性要求的，或者是仅仅付出了劳动、技能、判断、个人努力的东西。

下面来看我们最近争论的体育赛事直播画面的问题。体育赛事直播画面，按照版权法体系的标准构成电影作品或者视听作品。美国众议院关于 1976 年《版权法》的说明称：一场足球比赛正在进行，有四个摄像师从不同的角度拍摄，导播瞬间选择其中的一个画面传递给社会公众，就达到了独创性的要求，可以作为视听作品获得保护。然而，按照作者权法体系的标准，摄像的主要任务是尽可能准确地、客观地反映赛场上发生的事情，挥洒个人情感、人格、精神的空间很小。二三十个摄像师拍摄的画面传到一个导播室里边，导播在瞬间选择一幅传递给社会公众，这个过程中有多大的空间去挥洒他的精神、情感、人格呢？但以下中国法院的判决就很奇怪了。上海浦东法院"央视国际诉聚力传媒案"的判决认为它是作品。北京市朝阳区法院"新浪诉天盈九州"案判决体育赛事画面构成作品，而北京知识产权法院二审认为它是录像，不构成作品，不具有足够的精神、情感、人格的要素。但今年9月份，北京高院又把二审判决推翻了，认定是作品。我感觉这个推翻可能带有一些政治性的考量，因为美国人觉得体育赛事应该受到保护，而且是作为作品获得保护。美国大使馆的知识产权官员曾经对我说，他们只要求保护就行了，并没有说非要作为作品保护。虽然北京高院判决认定是作品，我想我们作为专家学者应该保持一种独立的精神。法院有裁量的空间，我们也保有批评的权利。这个判决之后，华东政法大学王迁教授曾经说过，北京知产法院和北京高院的判决，相当于两个国家的法院依据各自的法律做出的判决。在我看来，一个是按照大陆法系的标准，另一个则是按照英美法系的标准。在这里，我们要注意版权法体系与作者权法体系在中国的冲突。

我们有一些专家学者问，独创性什么叫作高，什么叫作低？只要有就可以的话，电子数据汇编它没有吗？广播节目表没有吗？甚至电话号码本一点都没有吗？我觉得不是有和没有的问题。无论是批评还是赞成北京知识产权法院的判决或者北京高院的判决，首先要搞清楚我们是站在英美版权法的角度，还是站在欧洲大陆作者权法的角度。如果现在体育赛事直播画面都构成作品了，那表演者权、录音制作者权是否也构成？中国的作品保护法律，是不是要从欧洲大陆的作者权法转移到版权法？例如1997年我从美国回来以后，听到李娜演唱《青藏高原》，后来我又听了谭晶和韩红演唱，每一个人都有自己的理解，都有独创性。但是按照我们现行的法律体系，她们再有独创性，也仅仅构成一个表演者权，而不是作品或者著作权。这个问题还是要从一个更全面的角度来理解，不能仅就体育赛事直播画面而理解。

下面第五个问题,权利的限制与合理使用。我们要明确,作者权法体系和版权法体系对权利的限制大多是封闭的。尤其是按照作者权法体系,作者权是私权,是我们个人的权利,为了公共利益而做出的限制应当明确规定。在这方面,法国《著作权法》规定了 9 种权利的限制,德国《著作权法》第 45 条到第 63 条都是权利的限制。2001 年发布的《欧盟信息社会版权指令》规定了 21 种权利的限制和例外,而且明确规定,成员国只可以比这个少,不能比这个多。这表明,作者权法体系关于权利限制的规定是封闭式的。按照版权法体系则称为权利的限制。英国《版权法》第 28 条至第 50 条叫作版权的限制和例外。在限制和例外中又说了 4 种合理处置(fair dealing):为了非商业性的研究,为了非商业性的文本或者数据分析,为了批评评论引用新闻报道,为了讽刺戏仿。至少在英国《版权法》中,仍然对于版权的限制与例外做出了明确的规定。美国《版权法》第 107 条至第 122 条用的术语还是权利的限制或者权利的范围,但是第 107 条中又叫作合理使用。按照美国的版权法体系,对于他人的侵权指控,可以先找第 108 条到第 122 条的抗辩,比如图书馆的使用、制作计算机软件的备份等。如果在第 108 条到第 122 条之间找不到,再找第 107 条进行抗辩。法院会依据四个要素,使用的目的、作品的特性、使用的数量和质量,以及对于作品市场的影响逐一分析,最后得出结论是不是合理使用。"合理使用"这四个字,仅指美国《版权法》第 107 条的规定,而且是在其他权利的限制和例外的基础之上又开了一个口子,是开放式的。

美国的合理使用具有灵活性。比如说 1984 年索尼案,把电视节目录下来在另外一个时间去看,法院按照四个要素分析,得出结论是合理使用。1997 年的凯利案,涉及图片的搜索引擎把大的图片缩小成拇指大小供你查看的功能,你要是点了某一个图片,就会进入那个图片的网页。法院经过四个要素的分析也认为这是合理使用。作者权法体系就比较僵硬了。德国2010年谷歌搜索引擎案,也是图片搜索将图片缩成拇指大小的问题,一审、二审都判决为侵权,认为图像缩得再小也是复制,所以一审和二审法院都判决侵犯复制权。尽管一审、二审的法官都说搜索引擎确实很好,但也只能判定侵权。德国最高法院最后使用默示许可的规则,认定权利人只要把图片放到网上,就相当于发放了允许别人用于搜索引擎的默示许可,这实际上是一个不得已而为之的做法。我国现行《著作权法》第22条中权利的限制是12种,是封闭式的,没有开口子。《著作权法》修订过程当中,我们社科院知识产权中心建议增设第13种:其他属于合理使用的情形。国家版权局的送审稿是其他情形,再加上《伯尔尼公约》"三步法"的限定。有一段时间,各种草案版本都删除了建议中的第13种。不过,最新的草案有了第13种,叫作"法律、行政法规规定的其他情形"。现在有些人批评说,应该就叫作其他情形,然后用三步法去分析。在我看来,法律的进步是一步一步向前。原来我们提出13种,后来被删掉,现在有了13种。尽管往后退了很多,但毕竟向前走了一步。

现在我们法院的判决书和很多学术论著频繁使用"合理使用"的术语,甚至试图引入美国的转换性使用。我的建议还是使用《著作权法》规定的术语:权利的限制。有一些东西大家都在用但不一定准确。在这个问题上,我的建议是回到《著作权法》第22条"权利的限制"。如果是合理使用概念,你说合理他说不合理,这就远离了著作权法。

最后是结论:中国做出的选择。自唐宋雕版印刷以后,我们有了禁止翻版、不许复板的术语,这与当时的印刷术密切相关。清朝末年面对西方的影响,我们交替使用版权和著作权的术语。1903年中美《通商行船续订条约》规定的是版权保护,用的术语是版权,但是1910年的

《大清著作权律》是日本人帮我们起草的,当然使用著作权术语。1915年和1928年的《中华民国著作权法》也用了著作权术语。但是不管怎么说,面对西方的影响,在两个术语当中我们最终选择了著作权,或者我说的作者权。在这方面,日本也是这样的情形。在明治维新前后的一段时间,他们也是交替使用版权和著作权,甚至还制定过《版权条例》,但是最终选择了著作权、作者权的术语。1949年以后,我们也是版权和著作权的术语交替使用。1957年文化部起草的是《保护出版物著作权条例》,1984年叫作《图书期刊版权条例》。1986年《民法通则》就很明确了,说知识产权包括著作权(版权),这反映了当时的认识。值得注意的是,1979年开始我们起草的作品保护法律叫《中华人民共和国版权法》,并且几易其稿。到了1985年,国务院又设立了国家版权局,推动相关的立法工作。然而到了1990年,这部法律改名为《中华人民共和国著作权法》并获得通过。这表明,我们在两大法系之间再次选择了著作权或者作者权体系。为了弥补争论,1990年《著作权法》规定"本法所称的著作权与版权系同义语",2001年说"著作权即版权"。放到两大法系的背景之下,写这样的条文其实表明两个术语本来就不一样,做出这样的规定不过是要弥合差异。

中国选择欧洲大陆的作者权体系是历史的必然。首先,我们中国一直有制定法的传统,从《法经》到《唐律》,再到明清两代的《大明律》《大清律》,都不是判例法体系。我们现代的法律体系,宪法、行政法、刑法、诉讼法、民法,也都是制定法。所以我们接受英美普通法系的可能性不大。其次,我们的民事法律来自法国、德国民法典的传统。知识产权包括著作权,又是民事权利的一部分。既然民法典都来自法国、德国,来自欧洲大陆法系,那么我们著作权法、专利法、商标法、反不正当竞争法,必然会选择大陆法系。我不否定,也不会不赞成继续向前走,但是我们应当首先明确我们是从哪里来的。在明确了我们是从大陆法系、从法国和德国的传统来的之后再向前走，哪怕是靠向英美法系都没有问题。但现在在很多争论的问题上，有些人站在英美法系的立场，有些人站在大陆法系的立场，不清楚我们是从哪里来的。显然，我们需要弄清楚自己是从哪里来的，弄清楚过去的历史和走过的路程，然后再向前迈进，比如规定像我刚才讲的第 13 种情形，即"法律、行政法规规定的其他情形"。

三、与谈环节

丛立先教授（主持人）：

非常感谢刚才李老师用了将近两个小时时间精深地围绕关键词"作品"给我们阐释了作者权体系和版权体系对于作品保护制度的设计。我们不管谈《著作权法》，还是谈《版权法》，共识性的唯一的关键词就是作品。对于核心的作品的保护制度到底怎么设计，李老师在这个领域不光著有影响很深远的教科书《著作权法》，同时对于美国知识产权法、欧盟知识产权法都有很深的了解，现在又新著《日本知识产权》。所以从两大法系的角度，再结合中国的实际，李老师提出了很多非常精深的见解和鲜明的看法。

下面就有请两位著名教授与谈，首先有请李雨峰教授。

李雨峰教授：

感谢李老师的讲座，刚才李老师谈到了从特许权到著作权，从版权到著作权的问题,谈到了表达的独创性、版权和相关权,包括权力的限制和合理使用,其中还穿插了音乐喷泉、动物画作、字体、体育赛事、人工智能产生的材料等问题,深刻地讨论了作品制度,最后落到了中国的选择上来。李老师观点鲜明,且用一种非常巧妙的方式回应了知识产权法上较为争议的热点问题,即回到根本,一切问题迎刃而解。例如李老师认为著作权法是以人为主体的,是作者的法律。动物作画和人工智能产生的材料是否属于作品看似存在争议,但作品中如果没有体现作者足够的精神情感和能力要素,则不属于作品,因此上述争议实际是不存在的。

关于独创性的问题,一方面,独创性是作品的一个很重要的要素;另一方面,在实践中对于独创性的掌握也不一致。版权经过了从特许权到作者权转让的过程,但世界上第一部版权法,无论是1709年的《安娜法》,还是1790年美国的第一部版权法都未涉及独创性。直到19世纪三四十年代,英美法官在司法实践中对版权保护提出了独创性要求。按美国法官波斯纳的理解,这是当时个人主义思想的一个必然结果。

刚才李老师也谈到了版权法的欧洲大陆背景,版权制度源于神权没落和人权复兴。在加拿大学者麦克弗森(Macpherson)的《占有性个人主义的政治理论》中,强调了占有性个人主义在现代上的意义,尤其是人对自己身体的财产权,是占有性个人主义的重要内容。现在很多学者在讨论版权的正当性时都将理论根源溯及到洛克,而洛克恰恰就是从人对自己的身体有财产权进行讨论。知识产权法在根基上和占有性个人主义存在兼容性。独创性是知识产权法现代主义的一个产物。

从功能上说,独创性是版权法区分个人所有、他人所有和公共领域的一个标准,李老师也谈到了,在著作权法体系中独创性还用以区分作者权和邻接权。在立法利益上,有的国家如巴西在《著作权法》上并没有独创性的要求,而是采用"智力作品"的表述来隐含了独创性,即 intellectual works。有的国家如埃及在《版权法》中明确了独创性的内容,明确地将独创性描述为作品中真实体现的创新要素。而法国在条文中将独创性和创作联系起来,但多数国家只是在法律中要求独创性,但没有对独创性进行解释,如英国、美国、印度、意大利、日本等,都是由法院在司法实践中具体确定独创性的问题。南非立法较为特殊,规定作者是首次制作或者创造作品的人,将独创性隐含在作者的概念中。

英国对独创性的要求较低,只要是来源于作者的作品,就认为具有独创性。但是由于英国并没有区分作者权和邻接权,且将版式设计称为版权作品来保护,因此英国的独创性要求不高。而美国对于独创性的要求有一个过渡,早期提出额头出汗理论,后来提出最低限度的创造性理论。大陆法系国家普遍对独创性要求较高,因为独创性区分了作者权和邻接权,在司法实践中各个不同的法院,对不同的作品的独创性的把握也不同。在德国法院,因为文学作品的多元化,法院基本上不在实践中审查其独创性高低。但是法院对于电话号码本、数据库、计算机程序等采用小硬币标准来审查,即必须有一个独创性。然而在我国现行《著作权法》上没有独创性这么一个概念。

最高人民法院于 2002 年 10 月 12 日通过的《关于审理著作权民事纠纷案件适用法律若干问题的解释》第 15 条将独创性理解为独立完成并具有创作性,独立完成即这个不是抄袭的,这一点无歧义,而创作性则有歧义。2018 年《北京市高级人民法院侵害著作权案件审理指南》第 2 条将独创性理解为作者的选择和判断,但是作者的选择和判断是否具有高度? 在实践认定中肯定是非常不一致的。《著作权法》修改草案把独创性作为一个作品应具备的条件,如此规定的作品是在文学艺术科学领域内具有独创性,并能以一定形式表现的智力成果。

在作品的界定上,第一,无论是文学、艺术还是科学领域,无论是否加"等"字,都是指全部的文化领域。日本学者也曾如此解释过,包括《伯尔尼公约》也有类似的解释。第二,将作品界定为独创性表达更能体现著作权的特质。著作权法不保护思想,只保护表达,《伯尔尼公约指南》也明确了保护的是作品的表达。很多国家在立法中明确设定了作品不延及思想、不延及公式等等。而中国《著作权法》并无规定不延及思想,不延及公式。在实践中,应当严格来掌握独立完成和创造性这两个要件。在审理涉及照片的纠纷中,法官几乎不审查这个照片的独创性,只要证明这张照片是作者拍摄的,便推定具有独创性。但是事实上很多照片,例如重庆很多拍桥的景点,任何人来拍都几乎相同。而此时认定这张照片具有独创性,很难说服人。

在实践中是否可以对于著作权法上的作品进行区分,不同作品的独创性要求是不同的,例如艺术性很强的作品、文学作品、绘画作品,作者选择的空间大,不同的人判断不同,则无法要求其独创性高度。但是艺术性比较低的,例如实用艺术品,在审查其有无独创性时,或者在审查其是不是作品时,应当具有一定的独创性高度,具有一种高度才能作为实用艺术品,然后才能把它作为美术作品来保护。不同的法院做法是不一致的,所以把握起来也比较难。独创性是一个理论上比较清楚,但实践中比较具有争议的概念。

李扬教授:

李老师的讲座内容非常丰富,涉及很多问题,我收获非常多。我也想就李老师谈到的几个问题来谈一谈我的看法。

第一,关于作品的定义,日本《著作权法》对作品的定义相对来说较为科学。根据日本《著作权法》第二条第一款第一项,作品是语言、艺术、科学、音乐领域内思想或者情感的独创性表达。该定义首先强调作品是语言、艺术、科学和音乐领域当中的表达,目的是与《专利法》的保护对象做区分。《著作权法》和《专利法》有交叉的部分,即实用艺术品,但《著作权法》保护的是实用艺术品的艺术表达部分,实用性的部分不予保护。其次强调作品应当是思想或者情感的表达,思想本身不予著作权保护。再次强调作品应当是思想或者情感的独创性表达。非独创性的表达不予著作权保护。该定义抓住了作品是思想或者情感的表达这个特质,省去了许多不应当有的细枝末节,是一个关于作品较为科学的定义。很遗憾的是,我国这次《著作权法》修订时没有借鉴。

第二,关于作品的种类,我个人认为著作权内容和限制原则上应当采取封闭式立法模式。因为知识产权和物权不一样,物权客体存在物理焦点,排他性的范围具体、明确,但知识产权的客体具有非物质性。在这种非物质性的客体上面创设权利,对他人的行动自由的妨碍更大,波及的人员范围更广,影响非常大。作品种类和著作权内容均保持开放性,将导致作品种类不明确。著作权内容不确定,将赋予法官过大的自由裁量权,更加导致立法、司法、行政过程中出现利益反映不均衡的现象。且会混淆专利法保护的客体和著作权法保护的客体,极有可能导致李老师所担心的情况出现,即将专利法保护的实用性不加限制地纳入著作权法保护。

与作品种类和著作权内容采取封闭式立法模式不同,著作权限制则可以采取半开放模式。所谓"半开放模式",是指除了明确限定列举著作权限制的情形之外,可以将三步检验法作为独立的一条,规定为限制著作权的一般条款。著作权的限制之所以要限定列举,是因为著作权是私权,著作权限制是对私权的剥夺,而对私权的剥夺原则上只限于特定情形。之所以要在明确限定列举之外规定三步检验法，是因为著作权法立法中，存在严重利益反映不均衡的现象，容易组织化的大利益集团很容易将自己的利益诉求通过各种各样的游说渠道反映到立法中去，而不容易组织化的小集团，特别是散布于汪洋大海中的个人利益，在立法当中难以得到反映。为了纠正这种利益反映不均衡的现象，在著作权限制方面应当开一个小口子，赋予法官自由裁量权，让法官在个案当中去调整乃至纠正这种利益反应不均衡的现象。

《著作权法》第三次修改草案对著作权的限制保持半开放立法模式，我原则上是赞成的，但它存在一个立法技术上的缺陷，即草案将三步检验法和限定列举放在一个条文中进行规定，且三步法是限定列举行为的"帽子"。这样一来就产生了一个问题：符合限定列举情形的行为，是否还需要通过三步检验法的检验？如果认为需要，则将明显加大当事人的举证负担和法官的审判负担。

第三，在司法适用方面，作品独创性是坚持高低标准还是有无标准，理论和实务界存在巨大争议。实际上，两大法系已经在不断融合，就作品独创性而言，两大法系的理解已经实质上趋同，即坚持较低标准，甚至可以说已经低到有或没有这样一个程度的标准了。独创性高低标准是一个含混不清的标准，极为主观化，具有极大不确定性。这会导致它在司法实践中容易被滥用，导致应该作为作品保护的没有作为作品受到保护，不应该作为作品保护的却作为作品受到了保护。相反，独创性有无标准却很容易操作。按照独创性有无标识，只要对思想或者情感的表达与他人的表达不同，也不属于公有领域中司空见惯的表达，那就不应当否认该表达的独创性。

坚持独创性高低标准判断作品独创性，实质是将作品艺术水平的高低等同于独创性的高低。作品艺术水平的高低属于市场判断，而作品是否具有独创性则是能否进入著作权法的保护门槛,属于法律判断。艺术水平高低的评判不能交给立法者,更不能交给司法者,否则会对言论自由构成巨大威胁。在具体案件中,作品艺术水平的高低可能会影响到损害赔偿的计算,但不能因此而成为判断作品是否具有独创性的标准。

最后,从发展角度看,知识产权法具有很强烈的商法特征,带有强烈的实用主义色彩。是否继续有必要严守大陆法系和英美法系在传统上的一些差别,之后再去进行制度选择?这个问题值得认真思考。事实上,我注意到我国《著作权法》已经采取拿来主义态度,虽然穿上了大陆法的外衣,但也融入了大量英美法的血液。从这个角度而言,似乎很难说我国《著作权法》是一部非常严格的大陆法系的典型著作权法。就制度借鉴而言,只要是能解决面向中国的现实问题的方案,不论是英美法系还是大陆法系的,应该均可借鉴。

四、交流环节

李明德研究员:

在著作权制度的改革方面,我的态度相对传统和保守。我们可以向前走,试着接受版权法的一些规则。我也不否认中国的《著作权法》中已经有了一些版权法的因素,比如假冒他人署名的美术作品,就是来自英国法的规定。但是在这个问题上,先要知道我们是从哪里来的,然后再向前走,包括刚才提到的权利限制的第 13 种情形。我当时的想法是,可以把中国的立法作为试验场地,把大陆法系的因素和英美法系的因素整合在我们的著作权法中。我曾经跟一些美国和欧洲的专家学者讨论过这个问题。他们说如果中国能规定一个"其他属于合理使用的情形",将是国际上的一个创举。日本学术界讨论了十几年要不要开这个口子,但他们深受大陆法系的影响,最终没有开口子。这次《著作权法》修订有了第13种"法律、行政法规规定的其他情形",应该说是很不容易的,意义很大。

李扬教授说到赛事直播画面,独创性标准相对都比较低,我也不否认。李娜的演唱、韩红的演唱、谭晶的演唱其实都有独创性,为什么她们只能有表演者权?体育赛事直播、阅兵式直播有不同的角度,似乎可以有不同的表达。但问题在于,拍摄者和导播是否投入了足够的精神、情感和人格?直播的画面中是否体现了足够的拍摄者和导播的精神、情感、人格?而且,关于直播画面是否有足够的独创性,不能就直播画面的一个角度讨论,还要看表演活动、录音的独创性问题。如果把体育赛事直播画面认定为作品,具有足够的独创性,那么表演活动和录音是否也有这样的问题?再往下说,我们还有必要规定表演者权和录音制作者权吗?这个问题值得我们深入思考。

作者权法体系和版权法体系,其核心的区别就是独创性的标准不同。英美法系没有邻接权,大陆法系有邻接权,就是因为独创性的标准不一。正是因为独创性的标准很低,英美法系不需要设定邻"特别权利",可以直接按照汇编作品保护电子数据库。也是因为独创性的标准很大,电视节目表、广播节目表,甚至航空时刻表、火车时刻表,都可以作为作品获得保护。

刚才有同学提到体育赛事,还提到作品的独创性问题,以及精神、情感、人格要素的投入。显然,这是作者权法体系的一个基本理念。不同的作品种类,对于独创性的要求肯定是不一样的。比如地图、街道图空间很小，但是仍然会有个人的精神独创性。黑和白都好理解，但是黑白之间界限怎么划分，可以是仁者见仁，智者见智。但无论如何，如果体育赛事的直播画面构成作品，那么表演者权和录音制作者权就没有必要规定了。与此相应，我们的法律也应当改名为《版权法》，不应该再叫《著作权法》。

刚才还有一个关于喷泉作品的问题。这个案件判决之前，我参加了北京知识产权法院的内部讨论。原来的判决认为它是视听作品，我也认为音乐是一个单独的作品，但问题在于喷泉喷出的水花是否构成作品。显然，喷泉喷出的水花，是因为水流的压力、喷嘴的角度不同而有所不同。美国有一个判决，认定喷泉是工业品，喷泉的水花设计属于工业品的外观设计。毫无疑问，工业品的外观设计可以纳入美学表达的范畴。然而，如果美学的表达不能从功能性的要素中分离出来，比如流线型汽车的设计、汽车通风孔的设计、方向盘的设计、鼠标的设计，则只能通过外观设计获得保护。并非所有的美学表达，都要用著作权来保护。

我们最先提出"其他属于合理使用的情形"，立法者不愿意接受，以至于有一段时间删除了第13种，但是现在又添加回来了。我赞成李扬教授的观点，现有的12种情形也要接受三步检验法，按照《伯尔尼公约》、TRIPS 协议、WCT 都是没有问题的。关于第13种情形，在国家版权局讨论时，已故的郭寿康教授坚决反对开口子，但是我们都赞成开个口子。立法者在这个问题上犹豫，所以才有了目前的规定。现在终于规定了第13种，尽管还戴上了"镣铐"，但也算是比原来前进了一步。未来可能会发生永远没有法律、行政法规规定的情形，但我们可以在这个基础之上再去推动。对于最后规定了第13种，我自己都觉得有点惊讶，因为立法者终于部分地接受了我们的建议。

李雨峰教授：

关于合理使用的第 13 种，财产权利有可能构成侵权都有"其他情形"，不构成侵权的反而没有"其他情形"，这不符合立法规律。中国受到大陆法系的影响，权利必须明确列出来，相对保守。最彻底的可能也是最科学的方法，就是用"其他"概括。

李明德研究员：

有争议很正常，原来对视听作品的规定太复杂，电影、电视剧及其他视听作品的权利归属等等。当时学术界和实务界的反应非常大，现在做了简化规定。

丛立先教授（主持人）：

在刚才三位差不多达成共识但还略有差别的问题上，我持保守意见。我在上课时讲到合理使用，就让学生找这 12 种情形，用三步检验法适当扩展到互联网之下，看能否找到归不到 12 种限制和例外的全新类型，但实际上很难找到。我早年跟着吴老师做博士后的时候，也找不到其他情形。合理使用是对著作权人最大的剥夺和限制，使用人不经许可、不用付费即可使用，而法定许可还要保证其财产权问题。

美国在一开始是合理使用，后来是具体情形的限制和例外，都是具体情形，没有开口子。《伯尔尼公约》因为是国际条约，所以用三步检验法抽象地泛泛规定，要求各国合理使用的限制必须符合三个条件的要求：仅限特殊情形，不与正常利用相冲突，也不损害著作权人的利益。

我同意法律、行政法规规定的其他情形会给使用人戴上枷锁，不允许随意剥夺著作权人最根本的权利。我过去非常不同意法律、行政法规规定的类型化限定枷锁，因为它们会导致一些作品进不来。但是现在著作权人享有的权利被极端地剥夺，我则持极其保守的态度。《著作权法》30周年时有人向我约稿，我就专门写哪些应该开放，哪些应该封闭，文章的基本问题中有一个问题不用探讨，剩下六个问题实际上是对相对开放性的理解和相对封闭性理解。后续我将这篇文章发给各位老师，供你们批评指正。过去郑成思老师说著作权是鬼学，在一些基本规则上大家理解都不同，像合理使用的第13条便有很多争议。我学习《著作权法》许多年，变动了很多观点，我看到这一稿眼前一亮，因为恰恰是当年不合理的制度枷锁加到这里，才给著作权人一个可能的保障。以后要有第13种情形，应该修改《著作权法》或条例，或者在行政法规里明确地说某种情形是一种合理使用。此时，作为从人身权到财产权的限制的著作权剥夺才符合根本性目的。我本人又提出一种新的观点，在这里跟大家交流。

李扬教授：

广播组织权是不正当竞争法异类类型化的结果，本质上不属于知识产权。日本的《著作权法》保护的首先是作者的权利，然后是作品传播者的权利。"作者"包括作者的权利和作品传播者的权利。

在这个角度上，作为作品传播者，享有广播组织权相关的一些权益，好像没什么问题。但是对权利客体的争议很大：它是承载节目的信号吗？我支持这种观点。因为信号只是承载节目内容的工具。有同学认为客体是具有物质性的信号，我不太理解，我比较赞成权利客体是承载节目的信号，内容才是本质，信号只是载体，是承载节目的工具。

丛立先教授（主持人）：

这个问题在《著作权法》一审稿、二审稿中都有变动，明天将要通过三审稿,后天可能就公布。立法的答案,不见得是科学的答案。全国人大常委会给出的只是阶段性著作权立法的答案。

李扬教授:

我对广播组织权问题持比较悲观的意见。

五、 闭幕致辞

丛立先教授(主持人):

非常感谢李明德老师,李老师可以说是新中国《著作权法》所有的专家中研究最精深的学者之一,对于域外法的考察也非常详细。

本次讲座从两大法系出发,结合中国的现实,观点非常鲜明,提出很多精当的见解。现场观众以知识产权方向的研究生为主,肯定受益匪浅。两位年轻的李扬教授和李雨峰教授也贡献了很多思想的精髓和宝贵的体会。我一并向三位著名学者表示感谢,同时也感谢屈文生教授和陆宇峰教授的全程参与和学习。《著作权法》三审稿将会公布,再结合李明德老师、李扬教授和李雨峰教授的讲授,大家对《著作权法》的理解将会更上一个层次。

华东政法大学第16期"东方明珠大讲坛"

"大道之行——从"孔门理财学"到近代福利国家的建构

陆宇峰 华东政法大学科研处副处长、教授
主持人

屈文生 华东政法大学科研处处长、教授
致辞人

吴文芳 上海财经大学法学院研究员

谢立斌 中国政法大学中德法学院院长、教授
与谈人

聂鑫 清华大学法学院副院长、教授
主讲人

2020/12/29
18:30～21:00

华东政法大学科研处主办

第 16 讲
大道之行
——从"孔门理财学"到近代福利国家的建构

时　间：2020 年 12 月 29 日
地　点：线上
主持人：陆宇峰（华东政法大学科研处副处长、教授）
主讲人：聂鑫（清华大学法学院副院长、教授）
与谈人：谢立斌（中国政法大学中德法学院院长、教授）、吴文芳（上海财经大学法学院研究员）

一、开场致辞

陆宇峰教授（主持人）：

尊敬的各位专家、各位老师、各位同学，晚上好！

本期"东方明珠大讲坛"重点关注近代中国的社会立法，但视野又不局限于近代中国，而是十分开阔地延伸到古今中外的比较研究。我简要介绍一下基本的研究背景：在传统中国思想中，社会（福利）政策一直占有一席之地。尽管历代政府实施社会政策的效果有所不同，但社会政策本身已成为传统国家治理理念的基本组成部分，早熟的官僚体制则为社会政策的落实提供了必要条件。与此类似,在16—18世纪的德语国家,社会救济的责任由教会转移到了政府。在以普鲁士为代表的福利国家的建构过程中,官僚体系也逐渐成熟壮大。到了近代中国,由于遭遇了严重的自然灾害与战乱,社会救济刻不容缓。政府也以复兴中国传统的"大同"理想为号召,部分移植了以德国为代表的西方社会福利制度。在近代中国转型的过程中,社会立法蓬勃发展。但与中国传统不同的是,社会福利由消极的临时性赈济变为积极的常态化救济,由在上者单方面的"恩赐"转变为国家的责任与人民的权利。因此,社会立法是中国近代国家建构的组成部分之一,中德两国在福利国家模式上的类似选择源于自身的政治体制与文化传统。

本期"东方明珠大讲坛"有幸邀请到清华大学法学院副院长聂鑫教授在线主讲"大道之行——从'孔门理财学'到近代福利国家的建构"。同样荣幸的是,本期"东方明珠大讲坛"也邀请到了中国政法大学中德法学院院长谢立斌教授、上海财经大学法学院吴文芳研究员在线与谈。我校科研处处长屈文生教授等专家学者将参加本次大讲坛。

现在有请聂鑫老师。

二、 主讲环节

聂鑫教授:

谢谢主持人,也谢谢今天晚上参加演讲的各位老师和同学。今天是北京最冷的一天,室外的最低温度可能低于零下10摄氏度,而且最近疫情也稍微有点反弹,在这样的情况下讲社会福利就显得特别有意义。

首先，我简单讲一下自己为什么做这样的研究。我的研究领域比较广泛，一方面研究法律史，另一方面也研究比较法学和宪法学，因此有人说我是"非典型法律史学者"。从宪法史的角度讲，我过去对宪法学的研究更多集中于国家机构方面，翻译过阿克曼（Ackerman）的《别了，孟德斯鸠：新分权的理论与实践》。但是我也很重视宪法社会权领域的研究，在这一领域我写过比较多的论文，包括住房权、宪法社会权的司法审查、宪法史上的社会权问题、宪法财产权，以及与本次讲座报告有关的社会立法、社会现代福利国家建构的论文。实际上，这是我2019年在德国马克斯·普朗克欧洲法律史研究所访问研究时完成的论文。

2008年，我回国到清华大学任教，讲的第一门课不是《中国法律史》，而是《比较宪法》。以前讲《比较宪法》的老师不讲社会权这一章，理由为中国是一个社会主义国家，社会权不是一个问题，不需要讨论。但我个人的观点不太一样，中国虽然是一个社会主义国家，但还处于社会主义初级阶段，国家能够提供的公共产品仍比较有限。在这一情况下，对社会权的研究是非常有意义的。

这次我也特别邀请了谢立斌教授和吴文芳研究员与谈。谢教授和吴研究员都有留德背景，一位研究宪法学，一位研究社会法。在社会福利领域，德国是欧美世界的标杆。

我在哈佛大学读书时，有一位中国的劳动法教授到哈佛大学做短期的访问。当时我的导师和他开玩笑说："你来美国研究劳动法就错了，美国没什么可研究的，你应该一路向北到加拿大，或者跨过大西洋去欧洲大陆研究社会法，那里才是大家认为比较典型的社会福利国家。"所以这次我也特别邀请了谢教授和吴教授与谈。

下面进入正题。此次报告的题目为"大道之行——从'孔门理财学'到近代福利国家的建构"。

(一)早熟的官僚国家与家长式的赈济传统

1.传统中国"大同"的理想与社会政策

实际上,社会(福利)政策是中国古代国家治理思想的基本组成部分。《论语》中提道:"丘也闻有国有家者,不患寡而患不均,不患贫而患不安。盖均无贫,和无寡,安无倾。"《礼记》中也特别讲道:"大道之行也,天下为公,选贤与能,讲信修睦。故人不独亲其亲,不独子其子,使老有所终,壮有所用,幼有所长,矜、寡、孤、独、废疾者皆有所养,男有分,女有归……是谓大同。"在当时的语境下,此处的"男有分"指各有各的职业,享有工作权,这是中国传统的"大同"理想,也是社会权的组成部分。

2.历代具体的社会政策

中国历代都有类似的社会政策。首先是井田制。西周典型的土地所有制是井田制(公田制),这是一个理想化的状态。井田制与社会主义的目标都在于均等财富,以及让生产者获得全部的产品。古人都是反对垄断的,例如孔子不赞成政府为了纯粹的财政动机而垄断商品。当时认为国家应该控制价格,但不能垄断整个市场。实际上,从《管子》之后就出现了国家调控市场的政策。

其次,为了限制私人垄断,可以由政府调整商品的供应与需求,比较典型的是中国古代的"盐政"。汉代以来的绝大多数时代,盐是一种官卖产品,甚至延续到当代,到前几年才废除盐业的专卖。盐政有两个主要目的:一是希望抑制市场价格的暴涨。市场有时会失灵,例如前几年有些基本供应品的价格突然暴涨,出现"蒜你狠""豆你玩""姜你军"等现象,影响民生。二是可以调节供求,实现国家获利,从而让民众也能一直享受合理的价格,使分配接近公平。

再次是"谷政"。所谓民以食为天,中国古代是农业社会,谷物是基本的食物来源,人民的基本收入来源也是粮食种植。所谓"谷贱伤农",如果粮食丰收,粮食市场价格的下降会影响民生。与之相对的是"谷贵伤民",如果粮食价格特别高,老百姓的民生也会受到影响。为了对其调节,战国时李悝实行"平籴"政策:当粮食丰收的时候,国家会以比较平的价格收购储存;到灾荒的年代,国家再以平价抛售,从而解决这一问题。汉宣帝时政府便开始设立"常平仓",并一直延续至清代,以调节市场,平均粮价。隋朝时政府开始在地方设立"义仓",平时以收入累进税的方式向农户征收粮食,在饥馑之年则免费分配给饥民,其理念是从富者中获取更多的税收,并给予穷者更多的利益。另外还有借贷粮食的"社仓"制度。除此之外,还有一项社会政策是政府救济。除"荒政"外,汉文帝时期已将对于矜寡孤独幼等人群的关爱与救济原则付诸实践。宋代政府还专门设立了居养院、安济坊,对被收容者全都提供食物、衣服以及床,雇工、厨师以及护士也一并供给。明太祖数次颁布供养鳏寡孤独及笃疾之人的政令。清朝在各州县也设有养济院。

3. "荒政"与社会救济

更典型的是中国古代的"荒政"。所谓"荒政"是指在发生天灾造成饥荒之时,政府予以救济的一项政策。社会救济事业在我国常被称为慈善事业,渊源甚早,唯多偏于临时救济或救荒等工作。政府方面则将之列为"荒政",载于历代史册。考查救济事业的动机,不外以下三点:其一是仁,这是孔子的中心思想。"仁"是《论语》中的最高境界,类似于道家的"道"。其二是义,也是儒家思想的一部分,是基本的道德观。例如孟子见梁惠王曾曰:"亦有仁义而已矣,何必曰利。"其三是善,这是过去一般老百姓的主要动机,也是一种宗教观念。所谓"救人一命胜造七级浮屠",以为此生积善,来世可得幸福。这是一种福报的观念,即很多人做好事其实也是有所图的,但这也不是一件坏事。一般认为,《周礼·大司徒》之"荒政十二"是中国荒政制度的源头。汉代的政府最初采用的救济方式是将皇家土地或地方政府的土地分授给穷人。可是政府控制的土地有减无增,这种扶贫行动无法长期持续,政府便转而采用分发食品等方式救济穷人。到清代,"荒政"制度已经非常完备,具体程序分为报灾、勘灾、赈济三个阶段。具而言之,地方政府会向中央报告灾情,或者上级政府会派出人员勘察,了解灾荒的情况,之后会予以赈济。

4. "荒政"的具体制度

赈济是一种直接将粮食、银钱发给灾民的救济措施,可分为紧急程序(先赈)与一般程序。一般程序又包括正赈、加赈、补赈、折赈、以工代赈、借贷等救济方式。正赈是政府一般的赈济模式,包括正赈粮钱、赈票。赈票是政府发给需要救济的老百姓的一种凭证。由于交通不便,政府没有办法把粮食送到每个老百姓家里。当老百姓拿到赈票以后,可以凭借赈票到发放地领取粮食,一般一个月领一次。每次领完粮食后,发放处会在赈票上盖一个章。全部的救济完成后,赈票会被回收,从而避免徇私舞弊。二联的赈票、三联的赈票,都是一一对应的,这就可以避免中饱私囊或者作假等情况的发生。另一种比较流行的赈济方式是以工代赈,即组织灾民参与国家基础设施建设(如兴修水利)或运送军需,政府将赈济物资以报酬的形式发给灾民。以工代赈一方面救济了灾民,另一方面也使国家得到了劳役服务。这就培养了人民通过劳动取得报酬的观念,也使人民更有尊严,不会出现所谓"福利造就懒汉"的现象。这与凯恩斯主义所提倡的,在罗斯福新政中被广为推行的社会政策大致相仿,其通过公共工程建设为失业人员提供工作机会,比如田纳西河流域管理局就做了很多水利方面的工作。由于公私两利,宋朝以来以工代赈便是政府常用的救济方法。嘉庆皇帝有言:"救荒之策,莫善于以工代赈。"所谓"荒政",一方面是为了养民,另一方面也是一种社会政策。

5. 荒政:"养民"+社会政策

法国科学院院士魏丕信(Pierre-Etienne Will)在《18世纪中国的官僚制度与荒政》一书中提到:中国社会经济的一个显著特点是成熟老练、中央集权,以及官僚制度的稳定。这是周详且制度化的抗灾程序存在的原因。相较于西方,中国古代有非常成熟的官僚体制。今天西方的公务员考试等制度,都从中国的科举制以及中国的官僚制度中学到了很多,甚至有人评价中国的科举制是四大发明之外的"第五大发明"。备荒和救灾的确是官僚制度的头等任务之一,这是中国传统的家长式权力统治的一部分,它体现了儒家的教义:"养民"才能更好地"教民"。

前面讲过,有产者有恒心,必须先富之后教之。当一个人陷入赤贫之时,令他做一个有道德的人未免要求过高。政府的赈济除了简单的"养民"外也有社会政策的考量,国家希望通过救济小土地所有者,使其保持经济独立性,以避免贫民不得已出卖土地或受困于高利贷,沦为有产者的附庸。如果国家不救济,就会产生社会经济上的真空地带,一些不法者或者有权有势者便会填补,老百姓可能出卖土地或者被高利贷所控制。这对于奉行大同之道的社会政策国家而言是很糟糕的。除了赈济之外,政府还与社会协力设立"常平仓",通过地方仓储进行平粜与借贷,以调控市场价格。政府还可以通过控制主要码头、关闸与贸易路线,实现对于区际贸易的有效监管。现在有一派学者认为,中国古代,特别是明清时期已经比较落后了;但也有一派学者强调,其实中国一直到清朝也很难说一定落后了。例如王国斌(R. Bin Wong)和罗森塔尔(Jane-Laurent Rosenthal)在《大分流之外:中国和欧洲经济变迁的政治》一书中提到:中国的财政体制很适合在前工业化的经济条件之下提升民众政体的福祉。轻徭薄赋和高水平的公共产品投资,通常能够带来正面的经济效应。中国的财政制度可以承受得住各种各样的天灾人祸,尽管这些灾祸足以影响整个社会的经济安全和普通民众的物质福利。税收和国家开支之间基本维持在平衡的状态。

6. 欧陆慈善事业的主体:从教会(社会)到国家

讲完中国古代,我们将视角切换到中世纪的欧洲。与传统中国不同,欧洲中世纪早期的社会救济执行主体首先不是政府,而是教会。究其原因,一方面,教会与信众基于基督教信仰自觉承担起救济的责任;另一方面,当时欧洲的教会并非单纯的社会团体,而是与封建君主政权相较实力更为强大、内部科层体系更加完善(官僚体制更加成熟)的政治力量。伯尔曼(Berman)在《法律与革命》中提到:在欧洲中世纪早期,教会团体相比当时欧洲小诸侯的政权,更像一个政府。从这个角度来讲,不能把当时的教会等同于今天的社会力量,它其实更像一种国家力量。受16世纪宗教改革与宗教战争的影响,君主、地方领主与自治城市建立了政教分离的世俗统治。相应地,应对饥荒的社会责任也由教会转移到世俗政权,可政府有效实施社会救济的机制(apparatus)与能力尚在逐步建构之中。特别是在封建制之下,贵族和骑士对于君主的责任都是有限的,这实则是一种相对的君臣关系。

从17世纪晚期开始,德语国家颁布了很多管制穷人与施舍、惩罚、驱逐外国乞丐的法令。作为私领域的救济、施舍行为受到政府的严格管制,慈善由基于宗教道德理由的私人行为变成国家政权管制与推动的公共事业,各地开始设立"济贫公共基金"(General Fund for the Poor and Alms),慈善事业本身也逐渐被集权到正在崛起的现代国家手中。德语国家的官僚体制逐渐发达,其社会管制和社会政策也随之进一步发展。

7. 德语国家官僚体制与社会管制、社会政策的发展

从 16 世纪到 18 世纪,德语国家世俗政府的行政官僚机制逐渐发展巩固,其对社会的管制也越来越严。在 18 世纪大小君主的"开明专制"之下,为了实现城市与乡村、市场与家庭的"整洁有序"(good order),政府颁布大量法令以改造社会,内容涉及医生与药剂师管理、公共卫生与健康、对乞讨与施舍的管制、对"屡教不改"的乞丐强制劳动等等。教会与地方的慈善事业(包括医院和其他济贫机构)与慈善基金虽然保留下来,但已经完全落入政府的掌控之中。在这个过程中,德语国家(特别是普鲁士)建立了非常完备的官僚体制,成为一个"现代意义上的国家"。1794 年《普鲁士国家普通邦法》(*General Law Code*),率先在"国家责任"(state task)的意义上规定照顾贫民的一般义务。

(二)现代转型背景下传统福利思想的再生

1. 转型社会的危机与社会救济的真空

西方的社会发展进程,可以简单归纳为奴隶社会、封建社会、资本主义社会、社会主义社会的模式。但近代中国并没有发展出成熟的资本主义。梁启超在清末曾鼓吹重商主义,强调"摆在中国面前最严重的问题不是财富的分配,而是生产问题","以奖励资本家为第一义,而以保护劳动者为第二义"。但梁氏的理论前提是他认为当时中国社会与西方社会不同,在经济上不存在两极分化,故而不需要社会革命与福利国家。可近代中国的现实并不如此,梁启超对于中国社会田园牧歌式的判断是盲目乐观的。从经济社会发展的现实情况分析,从晚清到民国正是由传统农业社会向工业社会的急剧转型期,尽管完善的工业体系迟迟未能建立,但工业化的推进、工商业城市的出现、商品经济的发展与社会分工的细化等对传统生产生活方式所产生的冲击却无法回避。农村劳动力过剩,世代依附于土地上的大量劳动力被释放出来并流入城市,而低下的工业化水平又无法容纳来自农村的富余人口,他们绝大部分往往游荡在城市化和工业化的边缘。

在近代中国特殊的社会背景下,虽然有"荒政",但是一般意义上的传统家族救济还是很重要的,即父子、亲戚、兄弟、朋友之间的救济。在近代中国特殊的时代背景下,传统的家族救济模式越来越难以维系,但有待救济的群体却并未消减,反而呈几何级数增长。当时民众的生活是比较困苦的,甚至有人认为:从晚清到民国,由于战乱等原因,一般民众的社会生活甚至是"民国不如大清"。这部分是由于国家的税收大幅度增加,传统的中国古代社会是一个低税负的社会,而现代国家的税负较高。现代化的教育很贵,武器很贵,军队也很贵,这些"贵"都会造成税负的增加。政府征收了更多的税,可是老百姓的生产能力并没有提高。与此同时,工业化、城市化带来一系列全新的社会问题,如失业、破产、意外伤亡。偏偏这一阶段天灾与战乱频现,社会经济危机一触即发。

2. 身处乱世的灾民

有学者总结,20世纪二三十年代末,充斥着由大洪水、大旱灾、大荒灾、大地震等重大灾害组合成的灾害群,几乎无年不生灾,无地不生灾,多灾并发,灾民众多。当时每年约有1/4的国土笼罩在自然灾害的阴霾之下。灾荒少则数省,多则十几省甚至二十省。较大的如1933年的灾荒遍及二十余省,灾民达到一亿之众。其境况之惨,《申报》曾做过生动描述:"秋风起了,灾黎的身上又增加了一重冷的迫害……水浸着肚,饿着……四周惨极人寰的景物围绕着,更加上寒冷袭击着……同胞现在所处的人间地狱的惨境,我们真不敢想,不忍想。"除了自然灾害之外,战乱也是导致民国灾荒严重的重要根源,当时战乱频仍,自然灾害与兵祸的交互作用加剧了社会秩序的崩坏。《大公报》对此评论说:"诚以凡重灾,必以恶政为背景,否则虽灾难有办法,断不至于饿死数千百万人之众也。"如果没有军阀混战,即使发生灾荒,政府也有能力救济,中国古代尚且有"荒政",为何近代解决不了灾荒的问题呢?

3. 社会政策与团结抗战

尤其是在抗战时期,全国范围的持续战乱与天灾的交互作用,使得在对日作战中本就精疲力竭的国民政府统治危机重重。对此国民政府也有清醒的认识:"对此巨大数目之灾黎,若无善法安插,将助长社会之不安,殊非长久之计",必须积极救济灾民,以求实现"人民与政府之联系增加利害与共之局面,自然增强人民之抗战意识矣"。灾民一旦变成流民,流民变成流寇,会严重影响社会治安。政府本来已经被日本人打垮一半,再发生流民流寇,政府将难以维系。在这样的情况下,必须要加强人民与政府的联系,增加利害与共的局面,增强人民的抗战意识。而实现的路径就是积极救济灾民。政府试图通过完善社会救济法律制度并付诸实施,推行社会救济与福利以缓和尖锐的社会矛盾,赢得民心,从而大大减少战时社会控制与社会整合的成本。在亡国灭种的压力之下,社会救济也成为政府固本强国、群策群力以挽救民族危亡的必要手段。"人口之增加与国民之健康,为国防首要因素,必有广大之人口,始有丰富之兵源,必有健全之国民,始有健全之国家,故政府采取各种步骤,以谋人民生活安全与进步,例如卫生行政之推广与充实,学生及士兵营养之改善,救伤恤灾事业之推进,堕胎溺婴之取缔,孤儿弃婴之养育,以及对无力抚育子女者之救济,均当规划实行。"社会福利权问题首先并非高深的法学理论,而是需要具体落实的社会政策,它根源于社会的基本需要。与盎格鲁-撒克逊民族崇尚个人主义与自由竞争的传统理念不同,中国传统文化中历来有"不患寡而患不均"的财富观与"大同"的理想。近代中国人还将儒家"均平"的思想介绍给西方,并对凯恩斯主义与罗斯福新政发生过一定影响。20世纪30年代,立法委员、宪法起草委员会副委员长吴经熊(东吴大学法学院院长)撰文鼓吹国民政府社会本位立法:"俗言说的好,无巧不成事,刚好泰西最新的法律思想和立法趋势,和中国原有的民族心理适相吻合,简直是天衣无缝!"吴氏总结以德国为代表的西方法律社会化潮流,认为"泰西的法律思想,已从刻薄寡恩的个人主义立场上头,一变而为同舟共济、休戚相关的连带主义化了",这与中国法律道德合一的"仁政"传统不谋而合,也为近代中国移植西方现代社会立法提供了"本土资源"。在这样的社会经济危机之下,"孔门理财学"得以复兴。

4. 陈焕章《孔门理财学》

《孔门理财学》是一本非常有名的作品,作者为陈焕章。他15岁入广州万木草堂,师从康有为。他是1904年甲辰恩科进士,1905年赴美留学,1911年获哥伦比亚大学哲学博士学位。他于1912年(民国元年)归国,模仿基督教建制在上海创"孔教会",任总干事,康有为任会长,并于1913年与严复、梁启超等联名致书参众两院,请定孔教为国教。1930年他在香港设"孔教学院",自任院长。他的博士论文用英文写成,名为"*Economic Principles of Confucius and His Schools*"。《孔门理财学》是第一部总结我国古代经济思想的著作,将现代政治经济学和中国传统的儒家思想结合,按照西方经济学原理分别讨论了孔子及儒家学派的一般经济学说及其在消费、生产、公共财政等方面的思想。凯恩斯在《经济学杂志》为《孔门理财学》撰写书评,熊彼特在《经济分析史》中强调《孔门理财学》的重要性,马克斯·韦伯在《儒教与道教》中将《孔门理财学》列为重要参考文献。在《孔门理财学》的影响下,罗斯福新政时的《农业调整法》吸收了中国古代"常平仓"的思想,通过政府收购的方式解决问题。

5. 经济危机下普鲁士对自由放任主义的摈弃

在19世纪上半叶，处于资本主义早期阶段的德语国家也遭遇了严重的社会贫困问题。社会贫困在德意志邦联的大部分成员国蔓延，这段时期甚至被标记为"贫困年代"。这一时期经常会发生饥民暴动，这被认为是席卷欧洲大陆的1848年革命的导火索之一。原本在拿破仑战争之后，奉行管制主义家长式政府传统的普鲁士官僚开始接受经济自由放任主义的理念，可经济危机所引发的社会动乱与政治危机，吓坏了保守主义者与自由主义者，他们都不得不重新思考政府的角色。于是，自由放任的理念败给了普鲁士国家日常运作的现实需要，官僚们转而将镇压与管制作为解决社会危机的万灵药。为了阻止赤贫在城市与乡村的蔓延，官员们不得不对经济与社会施加干预，并一步一步地着手制定社会立法，例如1837年禁止童工的《工厂法案》与1842年《济贫法》。社会立法是普遍的，"社会"一词来源于法国，狄骥（Léon Duguit）强调社会连带主义，后来社会连带主义在德国生根发芽，开花结果。"社会"一词在德语里有着强烈的规范意义与关键内涵，德国语境下所谓"社会国"（social state）主要指的是"福利国家"（welfare state）。德国《基本法》中的三个基本原则为民主国、法治国、社会国。德国传统的政治思想为社会国的发展提供了必要的基础，社会本身以一种特殊的方式成为德国身份认同的一个部分。很多国家都在强调"社会福利"，包括中国的邻居印度。印度虽然一方面贫富差距大，普通人生活得并不是特别好，但另一方面却能提供比较普遍的免费医疗，尽管现实的状况是免费医疗高度稀缺。但是《印度宪法》的最开头写道：印度是一个"大写的"SOCIALIST（社会主义）国家。这里的社会主义和中国的社会主义有不同的意涵，这在一定意义上可能是"普鲁士式的社会主义"。

6. 普鲁士式的社会主义

在资本主义早期阶段,国家照顾下层民众的传统责任被作为德国特色的重要组成部分,在农民的拥戴之下得以复兴,而产业工人这一新兴阶层也被整合进福利国家的民族共同体之中,这被称为"普鲁士式的社会主义"(Prussian socialism)。而普鲁士的官僚国家传统为福利国家的兴起提供了助力。基于社会本位的经济与社会立法,如竞争法、住房建筑法、租赁法、农地租赁法、劳工法等等都迅速发展起来。在一战前后,由战争及战败带来的社会经济危机又进一步推动社会立法的大发展,其中很多社会立法甚至被延续至今。国家与社会、公共与私人之间的法律界限逐渐模糊,社会法在公法与私法的"中间地带"蓬勃发展,国家在社会经济生活中的角色也发生了重大变化。尽管英国也有社会福利立法,如《济贫法》最早就出现在英国,但是其社会立法思想的根源是以个人为核心的边沁式功利主义,这与德国特别强调社会政策的集体功能大相径庭。德国在福利国家道路上与英国、法国的差异,其原因是与近代中国类似的,即父权主义的传统政府理念与现代福利国家思想"不谋而合",为官僚国家社会福利制度的发展提供了政治文化土壤。

(三) 近代中国的社会立法——以《社会救济法》为中心

1. 外国福利制度的译介与单行社会立法的颁布

早在民国之初,德国等西方国家的社会保障制度就已被译介到中国。1935年,南京国民政府曾派遣官方调查团赴德、英、美等国考察社会立法。调查团成员陈凌云回国后著书鼓吹移植西方社会救济制度:"欧美诸国之长,尽可做我实施参考之助","应认清社会救济事业确为当前之急务,而不容或缓者也"。1935年的社会背景,一是灾荒频发,二是日本人对中国的侵略已经开始,由此产生了很多社会问题。据统计,在当时介绍西方社会福利制度的各类文章、书籍中,关于德国福利保障制度的作品最受国人关注,内容也最为详尽,数目约占所有著作、文章的三分之二,可见当时德国对中国影响非常之大。我们常说中国的法律体制直接习自日本,间接取自德国。自晚清以来,《民法典》《刑法典》等都是向日本学习,而日本则是向德国学习。民国之后,越来越多的人直接到德国留学,把相应的理论与制度移植到近代中国。社会救济的立法工作在北洋时代已经初具成效,其中代表性成果是1915年北洋政府仿照欧美《济贫法》所颁布的《游民习艺所章程》,把社会上的一些闲散人士收容到某个地方,学习一些工作的技艺以自食其力。在1943年国民政府颁布《社会救济法》之前,近代中国已经制定了不少关于社会救济的法律规范,比较重要的有《督办赈务公署组织条例》(1924年)、《各地方救济院规则》(1928年)、《管理私立慈善机关规则》(1928年)、《监督慈善团体法》(1929年)、《救灾准备金法》(1930年)、《中华民国红十字会管理条例》(1932年)等等。

2. 抗战时期专职机关的设立与分工

(1)振济委员会。1938年4月设立"振济委员会",将原有的赈务委员会、行政院非常时期难民救济委员会、内政部民政司所职掌的救济行政职能统一归于"振济委员会"。其政治层级与行政院常设部、会相仿,其委员长职级为特任,首任委员长由时任行政院院长孔祥熙兼任。"振济委员会"的名称,本应为"赈济",国民政府认为社会救济应当"提振"国民的抗战精神,坚定必胜信念,故以"振"代"赈"。

(2)行政院社会部。1940年10月,迁都重庆的国民政府将原隶属于国民党中央执行委员会的社会部改隶于国民政府行政院,与其他部、会平级。行政院社会部下设社会福利司,作为社会救济、社会福利的中央主管机构。国民政府从此有了集中统一的专门领导机构以推行经常性社会福利事业。

(3)社会法临时起草委员会。自社会部改隶行政院及社会法临时起草委员会组建后,国民政府的社会立法渐趋完善、立法内容也更为丰富,可以说覆盖了现代社会福利体系的各个基本领域,并且将"社会救济""社会福利""社会保险"等现代欧美社会权的核心概念作为新法的名称,社会立法规模空前。

3.《社会救济法》的出台

由于当时政府的财政能力与行政资源有限,在社会立法规划上不得不将社会上极度贫困的弱势群体与受灾民众作为优先照护的对象,故而南京国民政府在立法实践中以社会救济作为社会福利立法的核心内容,至于社会保险等立法则居于相对次要地位。

据不完全统计,南京国民政府在社会救济领域的各种法律、条例、单行法规等高达50部以上,而其他有关社会保险、社会优抚等方面的规范数量仅各为20项左右,社会救济几乎占到了所有社会福利、社会保险立法数量的半数。1943年9月29日,国民政府颁布《社会救济法》。从社会部将法案初稿交行政院审核,后立法院通过,国民政府公布,历时7个半月,算是罕有的立法高效率,这也从一个侧面反映出抗战时期社会救济问题的急迫性和重要性。该法共53条,分救济范围、救济设施、救济方法、救济费用和附则五章。至少在规范层面上,《社会救济法》已经符合现代福利国家社会立法的基本精神。从现代福利国家建构的角度来看,《社会救济法》大致有以下三个特点。

(1)"由消极趋于积极":社会福利的常态化与制度化

传统中国政府的社会救济措施一般为灾害发生之后被动的、临时性的事后救济,以救灾为主。政府的目标仅仅是暂时纾解灾区、灾民的紧急危难,在理念上可谓是"救急不救穷""治标不治本"。至于对社会上普遍存在的弱势群体的日常救济,主要依赖家族、宗族、乡党的自力救济。而《社会救济法》则是以临时性的灾荒救济为辅,以对弱势群体的经常性社会救济为主。通过立法,国家积极承担起常态化社会救济的责任,并将该项责任制度化,由国家主导规划常设救济设施,对社会上普遍存在的弱势群体予以经常性照料,包括安老所、育婴所、育幼所、残疾教养所、习艺所、妇女教养所、助产所、施医所等(第6条)。救济方式多种多样,救济设施处所内之留养、现款或食物衣服等必需品之给予、免费医疗、免费助产、住宅之廉价或免费供给、资金之低息或无息贷予、粮食之低息或无息贷予、减免土地赋税、感化教育与公民训练、技能训练、职业介绍等(第14条)。《社会救济法》在救济理念与救济模式上,与"荒政"相较有了质的飞跃。

(2)"由慈善易为责任":社会福利事业的国家责任与政府主导

现代社会立法(包括宪法社会权条款)的发展也进一步丰富了社会权利理论,使得社会福利(社会救济)在观念上由政府单方面"赐予"的"恩惠"转变为人民的法定"权利"与国家的法定"责任"。先前的所谓"福利"乃当局或上层阶级对于平民之一种施惠。近年来,此种观念已经根本改变,大多认为社会救济乃政府对于人民的一种重要责任。法律明确了社会救济的主管官署:在中央为社会部,在省为省政府,在市为市政府,在县为县政府;涉及医疗救助的中央主管官署为卫生署;临时及紧急之救济由振济委员会主管(第50条)。除办理救济外,救济资金的筹集也是社会救济事业中政府至关重要的责任,对此该法明确规定:救济事业的经费应列入中央及地方预算(第44条)。该法规定"团体或私人亦得举办救济设施,但应经主管官署之许可"(第8条),"主管官署对于前条之救济设施有视察及指导之权"(第9条),这也充分体现了《社会救济法》对福利事业实行家长式管制的一面。

(3)"全民救济,全面救济":社会福利范围的最大化

传统"荒政"的救济对象以灾民、流民等受灾人群为主,而《社会救济法》则进一步将社会上的一般弱势群体(包括现代所谓"老幼病残孕"、无家可归者及无业、失业人群等)尽可能地纳入其救济范围(第1条)。即使对被传统中国社会所唾弃的从事不正当职业者、"懒惰成习或无正当职业之游民",法律均规定予以教养与救济(第31、32条),这充分体现了现代福利国家思想中惠及全体公民的理念。社会部在提交行政院审查《社会救济法》草案及其原则的解释呈文中,对社会救济范围最大化的理念有明白的阐释:除贫穷老弱残疾之救济外,他如孕妇婴儿之保护、幼童之教养、生理缺陷者之救济、劳动者之救助,乃至房屋租赁、经济合作、家庭消费与国民生活上之需要,苟有待于救济,无不并顾兼筹。以前限于实物及金钱之救济,今则扩大至医疗救济、教育救济、职业救济等。盖并世各国对其人民之救济,以时间言自出生前以至死亡后,以范围言包括其生活需要之全面,是其对象已由少数而推至全民,其范围亦由局部而扩至全盘。

(四)结论

决定现代福利国家建构的关键因素,除了一国现实的财政基础外,还有该国的政治文化传统与官僚体制的动员能力。一个民族的制度选择难免与其固有文化有关,父权主义(家长制)、共同体主义传统与成熟的官僚制为社会福利制度的确立提供了政治与社会资源,德国如此,中国亦然。中国传统政治文化上有国家主导社会福利事业的传统,近代中国以儒家"大同"与"仁政"思想为基础,结合西方最新的社会权利理念,通过移植欧美社会立法来建构由政府主导的现代福利国家。时任社会部次长洪兰友还特别著文说明,社会立法的精神在于"一本礼运大同篇之所示'老有所终,壮有所用,幼有所长,矜寡孤独废疾者皆有所

养'之旨","在于安老育幼,周恤废疾,拯救穷困,师恺悌之遗意抱饥溺之同情,毋使一夫之不获其所,毋使一人之陷于不义,观念由慈善易为责任,实施则由消极趋于积极,以实现三民主义之社会政策,完成礼运大同篇所示之理想社会"。当然,表面上《社会救济法》本身及其理念很好,但是当时的社会状况却并没有那么好,如饥民就是一个很严重的问题,其他社会问题也非常严重。

关于近代中国的法制建设乃至整个国家的建构,传统上有两个极端的观点:一种是利用当时的少数精英(如上述的吴经熊、陈焕章),以及利用精致的上层建筑,包括当时非常现代化的宪法典、民法典和刑法典,来过度美化当时的现状。另一种是用现实的挫折来否定现代化建设的努力和成绩。但在这两种观点之外,也有一些学者把中国国家体制的现代化看作一个较长时段连续累积的进程,如孔飞力(Philip Alden Kuhn)在《中国现代国家的起源》中一直强调的根本性议程。不管晚清政府、民国北京政府、南京国民政府还是中华人民共和国政府,在现代国家建设过程中都要面临这样一个大致相同的根本性议程。斯蒂芬·R.哈尔西(Stephen R. Hals)在《追寻富强》中也讲到,在1850年到1949年的100年中,看上去晚清洋务运动遭遇了重大的挫折,中国在甲午海战中也败给了日本,近代中国屡屡被日军入寇。但是在20世纪50年代朝鲜战争的时候,中国人跟美国人至少打了一个平手。美国人那么强大,拥有那么现代化的武器,但在朝鲜并没有打赢。别说100年前,甚至就是在朝鲜战争前的10年到20年前,中国还是做不到的。这一方面当然是因为中国共产党的领导,另一方面也是源自近代中国在寻求富强过程中,对现代国家这样一种器物和制度文明一砖一瓦地逐级搭建。同样地,不论是"四个现代化",还是建设社会主义法治国家,这些都并非零散、徒劳的现代化努力,而是在新的治国理念下建构现代国家的一种世纪转型。在世纪转型中,近代中国的社会立法是对建构现代国家的一个具体而微的努力。

我的报告就到这里,谢谢大家。

三、与谈环节

陆宇峰教授（主持人）：

感谢聂老师的精彩讲演！今天的话题内容丰富,我读了一遍文章后又听了一遍,感觉还需要慢慢消化。在我看来,聂老师的问题意识是：中国的现代福利国家建构可以追溯到中国古代的赈济传统。聂老师谈道,凡是由国家进行赈济,不管古代还是现代,都需要制度和文化资源的双重配合。中国古代之所以存在赈济传统,是因为既有儒家理念,又存在一个早熟的官僚国家或者说科层制政府,能够执行家长式的赈济传统。

放眼世界,中世纪欧洲很少有国家与古代中国类似。中世纪欧洲反倒是教会在做赈济,这与教会本身的科层制传统是有关系的。只有宗教改革之后,各个诸侯国特别是德语国家,在实施开明专制、建构民族国家和建设科层制政府的过程之中,才发展出与中国古代类似,但又走向现代化的新型福利政策和社会立法。聂老师强调,近代中国与转型期的德语国家的际遇其实更相近,都面临乱世的危机以及由此导致的社会救济的真空。也正是由于这个原因,近代中国在福利社会立法的进程中更多的是从德国那里学习、译介。

聂老师尤其详细地介绍了近代中国的社会立法,特别是抗战时期专职机关的设立以及《社会救济法》的出台。这些都明显地体现了现代社会立法的特征,即国家的义务从消极趋于积极,国家的角色由慈善易为责任,社会福利的范围扩大到全民救济和全面救济。我觉得除此之外,还有很多可以挖掘的结论。比如,尽管今天的主题是"大道之行——从'孔门理财学'到近代福利国家的建构",但实际上并不是陈焕章主张的"孔门理财学"推动了社会立法的现代化,而是近代中国在特定历史条件下,借着儒家义理之名实现了社会立法的现代化。这个结论,符合聂老师最后所讲的现代国家建设过程中都要面临大致相同的根本性议程,只不过不同的国家调动不同的文化资源加以应对罢了。

总之,聂老师的讲座,还有很多内容需要我们继续去品味。聂老师应该是2008年左右到清华从教,我是2005年入读的研究生,做过他的学生。聂老师进清华之前就已经在《中国社会科学》发表了两篇文章,所以当时学院传说有一位教授要来,但没想到是一位这么年轻的老师。那个时候聂老师当讲师,还要兼任班主任,很辛苦。一晃多年过去了,我们对聂老师一直非常仰慕。他从2014年到2016年连续在"三大刊"和《历史研究》发表论文,2016年更是发表了7篇CLSCI,可以说是法律史学界的奇迹。而且聂老师长期对华政的法律史学研究和科研管理提供了非常多的帮助,再一次感谢聂老师!

今天也请到了中国政法大学比较法学研究院的副院长、中德法学院院长谢立斌教授与谈。谢老师是汉堡大学的法学博士,是德国宪法和行政法的专家,对德国的财产权和社会权有独到的研究,这也是一定要请谢老师与谈的原因。谢老师今天推掉了很多工作来参加讲座,现在有请谢老师。

谢立斌教授：

非常荣幸有机会参加今天的学习。我向大家报告两点学习体会。

首先，聂老师主要着眼于20世纪之前的历史，归纳了中德两国的一些类似传统，这启发我们继续比较两国20世纪以来在福利国家建设上所走的道路。1918年，德国在一战中的败局已定，11月发生水兵起义，德国皇帝威廉二世（Wilhelm II）退位。当时德国政坛上主要存在三种力量：一是社会民主党，坚持议会民主制，同时主张国家对社会福利的责任；二是从社会民主党分裂出来的独立社会民主党，主张走苏俄道路，通过暴力革命建立苏维埃政权；三是传统资产阶级政党，主张议会民主制，不关注社会福利问题。前两种政治力量之间的对立发展到了不可调和的地步，最后通过武力方式，否决了苏俄道路。社会民主党在主席弗里德里希·艾伯特（Friedrich Ebert）领导下，与资产阶级政党结盟，于1919年推动通过了《魏玛宪法》。这部宪法确立了议会民主制，同时贯彻社会国原则，规定了众多社会基本权利。《魏玛宪法》确立的体制维持到1933年。1933年到1945年的纳粹时期，纳粹统治严重背离德国社会国和法治国的传统，践踏《魏玛宪法》。1945年到1949年，德国被英美法苏四国占领。1949年，英美法占领区合并，成立德意志联邦共和国，通过《基本法》。《基本法》继承并发展了《魏玛宪法》，在坚持法治国传统的同时，继承和发扬了社会国传统。与此相应，德国实行社会市场经济。这一经济体制不同于自由放任的市场经济，它保障个人从事经济活动的自由，对资本设定必要限制，维护市场有序竞争，同时强调社会责任。在这一体制之下，个人可以自由地通过市场获得收入并积累财富。对于无法自食其力者，国家承担提供扶助的责任。

我们再来看看中国走过的历史。一战结束之后，中国和德国一样面临选择何种政治体制的问题。当时,以英美为代表的西方体制在中国很有吸引力。然而,第一次世界大战结束后,中国虽然是战胜国,但是中国被西方国家出卖,合理主张在巴黎和会没有得到应有尊重,这充分揭示了英美体制的虚伪本质。在这个历史关头,十月革命一声炮响给中国送来了马克思主义,中国做出和德国不同的选择,走上社会主义道路。1949年新民主主义革命胜利之后建立新中国,1954年通过了第一部社会主义性质的宪法,1956年"三大改造"完成,社会主义制度得以确立。在社会主义制度之下,实行生产资料公有制基础上的计划经济,国家理论上承担了向公民提供福利待遇的责任。然而,在计划经济体制下,个人不享有从事经济活动的自由,其创造性和活力没有用武之地。国民经济没有活力,国家财力有限,福利保障的实际水平非常低下。从1978年开始,情况发生了深远变化。随着改革开放政策的实施,个人有了越来越大的从事经济活动的自由。1993年修改宪法,将计划经济修改为社会主义市场经济。在这一体制之下,公民有从事经济活动的自由,不再依赖国家提供的就业机会和各种保障。很多公民在社会主义市场经济中获得了成功,不但解决了自己的温饱问题,还积累了可观的财富。与此同时,国家的经济实力也大幅度增长,有更多的财力对弱者提供更高水平的保障。

总之,从20世纪初发展到现在,德国最终走向社会法治国,实行社会市场经济;中国建设社会主义法治国家,实行社会主义市场经济。在两国当前的宪法秩序内,公民都有从事经济活动的自由,得以通过自己的努力解决自己的生计、积累财富。对于无法自食其力者,国家承担扶助义务。经过一个世纪的发展,中德两国殊途同归:国家既保障个人从事经济活动的自由,又对弱者提供扶助。

其次,顺着聂老师的思路,我初步思考了福利国家的哲学依据。对于福利国家,可以从结果论的角度分析。罗尔斯的《正义论》体现了结果论的思路。他提出了一个思想实验:假定所有人都不知道自己在社会上的具体处境,那么他们会希望选择一个什么样的社会制度?大家都会希望:在这个社会里,处境最差的人的境况也是可以接受的。因此,大家会达成共识,主张富人有义务帮助穷人。另外,从社会学的角度,也可以对福利国家提出一些朴素而直观的论证:如果富人拒绝帮助弱者,弱者会铤而走险,最后对富人的安全构成非常大的威胁。经典马克思主义认为,生产资料私有制导致剥削和人的异化。为了解决剥削和人被异化的问题,要实行生产资料公有制。这是一种结果论的思维。不过,结果论的论证并非基于事物本身展开,其说服力比较弱。也有一些学者不是从结果论的角度来思考这个问题。洛克和现代学者诺齐克(Nozick)大致可以视为自由主义和新自由主义的代表人物,他们主张个人对自己的身体和聪明才智拥有所有权。通过自己的劳动和才华创造的财富都是自己的,任何限制都是对其权利的侵犯。根据这种观点,福利国家是没有依据的。这种理论在美国有比较大的市场,所以美国的福利国家建设在国际上比较落后。

在德国,基督教神学和社会理论有很大影响,这种理论主张个人应当把自己的财产当成一种公共财产。这和聂老师提及的儒家传统类似。儒家学说中,仁是最高的道德,富人不能为富不仁,不能把财产当成只服务于自己个人私利的工具,这为福利国家提供了一定的支持。不过,基督教神学和社会理论以及儒家学说在很大程度上构成道德呼吁,而没有在哲学上提供充分论证,我们需要继续思考这个问题。

谢谢大家,请批评指正!

陆宇峰教授（主持人）：

谢老师言简意赅地谈到两个问题。第一个问题是历史问题，即从1918年到1978年，大约60年间中德殊途同归的道路。起点都是一战结束，两国面临的选项也都很类似。德国选择了魏玛共和国这条路，经过纳粹的独裁之后，最后回归到了社会国原则。而中国先选择了一条激进的道路，但1978年后也逐渐返回到如今保护财产权的体制。所以，从大的历史视角，谢老师对聂老师做出了回应。第二个问题可能更为深刻：德国与中国不光在更早的历史阶段相像，在最近几十年似乎也走出了类似的道路。谢老师提出了福利国家的哲学依据问题。似乎就哲学依据而言，目前来看比较成功的论证都是结果论式的，不论是罗尔斯、社会学还是马克思都是如此。相反，根据洛克和诺齐克的论证，福利国家并没有一个坚实的依据。另外，基督教神学和社会理论的论证则更像是道德上的呼吁。如今，福利国家的体制也引发了一系列的现实问题。欧洲1968年革命与对福利国家体制的不满是有深刻关联的。哈贝马斯等重要的学者，实际上也将反思福利国家体制作为核心主题。所以，值得讨论的问题还有很多，感谢谢老师带来新的见解。

今天还邀请到了上海财经大学法学院的吴文芳研究员，她是德国社会法和福利国家制度研究的专家，也是中国人民大学和德国明斯特大学联合培养的博士。有请！

吴文芳研究员：

今天非常荣幸能够参加华东政法大学的"东方明珠大讲坛"，"东方明珠大讲坛"是华政高层次的讲座品牌。聂鑫教授年轻有为，是中国人民大学法学院2005级所有博士同学的骄傲。刚刚与谈的谢立斌教授，是德国法研究的知名学者和资深专家。屈文生教授和陆宇峰教授都是我非常久仰的学者。能够参与今天的讲座,并且有机会来发言,我很荣幸并诚惶诚恐。不敢说与谈,但是根据今天讲座的内容,我也学习了聂老师的著作,进行了认真的准备。下面我想谈几点学习的体会。

第一点,我想简单谈一谈本次讲座中所体现的研究特点以及学术价值。聂鑫教授是一位视野非常开阔的学者,他的学术研究有一个很重要的起点,这在讲座中其实也有所体现。那就是对于中国法律现代化的开端和逐级搭建的器物与制度文明进行深入的挖掘和还原,其目的是通过展现与分析中国法律现代化开端的法律文化、法律理念和法律制度的形成、发展与变化,为今天习近平法治思想中所强调与坚持的中国特色社会主义法治体系奠定更多的学术积淀和历史传承。

在他的讲座内容当中,我认为有两个特点要特别关注。第一个是聂鑫教授的研究具有一种独特的多维空间研究视角。正如今天讲座所谈到的社会福利问题,聂鑫教授不只是围绕近代中国的《社会救济法》,他还在历史的维度上深挖《社会救济法》背后的中国古代国家治理中的社会福利思想,对其的关注从古代一直延续到转型期传统福利思想的再生。除了在中国古代、近代的时间维度上的阐述,还有一个维度是同时期欧洲社会福利思想的发生及其与中国福利思想的互动。这是比较法的研究方法,在多维的空间当中敏锐地对比,关注到不同对象之间的互动。我觉得这种联系和互动在国内学术界以前可能没有人发现或者被论述得非常少。学者一般在论述福利国家的时候,都是在讲福利国家起源和盛行于欧洲,很少有多维空间的研究感。所以我想这点对于社会保障思想史的贡献是特别有意义的。

第二个特点是,聂鑫教授的论证是站在对史料的深入、仔细的梳理以及独到的掌握之上的。比如,他关注到陈焕章1911年在美国哥伦比亚大学出版社出版的《孔门理财学》。在法学界,这部著作其实关注的人很少，而在经济史学界曾经有人关注过，比如上海财经大学的胡寄窗教授，在他的《中国经济思想史》中对这本书有过介绍。但是聂鑫教授的角度很独特，他从社会政策的角度敏锐地关注到，儒家的均平思想、常平仓制度以及以工代赈等等，都对凯恩斯主义和罗斯福新政发生过一定的影响。我认为这是在尊重客观事实的基础上，以一种客观科学的态度来复原当时中国与西方的社会福利思想的交流。这种客观科学的治学方法，其实能够为学术注入更为持久的文化自信。当然，本次讲座当中聂鑫教授的论证还有很多类似的事实依据，几乎是信手拈来，比如对于《社会救济法》的逐条解读、立法委员吴经熊的表述、陈凌云的著书以及当时德国社会保障法的出版情况。这都是聂鑫教授埋头到故纸堆里去，对当时历史真实再现的寻求和还原。所以在这个基础上，比较法方法和史料引入的重要价值就凸显出来了，那就是学术研究应当追求主观与客观相互印证，主观世界与客观世界相统一。这既不是拍脑袋的自说自话，也不是在汗牛充栋和知识爆炸的研究资料中迷失自我。正因为如此，聂鑫教授的研究结论具有说服力，经得起推敲。

谢立斌教授从德国工人运动和宪法的角度谈了德国与中国道路的异同，而我本人是做社会法研究的，所以我想谈的第二点是：从社会法的角度，对社会、社会福利和社会法的概念做一些梳理与定位，从而对聂鑫教授的研究形成一个印证和补充。正好我也在德国留学过一段时间，所以就重点以此为线索谈一谈这方面的情况。

首先从大陆法系的研究看，关于社会法的界定有三种代表性的学说：第一种是广义社会法学说，为实现社会政策而制定的法律是社会法；第二种是狭义社会法学说，社会法指的是社会保障法、社会安定安全法、社会福利法；第三种是中义社会法学说，社会法是公法和私法以外的第三法律。在德国，社会法这个词叫作 Sozialrecht，主流的学术观点主张狭义社会法,即社会福利法、社会保障法的代名词。我想梳理一下德国社会法当中 sozial 这个词的起点,谈一谈社会法和社会福利概念的形成和发展。

运用聂鑫教授的多维空间的研究方法,我们先把镜头拉到欧洲中世纪。欧洲中世纪的一个重要的标志是出身决定论,是按照社会等级划分的一种社会接纳。社会接纳层次的政治等级制度,是与个人生存状况分类相一致的。一个人可能是极端贫困的,当时的人可能会同情你,但是没有人会质疑背后不公平的分配,反而人们会认为这是一种神圣的制度和秩序。但从 15 世纪开始,欧洲的这种封建制度衰落日益明显,因为经济关系逐渐开始扩张。与此同时,现代国家诞生,原有的封建领主角色逐渐谢幕,企业主这一新兴身份越来越具有决定性的作用。因此个人和原来作为社会接纳体的封建单位的联系逐渐解体,但是这些人与国家的共同关系,作为一种人类的子集合,又需要一个合适的词来进行表述。那么这个词应该是什么呢?对于这种形态,欧洲的语言在 16 世纪才从拉丁语中找到一个共同的词源,叫作 societas,形容词是 socialis。法语中的"社会"实际上就是根据拉丁语来的,法语根据拉丁语又构造了相应的名词和形容词,一个是 société,还有一个是 social。在英语的构造中,一个是 society,还有一个是 social。根据德国学者的考察,sozial 这个词是 1800 年前后从法语进入德语的。但是这个词在进入德语之后出现分化,society 在法语当中叫作 société,而在德语中叫 gesellschaft,而形容词则用了从法语中引进的词 sozial。

在这样的引入背景下,德语的形容词 sozial 在当时有两层含义。第一层含义指一种全面的人与人之间集合和互动模式,需要客观描述。但是在封建构造瓦解和市场经济方兴未艾的背景之下,人们的困境也是很明显的。因此,当时的人们对于正确的、好的社会行动纲领是普遍迫切需要的，故 sozial 就被赋予第二层含义。第二层含义从价值判断和规范角度做出评价，即正确的、好的社会叫作 sozial 的社会。相反，逃避和抗拒为公共福利做出付出的人，在德语中被称为 asozial，指逃避公共责任和逃避公共福利。因为当时的德意志并没有统一，还不能叫作德国，只能称之为以普鲁士为代表的德意志诸国。作为欧洲后发国家的代表，德意志诸国面临很多后发国家的普遍问题。如聂鑫教授在讲座中所特别提到的普鲁士面临的贫困问题，就是一个典型的问题。贫困问题原来可以掩藏在政治等级这个因出身而形成的天然和神圣的秩序当中，但是随着普鲁士的封建主义意识逐渐瓦解，人与人之间愈发平等化，这种思想就失去了说服力。人们需要一个好的社会，于是开始批判当时的社会不平等。因此，在德语中，sozial 概念逐渐被赋予第三个层次，即作为一种对不合理和不平等社会生活条件的批判性的概念，以及将这种不平等向更平等的方向去修正的要求。正是在这个意义上，以普鲁士为代表的德意志诸国追求平等的社会政策理念，与盎格鲁-撒克逊国家追求自由的个人主义理念产生比较大的差别。这也验证了聂鑫教授在讲座中所提到的近代中国和近代德国之间相类似的一些判断。

那么 sozial 这个概念发展到第三个层次，即批判性概念的时候，又产生和分化出两个分支。第一个分支是 socialism，德语的 Sozialismus，即社会主义。社会主义是一种向平等靠拢，追求社会和国家平等最大化的纲领，也就是刚刚谢立斌教授从工人运动角度描述社会主义运动所追求的一种平等。第二个分支是实用主义的纲领，被称为 sozial（社会的）。这种实用主义的目的是实现更多的平等，但它把焦点放在生活状况不平等的某些主要领域，并仍然试图保持原有的生活状况。后者是德国现代发展的主流形态。正如谢立斌教授介绍的，在一战和二战时期，德国其实是有很多变化的。但不管怎么说，这样一种实用主义的纲领包含了对于好的社会的追求和对不平等的批判。所以，sozial 这个词在德语中逐渐意味着更多平等的意思，即"福利社会"的意思。刚刚聂鑫教授也提到，福利社会等于更多平等。福利社会是以某种符合平等取向的状况或者发展，来替代不符合平等取向的状况或发展的规划。"福利社会"概念本身是一个批判性的和论辩性的概念，它并不追求绝对的平等，只是把各种方式向更平等的方向推进。因此，福利社会既不是固定的，也不是终极的。永远都会有更平等的社会，而每一步的平等趋向，都只能在当下的基础上进行改造。

以上，是我在 sozial 的词源方面，对从 sozial 社会到福利社会的一种考察。在这个基础上，我们可以理解"Sozialrecht（社会法）"在德国是属于狭义的，仅仅包括社会保障法、社会福利法，而不包括比如劳动法、消费者权益保护法等等，这在德国法当中有一套自己的逻辑。接下来，我们还是把镜头拉到普鲁士的贫民问题，这个问题在以普鲁士为代表的德意志诸国当中都存在。因为资本主义阶层兴盛，剥削问题出现，劳工问题便成为贫困的一大成因。普鲁士政府通过劳工问题这一抓手来解决贫困问题：一方面为完善劳动法，出台了很多跟劳动有关系的法律制度，如保护童工等；另一方面实行社会保险法，使普鲁士成为世界上最早颁布社会保险法的国家。由于劳工对于企业的从属性特别强，劳动法则成为对这种不合理、不平等的雇佣关系的矫正。所以劳动法的社会福利目的是特别强烈的。在德国的政界和学术界，其实也存在尝试把劳动法和社会保障法结合在一起的努力，使其成为一个更加广义的社会法概念，而这种概念会和中国的社会法概念更接近。但最终，主流没有往这个方向走。这里面有两个值得关注的点。

第一点，在推进平等的福利社会目标当中，所谓的更加平等的范围,其实是由社会中人的思想意识来确定的。在确定范围过程中,会涉及一般的物品生产能够被国家干预的程度。劳动法尽管有对于不平等的矫正,但是它基本还是以劳动付出和劳动收入之间的交换作为更重要的目的。所以这两年社会法学界有一个炒得非常火热的题目:劳动法究竟是社会法还是私法?中央财经大学的沈建峰教授说劳动法是特别私法,他的一个重要论据是:劳动法的核心功能是为了劳动交换。这个观点是特别德国的,因为德国法认为:针对物品生产进行提供、流通的一般性活动的核心任务,便是要充分发挥它的功能,使这些为生活过程效力的价值观能够符合规范的要求,所以法律不要在这个阶段过分介入。

第二点,聂鑫教授和谢立斌教授也提到德国宪法上的社会国概念,我做一些补充。在德国法学家,特别是社会法学家看来,法律要构建福利社会,其最根本和最显著的可能性在于要令个人成为权利的承担者,即主张个人不再是自己生活状况的福利社会形式的客体(Objekt),而成为自己生活状况的福利社会形式的主体(Subjekt)。在这个基础上,"社会国"在三个方面发挥作用。

一是法律对社会福利待遇加以规定,这其实是德国法上的社会法的范围,这一点对理解德国宪法上的社会国很关键。因为某一种福利待遇(如工伤待遇、养老待遇)完全可以是以政府或者某个项目的形式实施而产生的效果。比如现在的全民养老保险制度,每个人到了一定的年龄就能拿退休金。这种项目的形式体现出德国法特别强调的一点:我们需要有法律所构造出来的约束力,即法律要构造出个人自我主张的能力,那就是社会法上的请求权。

二是对一般生产物资的生产分配进行规定的法律本身内化了福利社会的问题,这在德国法上并不属于社会法。但是,这些法律体现了福利社会的目的，因此是社会国的重要构成支柱。比如，劳动法、消费者权益保护法、房屋租赁法等法律都能防止或者限制产生不合理、不平等的情形。这些法律与自身所体现的一般性生产分配过程密不可分，所以它们就内化在原来的法律关系当中，而不属于所谓的社会法框架之内。但这些法律也是实现社会国福利社会的重要依据。

三是通过普遍性方式实现平等的社会支柱，如法律规定某些物品在国家内应该以尽可能平等的方式获得。聂鑫教授特别在引言中谈道：中国在社会主义初级阶段，公共产品的提供问题应该是社会福利中很重要的一部分。其中包括水、空气、公共卫生、能源保障、交通服务等等，还包括教育、文化、生活，这些都属于以普遍性的方式实现平等的范畴。但这个体系要解决的问题特别复杂，因为所有的公共产品的提供都涉及两个非常大的系统：一是物品的提供和分配系统，二是专门负责解决特殊的福利社会问题的系统，比如医疗资源。以现在大家都特别关注的新冠疫情为例。今年上半年，我在英国观察和比较发达国家的ICU病床供给情况时发现，德国的情况相对其他欧洲国家是相当好的，而英国在福利国家当中几乎位列倒数。实际上，这涉及在上述两个系统之间如何理顺关系的问题。在完全市场经济条件下，医疗供给碎片化，社会保险待遇也碎片化，美国即是典型的例子。但在完全的计划经济体系下，医疗资源完全由政府掌控，并且政府为每个人免费提供医疗资源的所有项目，此时两个问题又会合二为一。比如，我们国家在改革开放之前，生育期间的工资就不是一个社会保障问题，因为这两个系统被合二为一了，但是这种极端模式在全世界很少见。不管是德国还是中国，目前都是中间模式，两边的系统都既有一定的社会福利法的性质，又有一定的市场因素。各国中间模式的区别只是份额不一样。所以，尽管都是中间模式，各国的形态也是千差万别的。但可以肯定的是,它们都包含了社会福利法的因素,也可能都包含私法(private law)的因素。

以上是我对德国法的一些梳理,现在简单谈谈中国法语境下的社会法。聂鑫教授的讲座主要考察了近代中国的《社会救济法》,其中他提到了一个先进的理念——现代社会立法。社会宪法、社会性条款的发展进一步丰富了社会权利理论,使社会福利在观念上由政府单方面赐予恩惠转化为人民的法定权利以及国家的法定责任。我认为,即使在当下中国语境的社会保障法领域,这种理念也是很先进的。我们在探讨社会保障立法时,经常面临一个相当尴尬的情况,比起法学家,研究社会保障的学者对于立法者而言重要得多。法学家在社会保障立法过程中的受重视程度并不充分,一个重要原因可能是立法者有意或无意地回避了法律对社会福利待遇政策的介入,他们没有在技术上考虑个人权利自我实现的问题,忽视了请求权的设置。而如果抛开请求权设置,仅仅谈社会福利待遇的项目,社会保障的专家显然比法学家有优势。

当讨论社会法的概念范围时,以其价值是否实现社会整体利益、促进和保证公平与平等为标准。这个论证方式和德国的 sozial 的第三层次的第一分支非常相似,是一种以实现平等目的为纲领的法律部门的划分方法。这种方式在坚持中国特色社会主义法治的理论体系当中具有独特的意义,应当得以肯定和强调。但同时也不能否认它有进一步细致化和功能化的必要。这一点我在 2019 年《华东政法大学学报》第 4 期上发表的一篇文章《我国社会法理论演进与研究路径之反思》中有一定的探讨。

以上是我对于本次讲座的一些学习体会和零碎的想法,请聂鑫教授、立斌教授、文生教授、宇峰教授以及各位同仁、同学批评指正。非常感谢大家!

陆宇峰教授（主持人）：

谢谢上海财经大学法学院的吴文芳研究员的系统讲解。她认为聂老师的研究涉及法律现代化的开端，研究符合习近平法治思想的基本要求。这是一个很高的评价，概括了聂老师学术研究的两方面特点。一是多维时空的研究视角，在中国的古代、近代以及同时期的中国和欧洲之间进行互动；二是彰显文化自信，比如"孔门理财学"不仅是一个很有意思的话题，而且本身就有世界影响，除了影响了很多经济学家，甚至在世界经济危机之后，还影响多国放弃了自由放任政策。

吴老师随后回到了她的老本行——德国社会法的精深研究。她谈到社会法的界定问题，强调德国主流采取狭义的界定。她也谈到社会概念或者社会观念与社会结构的共同演化：欧洲中世纪是身份等级制，低等级的人陷于贫穷困顿苦难，并不值得特别同情。随着封建体制的解体和向现代的过渡，个人从封建接纳体中脱离出来，变得平等化。这种新的状态，客观上要求以新的概念进行描述，"社会"的概念才出现。与此同时，新状态下的人应该脱离身份等级而有平等的发展，"社会"又被纳入了一种"正确的人际关系"的含义，渐渐地带有了批判性。发展到今天，"社会"在概念上变成了"福利社会"，而其中还有更复杂的分化。我认为这些都是很重要的补充。如果说谢老师补充了历史和哲学的问题，那么吴老师则补充了社会理论的问题。

如果进一步讨论社会理论的话，可以认为聂老师所谓现代社会立法的三个特点，都是社会组织原则改变的结果，亦即社会从分层分化向着功能分化迈进的结果。这三个特点的"现代性"，在于它们适应了现代社会的组织原则。比如，现代社会的福利政策趋向于积极，而不再是消极的状态,不再仅仅是救穷。这是因为现代社会功能分化的诸系统旁若无人地运转着,把很多人抛离了,而使他们再涵括(再就业、再教育等)时,需要积极的国家政策。也正是由于这个原因,慈善变成了国家、政府的责任。此外,各功能系统都存在离心主义倾向,社会福利也就需要全民救济和全面救济。所以,从功能分化原则的产生角度去理解《社会救济法》的出台和特点,可能也构成一个思路。

当然,吴老师还有更深入的分析,她进一步地解释了德国社会法采取狭义解释的原因,也解释了德国宪法上的社会国概念和实现社会国的不同法律路径,最后落脚到中国语境下的社会法。再次感谢吴老师。

下面有请华东政法大学科研处处长屈文生教授致辞。

四、 闭幕致辞

屈文生教授(华东政法大学科研处处长):

感谢宇峰教授的主持。这次"东方明珠大讲坛"特别荣幸邀请到了清华大学法学院的聂鑫教授,聂老师是华政的老朋友了,我们前段时间到清华法学院学习,考察学术交流、学术评价的基本制度和经验,聂老师给予我们非常热情的接待。

今天聂老师不但排出时间给华政做这场精彩的线上报告,还邀请到中国政法大学谢立斌教授和上海财经大学吴文芳研究员一起与谈。我听后深受启发,吴老师使用外语的能力也给我留下极其深刻的印象,也对华政的青年学生有很大启发。华政和清华保持着非常密切的学术交流关系,从校际到个人间的学术联系从未间断。

此前"东方明珠大讲坛"处于预热阶段时叫"法学东方明珠大讲坛",第一讲就是聂鑫教授为我们主讲的。我们记忆犹新,文字稿也是全文刊发,所以今天的演讲也是延续了这种特别紧密的学术联系。除了对聂鑫教授、谢立斌教授和吴文芳研究员表示感谢之外,我也想就社会福利权问题谈几点看法。

在聂老师主讲社会福利权问题之前,我并没有对这个问题有深入的思考,但是最近拜读了聂老师的大作后深有启发。聂老师的作品以及刚才的演讲,都提出社会福利权不是高深的法学理论,而需要落实为具体的社会政策,但是我认为聂老师的报告是非常高深的法学理论的集成体现。

刚才吴文芳老师从语义学角度讲解了福利国家,特别是北欧的"福利国家"和"社会主义"这两个词之间的关系,以及社会福利权是社会的题中之义。人们为什么要结成社会呢?结成社会之后为什么要建立国家呢?社会福利权应该是人们对结成的社会和建立的国家的一个基本期待。

社会福利权问题不仅是聂鑫教授所报告的高深法学理论,还是需要具体落实的社会政策。社会福利权是社会的题中之义,是人们对结成的社会和建立的国家的基本期待,是"课予国家义务,来照顾社会经济中的弱者,期能达到所有阶级均有社会经济之基本满足,来为和平之共同生活"。聂老师还谈到实施社会福利权的主体从教会到世俗政权的变迁,中世纪的教会不能够按照今天的理解被看作是一种社会力量,而是一种非常典型的等级森严的科层制政治力量。这一点让我想起了伯尔曼。这对于我们从社会立法视角理解近代国家建构具有启发意义。社会福利从恩赐到责任的变化,实施主体从教会实施到世俗政权的变迁,也反映出政教力量的消长。我这几年对于中西法律交流史和国际法史研究十分感兴趣,下面我尝试从一个不一样的视角谈一谈福利权问题,但可能不是典型的社会福利权或社会保障制度。

将社会福利权放置于殖民时代欧洲国家在亚非拉的经营中,便可以发现:社会福利权不仅是国家权构建(固本强国)的重要内容,还与帝国秩序紧密牵连,并直接体现在帝国的国籍法上。

一般而言,一国国民社会福利权的前提是权利主体拥有该国国籍。但19世纪随着帝国扩张,全球人口跨境流动,使得国籍与国民社会福利权间的矛盾或张力愈见明显。比如离开英国本土的帝国国民,是否还可以在奥斯曼土耳其帝国或是清代中国继续享有其母国的各种福利？治外法权并非传统意义上的国内社会福利,但它不啻为帝国为其臣民所提供的司法福利。许多英国国内和在华官员在一些案件中,直接将"域外权利"(extra-territorial rights)称作英人的福利(benefits/welfare)。这项福利的范围由中英不平等条约、英国国内立法、国籍冲突法共同决定。中英1843年《五口通商章程》、1858年《天津条约》、1876年《烟台条约》陆续确立与完善"英人不受中国管辖"的制度,但在许多情形中,"英人"的范围并不以国籍来确定。例如,19世纪60年代,对于西人在中国、日本领海内犯罪的领事管辖权问题,英方领事认为虽然船旗国为英国,但其只对英籍船员实施管辖,对船旗国不是英国的,即便是英人,也往往不主张管辖。这样做的原因在于,不能仅由于船上犯罪特殊,就让他国国民享有英国所取得的领事裁判权这一司法福利。

再如,19世纪80年代,英国在云南设立领事后,时常要处理英印、英缅人员在中缅边境滋生事端的问题,但这些英印、英缅人员的身份并不确定,很少在领事署登记并取得护照。英国法官等认为,"域外管辖福利"不能赋予没有登记或取得护照的英印、英缅人员,甚至主张对该类人放弃域外管辖权,而交由中方处理。因为,他们不具有文明国家国民的身份,不能主张在非文明国家享有特权,否则构成对治外法权制度本质的挑战。

在20世纪前二十年,英国帝国会议(imperial conference)的重点研究对象之一是国籍法,其核心在于帝国国民的身份和国内法福利的域外范围。当其中一些英联邦国家获得某种程度上的主权后,双重国籍的问题开始出现。比如英人在英联邦国家出生的子女不再自动拥有英籍,诸多司法、税收福利无法自动在域外延伸。因此,英国帝国议会修改国籍法,使在域外英人利益和本国财政负担之间相协调。

总之,在全球化时代中,国籍法和社会福利权密不可分。域外主体何时具备域内资格而享有域内福利,是必须重视的问题。这既涉及法理,更关乎国家利益、共同体身份。今年年初司法部《外国人永久居留管理条例》所引发的舆论争议甚至是非议,可能与其未妥善处理共同体身份及其重要的社会福利因素不无关联。这个问题是有现实意义的。

再次感谢聂老师、谢老师和吴老师,也感谢宇峰的主持和线上热情高涨的同学们,谢谢。

陆宇峰教授(主持人):

谢谢屈老师。屈老师每次虽说是简单致辞,但他还是学者本色,认真研读文章,把社会福利权的研究向殖民时代和域外方向进行延伸,非常有意思。我们最后再次感谢聂鑫老师,感谢谢立斌老师,感谢吴文芳老师,感谢屈老师,感谢各位同学的参与。本期"东方明珠大讲坛"到此结束,谢谢大家!

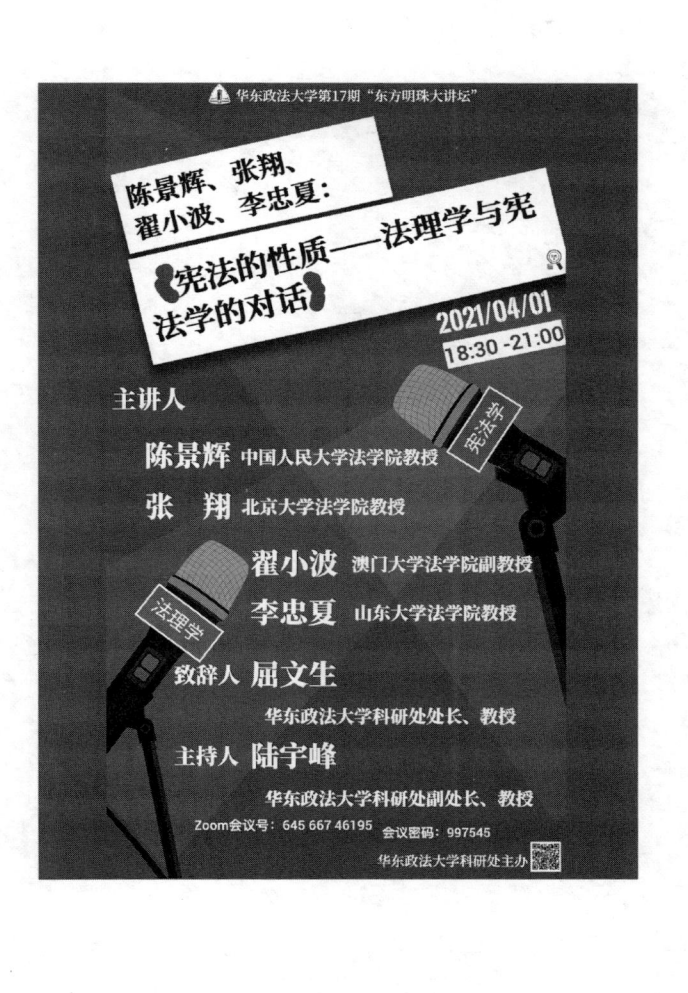

华东政法大学第17期"东方明珠大讲坛"

陈景辉、张翔、翟小波、李忠夏：
宪法的性质——法理学与宪法学的对话

2021/04/01
18:30-21:00

主讲人

陈景辉 中国人民大学法学院教授

张　翔 北京大学法学院教授

翟小波 澳门大学法学院副教授

李忠夏 山东大学法学院教授

致辞人 屈文生
华东政法大学科研处处长、教授

主持人 陆宇峰
华东政法大学科研处副处长、教授

Zoom会议号：645 667 46195　会议密码：997545

华东政法大学科研处主办

第 17 讲
宪法的性质
——法理学与宪法学的对话

时　间：2021年4月1日
地　点：线上
主持人：陆宇峰（华东政法大学科研处副处长、教授）
主讲人：陈景辉（中国人民大学法学院教授）、张翔（北京大学法学院教授）
与谈人：翟小波（澳门大学法学院副教授）、李忠夏（山东大学法学院教授）

一、开场致辞

陆宇峰教授（主持人）：

各位嘉宾、各位老师、各位同学大家好！欢迎来到华东政法大学"东方明珠大讲坛"，我是主持人陆宇峰。

本期大讲坛邀请到了中国人民大学法学院陈景辉教授和北京大学法学院张翔教授，他们将带来一场"法理学与宪法学的对话"。这场对话的背景是张翔教授和陈景辉教授的文章。《中国法律评论》2019年第 1 期发表了张翔教授《宪法与部门法的三重关系》一文,主张以明确效力等级的纵向思维处理宪法与部门法的三重关系,即"法律对宪法的具体化""法律的合宪性解释"和"法律的合宪性审查"。陈景辉教授随后在《中外法学》2021 年第 2 期发表《宪法的性质:法律总则还是法律环境?从宪法与部门法的关系出发》一文,认为上述三重关系只有"法律的合宪性审查"成立,其他两重关系不成立。特别是"法律是宪法的具体化"不仅不成立,还会导致"宪法是法律总则,宪法学是法学总论"的"宪法学帝国主义"。陈景辉教授从法理学角度,对宪法的性质做出了全新理解:宪法是对法律环境的恰当反映。随后,张翔教授在《中国法律评论》公众号刊文,对陈景辉教授的批评文章从四个方面做出初步回应,进一步引发法学界的广泛关注。今天我们请这两位顶尖高手来大讲坛展开"明珠论剑",把这场重要的理论争论以口头互动的形式更直观地呈现出来,以启发、推动法学界的进一步思考。

"东方明珠大讲坛"通常会设置与谈人,而这次与谈人的设置更加重要,因为他们完全可能起到"煽风点火""推波助澜"的作用。第一位与谈人由陈景辉教授"点将",为澳门大学法学院翟小波副教授;第二位与谈人由张翔教授"点将",为山东大学法学院副院长李忠夏教授。再次欢迎大家光临!首先,有请我校科研处处长屈文生教授致辞!

屈文生教授(华东政法大学科研处处长):

尊敬的陈景辉教授、张翔教授、翟小波副教授、李忠夏教授,线上的老师们、同学们,大家好!今天我们邀请到全国法理学、宪法学界四位最富影响力的中青年学者,就全国法理学和宪法学界共同关注的"宪法的性质及宪法与部门法的关系"问题,从不同的理论视角出发,展开顶级选手之间的高水平讨论。十分令人期待!

张翔教授一直致力于推动宪法学与部门法学的对话,认为不管是宪法学者还是部门法学者,都要有将宪法与部门法进行关联的自觉意识,既不应互相漠视,也不可自以为本学科能够自足,而更应当走向宪法教义学与部门法教义学的体系融合。这种体系融合的理论基础就在于他以"三重关系"概括的宪法与部门法的交互影响关系。

陈景辉教授的文章,则试图从法理学角度出发消解这一理论基础,并同张翔教授展开有益的学术对话。陈景辉教授否定部门法是宪法学的具体化,从而坚决捍卫部门法学的自主性,在很大程度上否定了宪法学对于部门法学的指导作用。因此,张翔教授不得不做出回应。眼下这场讨论引起了法学界广泛的关注,二位学者确实提出了非常值得讨论的、针锋相对的理论议题。这个议题对于中国法学研究乃至法治实践的未来发展,都可能有十分重要的意义。

这也是另外两位知名中青年法学家,澳门大学翟小波副教授和山东大学李忠夏教授也作为与谈人饶有兴致地参与讨论的部分原因。众所周知,翟小波老师既是宪法学家,也是法哲学研究者。我想,今天他不是简单地帮腔,而是要提出自己的真知灼见。李忠夏老师不光是知名的宪法学者,他还与主持人陆宇峰老师一样,都是我国系统论宪法学研究的中青年代表人物。因此,李忠夏教授对宪法的性质,以及宪法与部门法的关系也一定有独特的认识,或者说有独特的认识路径。总的来说,我相信翟小波、李忠夏老师的加入会使今天的讨论层次更加丰富。

我的致辞就到这里,谢谢大家!

二、 主讲环节

陈景辉教授：

  谢谢华东政法大学的邀请，感谢屈文生教授、陆宇峰教授，给我、张翔、小波、忠夏都提供了一个很好地表达自己看法的机会。《宪法的性质：法律总则还是法律环境？从宪法与部门法的关系出发》已在《中外法学》2021年第2期发表，关于文章细节的讨论，在此就不占用太多的时间，我将从写这篇文章的原因和文章的基本结构这两方面展开论述。

  就基本属性而言，这篇文章的性质是宪法的法理学讨论。这首先涉及一个问题，即法理学研究宪法的原因是什么？换言之，法理学作为一个一般性的理论，为何要展开对宪法的研究？在表面上，宪法是一个实在法，且各国宪法规定存在明显差异，所以宪法难以作为一般理论的研究对象。因此，法理学关心宪法的原因，也将是写这篇文章最基础的原因。

  原因有两个。第一个原因，是我在看张翔教授《宪法与部门法的三重关系》一文后直觉认为，文章所主张的内容很像法理学原来给自己的定位。传统上，法理学被看成一种法学的基础理论。虽然今天的法理学已经不再使用法学基础理论这个名称，但在内容上并无实质改变。不同学校出版的法理学教科书存在着大量共同的内容，比如法律关系、法律体系、法律解释和法律推理等等。对这些原本充斥在各个部门法里的内容，法理学进行了一般化的讨论。以此为内容的法理学，在传统上就被称为法学基础理论。我将此种法学基础理论式的法理学定位为一般法教义学,或者是法学总论。法学基础理论式的法理学主张自身是法学的总论。而如今的宪法学,似乎也在主张自己的法学总论定位。

但法理学并不是法学基础理论。若法理学是法学基础理论,法理学的性质就是一般法教义学。一般法教义学预设了"一般法"这个实在法的存在,然而并不存在被叫作一般法的实在法,因为每个实在法都是具体存在的。根据我过去的讨论,如果法理学被理解为法学基础理论,这会导致知识冗余,这样的法理学注定会死亡。因此,法理学是法学总论、一般法教义学和法学理论基础这一说法是错误的。这种理解之下的法理学已经开始退出历史舞台,但宪法学好像突然占据了法理学原有的这个位置。张翔教授认为相较于法理学,宪法学主张其作为法学总论的基础更为牢固,且更有力量指导其他公法。因为宪法学存在一个实在法的依据,那就是被认为是最高法和母法的宪法。但在我看来,如果宪法学是法学总论,宪法是法律总则的话,这将构成学说和规范上的冗余。我的文章的一个部分其实就在回应这件事情,我一开始就反对这样的宪法观念。

但直觉上的反应显然不能成为系统讨论的基础。我之所以要写一篇看起来非常复杂的文章来研究宪法的性质,是因为另一个非常重要的性质,它使得法理学对宪法的研究具备了正当性。这个性质是:宪法本身具有一般属性,而法理学作为一般理论,其研究对象本身须具有一般性。虽然每个国家宪法的规定不同,但宪法还是拥有一个非常明显的一般性,即宪法是唯一一部在性质上或者整体上必然同时涉及其他所有法律的法律。若将这些法律划分成各种不同的法律部门,宪法就是唯一一部在性质上或整体上同时涉及其他部门法的法律。所以,第二个原因就在于宪法的"一般"属性,宪法的"一般"属性使得法理学研究宪法有了正当性。

宪法垄断了"与部门法"的表述，只有"宪法与部门法"或"宪法与其他法"的表述适当，而不当有其他法"与部门法"的表述，例如"民法与部门法"这一表述并不成立。宪法之外的其他部门法或者只与"特定部门法"存在性质上的必然关联，例如民法和民事诉讼法、刑法和刑事诉讼法；或者只与其他部门法存在"部分内容"上的必然关联，例如民法中的侵权与刑法中的犯罪，刑法涉及与其他部门法的"罚则"部分。而只有宪法具备性质上或整体上的关联。正因为宪法的一般属性，法理学介入宪法研究便具有了充分的正当性。所以我将文章属性定义为法理学的论文，而非宪法教义学的论文。

韩大元教授一直在使用宪法释义学或者宪法解释学这样的语词，而张翔教授一直在使用宪法教义学这样的语词。韩大元教授的宪法释义学或者宪法解释学可能更偏重价值的部分，而张翔教授所讲的宪法教义学更偏重价值中立的法教义学。张翔教授2018年在《中外法学》发表了《我国国家权力配置原则的功能主义解释》，在我看来张翔教授也开始走向了非理想的规范理论。传统上中国的宪法理论存在两个对立的主张，除了韩老师和张翔所主张的宪法理论(我将其称为宪法的实在法理论)之外，仍然有一部分学者在主张政治宪法学。政治宪法学是理想的规范理论单独适用宪法后带来的结果。换言之，当我们把宪法学视为一套关于宪法的理想理论时，就会出现政治宪法学。我反对宪法的实在法理论和政治宪法学，理由在于一套完整的宪法理论应包含三个部分：(1)由宪法教义学与宪法的非理想规范理论共同构成的宪法的实在法理论；(2)宪法的理想规范理论；(3)宪法的后设理论。因为都要受制于宪法文本的拘束，所以如果忽略法教义学和非理想的规范理论的区别，把它们当作一个整体来对待，便会出现宪法的教义学或者宪法的实在法理论。再进一步，可以把宪法的理想规范理论叫作宪法的价值命题,把后设理论叫作宪法的概念命题,把宪法的实在法理论叫作宪法的实在法命题。完整的宪法需包含以上内容才能形成,而且宪法的实在法理论要依赖宪法的价值命题和宪法的概念命题才能得以成立。如果宪法的实在法理论缺乏理想的规范理论和后设理论的支持,那么这套宪法可以变成任何的内容,也可以把任何的内容放到宪法里面,这就导致缺乏任何有意义的限制。同时,如果宪法只是一套理想的规范理论,即宪法的最高法的地位或宪法长期持续存在之类的属性,就都有随时崩溃的危险。因为关于理想的规范理论或者理想价值的理解总是充满争议,而宪法本身所拥有的稳固国家基本政治和法律制度安排的效果就会丧失。但政治宪法学的缺陷并不意味着宪法的实在法理论就是成立的,因为它们两个都是对宪法的片面观察所带来的结果。

我提供的是一个关于宪法的完整理解。宪法的完整理解由三部分组成,即宪法的实在法命题、宪法的价值命题和宪法的概念命题,这是通过法理学的基本结构来看待宪法而呈现出的。

当然我不是第一个关心宪法性质的法理学者。在近些年里,英语传统国家的法理学者讨论宪法的热情越来越高涨,已经有非常多处理宪法问题的书或文章。以"On the Authority and Interpretation of Constitution"一文为出发点,拉兹(Raz)对于宪法的法理学呈现出"厚"和"薄"两个方面的理解。宪法"薄"的含义只有一个部分,即任何一个法体系必然包含着一部宪法,如果没有宪法的话,这个法体系其实不会存在。宪法的"厚"的含义由7个部分组成:(1)宪法定义了政府不同分支的主要机关之组成与权力;(2)宪法是长期持续存在的稳定框架;(3)宪法拥有一种正式的表现形式;(4)宪法是最高法;(5)宪法可司法化:合宪性审查;(6)宪法是稳固的、刚性的;(7)宪法表达了特定社群的共同意识形态。拉兹的理解并非完美无缺,他仍然没有把宪法作为一个完整的结构来对待。但拉兹提供了一个很好的素材，构成了推导宪法的三个命题的基本素材。

宪法的三个命题包含实在法命题、概念命题和价值命题。实在法命题主要由拉兹的宪法的"厚"的意义的前6个内容组成，并可以进一步划分为两个部分：第一部分，宪法是最高的实在法，是在特定国家正在生效的法律，并具有最高性。宪法是最高的实在法寓含着合宪性审查的部分。第二部分，宪法是最稳固的实在法。通常成文宪法等同于宪法典，因为宪法典在修改上存在巨大的困难，一旦被写入宪法典就不能轻易被改变，宪法的修改程序是一套独特的刚性修改程序。宪法的概念命题即宪法是法体系得以存在的概念性条件。换言之，当一套法体系存在，就意味着宪法的存在。反之，若不存在宪法就不存在法体系。当然在现实生活中，可能存在一部没有被叫作宪法的法律扮演着宪法功能的情况。就像民法学者曾经主张的，在长久以来民法充当着宪法的角色。但是如果连这种非实质的、非名义的宪法都不存在时，法体系当然也不存在。宪法的价值命题指宪法体现了一个社群/社会的共同价值，正是因为共同价值的存在，一个社群/社会才能区别于其他的社群/社会。

一个完整的关于宪法的理解由以上三个命题共同构成。需注意的是，不能将实在法命题中宪法是最高法和宪法是最稳固的法律这两部分内容割裂，因为它们分别根源于宪法的概念命题和宪法的价值命题。

张翔教授提出了宪法的三个功能：第一个功能是部门法是宪法的具体化，部门法必须主动落实宪法的内容。第二个功能是合宪性审查，即部门法不能违反宪法。所以，第一个功能是主动的、"向下"的，第二个功能是被动的、"向上"的。部门法是宪法的具体化和对部门法进行合宪性审查，这两者构成了一个两分的分类。第三个功能是合宪性解释,合宪性解释要么属于宪法的具体化,要么属于合宪性审查。因此,我将合宪性解释取消作为一个单独类型。将剩下的宪法具体化与合宪性审查两者和实在法命题比对,就只有合宪性审查这一部分。这在文章中已有论证,此处不再赘述。因此,宪法只扮演消极性合宪性审查这一角色。当然,宪法不仅依靠合宪性审查就能够把不同部门法凝聚成一个统一的法体系,我正在写的文章试图要证明,依照合宪性审查,宪法依然可以把不同部门法组合成一个真正的法体系。

尽管法律环境的争议很大,但这个概念是关于宪法的最重要理解。所谓法律环境是针对概念命题和价值命题两者的。概念命题和价值命题可能产生冲突。概念命题通常会引出形式法治的价值,而价值命题则是共同的价值,常会呈现为一个社群绝大多数的民众所形成的某种共识,因此二者之间是存在矛盾的。如果二者发生矛盾,那么法律环境会支持实在法命题,缘于实在法上的宪法是最稳固的最高法。由此,就需要尊重宪法,尊重宪法中的条文,不需要透过宪法去考虑更多的东西。但是,如果要在实践中获取对宪法条文的有效尊重,则概念命题和价值命题必须处在一个相互支持的状态。若二者不相互支持,即二者之间存在矛盾,那么一套实在法命题所呈现出来的宪法文本是几乎没有意义的。

如何协调概念命题与价值命题各自所拥有的形式法治的价值和经由共识所呈现出来的价值,使共同价值和形式法治形成相互支持的关系,这就是对于法律环境的脱离。一旦能实现该目标,实在法命题中所包含的"宪法是最稳固的法律和对宪法条文的尊重"之要求就成为可能。在这种情况下,价值命题里的共同价值一定是关于如何解决争议的二阶共识,而不是关于如何解决具体争端本身的一阶共识。因为只有如此,才有可能从形式法治和共同价值冲突的法律环境当中走出来。

当然光把它变成二阶共识是不够的,形成二阶共识后必须严格遵守它,形式法治就会去支持二阶共识。从法律环境当中走出来的宪法,在实在法上获得了最高法和最稳固的法律的效果,于是宪法条文本身就成为一个被值得尊重的、值得认可的和必须被落实的法律规定,使得实在法体系当中的其他部门法得以成立。

宪法的实在法命题后的箭头指向其他部门法,其他部门法和宪法一起构成了今天所说的实在法体系,同时最高法和其他部门法之间形成了二阶关系。二阶关系是一个单向指向关系,即最高法指向其他部门法,要求其他部门法不能够跟自己冲突,但并非要求其他部门法落实宪法要求的具体化的内容。正是因为二阶关系的存在,才可以彻底否定宪法对于部门法提出的具体化的内容。二阶关系的存在,使得我反对凯尔森(Kelsen)的逐层授权、逐层上升的体系,并接受哈特的双重规则的结构。

以上是文章的基本结构,谢谢各位!

陆宇峰教授(主持人):

谢谢陈景辉教授言简意赅的发言。陈老师向我们介绍了文章的写作背景。一方面,他反对张翔老师进行"宪法的法理学"讨论,认为这是一种早已被他否定的、改头换面的"法的基础理论",因此他直觉性地感到有必要提出批评。另一方面,陈老师认为宪法的一般属性本身属于法理学问题,法理学研究者应该加入讨论。陈老师区分了三类宪法学研究,相应地分析了宪法的三项功能以及它的三个命题,即实在法命题、概念命题和价值命题,并在此基础上对张翔老师的文章进行了驳斥。众所周知,陈景辉教授的分析法学功底十分深厚,是我国分析法学研究的主要代表人物。近年来,他又用分析法学的"内功心法",转战法律解释、法律职业、人工智能、转基因、比例原则和基本权利等多个研究领域,推动了多个研究领域的基础理论研究。他的文风也别具一格,在法学界独步武林,具有高度缜密的逻辑,雄辩之至,总给人感觉"事情就是这样,没有别的可能,不会是其他的道理"。那么在宪法学性质这个问题上,他今天的论证是不是仍然如此呢？有请北京大学法学院张翔教授,时间30分钟。

张翔教授:

感谢华东政法大学的邀请,谢谢屈文生老师和陆宇峰老师,也要谢谢景辉、小波和忠夏几位好朋友的参与!

陈景辉老师对他的批判做了一个解释说明,我认同陈景辉老师最初提到的法理学研究宪法的理由,法理学应为整个法学科提供关于基础概念、基础价值、基础原理和基础方法等资源,因此我也非常欢迎陈景辉老师就宪法的法理学研究进行讨论。陈景辉老师的发言让讨论有了进一步拓展和深化的可能性。《宪法与部门法的三重关系》已在《中国法律评论》2019年第1期发表,在此就不再对文章的细节进行讨论,接下来我将会阐述法理学何以在今天介入到宪法与部门法关系的讨论中。

首先进行历史回顾,回顾我国宪法与部门法关系的讨论是何时开始的。2011年齐玉苓案开启了我国宪法学与部门法学之间的对话,在该案中法院直接依据宪法裁判,引起了巨大的反响。该案裁判者原想推进宪法的司法化,在司法领域中适用宪法,但却在不经意间引起了宪法在民事法律上发生效力的问题。该案对于整个中国法学界的冲击之大,把整个法学界推到了问题最前沿,而当时整个法学界是毫无准备和十分慌乱的,以至于不知从何下手。此后,宪法学界就开始了关于基本权利第三人效力,也就是基本权利在司法上的效力的研究,乃至于拓展了整个基本权利基础理论的研究。该案件对于宪法学的影响极为深远,最终也影响了部门法学。此外,2006年《物权法》草案违宪的争议亦是宪法学与部门法学对话中一个非常重要的事情。当时是法理学者提出《物权法》草案违宪,这场对话涉及内容之多,在此就不展开了。上述两个事件在宪法与部门法关系理论的历史上有着非常重要的启动意义。

我国宪法学界和部门法学界的对话起源于两场对话。第一场对话是2005年12月份韩大元老师和黄京平老师在中国人民大学组织的一场刑法学和宪法学的对话。第二场对话发生在半年后,2006年产生了《物权法》草案的违宪争议,于是又组织了一场民法学和宪法学的对话。回想起来,两场对话时间较早,虽名为对话,但真正意义的学理交锋并不多。双方对于对方的知识、话语和关切都非常陌生,某种意义上大家都只是在表明自己所处的立场。后来,学界才开始相互理解。

今天基本权利第三人效力的相关问题已是民法课堂的必讲内容了,然而在当年对于这个问题,两个学界其实可能都不太熟悉。但是自两场对话后,我逐渐感受到我国法治实践开始出现部门法向宪法提问的现象。宪法与部门法关系的讨论绝不是学者自娱自乐,而是因为中国法治发展出现了很多具体争议问题。这些争议问题最早都发生在部门法领域,但部门法学者在解决问题的过程中发现需要宪法的支援,此时部门法的实践才开始出现了部门法向宪法提问的现象。

在此种背景下,如在齐玉苓案中,其实宪法学在相当程度上是被动的,若宪法无法解决部门法提出的问题,宪法是最高法和根本法的意义便无从谈起。虽然宪法在某种意义上做出了一个被动的回应,但仍需要一个关于宪法与部门法关系的理论模型,即宪法与部门法关系的讨论应置于一个分析框架下,置于一个逻辑中。这就是我在整个研究过程中慢慢产生的问题意识。当然,这样一种理论模型的概括式、体系化思考是事后产生的,起初只是对一些具体问题和争议的思考。例如我在研究宪法的财产权时,关注到了一些部门法上的财产权问题:《物权法》颁布之后,在《民法典》的编撰过程中,关于住宅用地使用权到期后是否免费自动续期的问题,引起了社会公众的广泛关注。民法学界对此也有着非常大的争议,可以说是完全对立的争议。此时,如果引入宪法上的财产权和宪法上国家所有的视角,就可以为这种问题的解决提供宪法学上的视角。另外,北京升级机动车限行政策也构成了一种对于财产权的限制。这一方面需做好宪法上关于财产权的教义学的建构,另外一个方面必须关注现实中的财产权具体实践状况。此外,还有个人所得税征缴范围的问题,这实际上会涉及宪法上财产权与个人生存保障的问题。因此,在研究中如果以一个宪法学的视角去看,便会发现很多部门法的问题都展现出一个宪法争议的层面,都需要宪法学做出回应。这也催生了我对于宪法与部门法关系的理论模型的建构。

与此同时,我也在探寻究竟何为宪法的法理意涵。宪法的出现对法理学产生了挑战,宪法对于法律秩序、法律体系和法律理论的冲击是非常大的。换言之,传统的历史久远的法理学和法哲学能否对来自宪法的新的冲击做出有效的回应,这亦是值得探讨的。这种冲击在于宪法在现代法治中发挥了两个非常重要的功能:第一个功能,宪法为现代国家的合法统治提供了一个方案,即统治必须是合乎宪法的;第二个功能,宪法对法律的秩序进行一个纵向的位阶划分。宪法在现代法秩序中作为人民的最高法律,在整个法秩序中具有优先性,宪法具有优先于一切国家行为,包括立法行为的优先性。在宪法出现之后,整个国家的统治就转化为了一项宪法委托的事务。无论法律存在了多久,在现代的宪法的秩序之下，一切法律的统治都是一件宪法委托的事情，包括立法在内，由此也就产生了对于整个法律体系的影响。

存在理解宪法对于现代法秩序影响的两个视角。第一个是凯尔森视角，在他看来，宪法是一个最高的实证法，是法律的法，也叫创设规范的规范。在制度体现上，凯尔森最早主张德国和奥地利的宪法法院是合宪性审查的两大典范，而所有的部门法都不可以抵触宪法。凯尔森强调，宪法法院可能会承担一种消极立法者的功能——立法若是超越宪法或违背宪法，将被排除出法秩序。第二个视角，在现代宪法之下，作为宪法的实质性内容的基本权利被赋予了一种客观价值秩序的地位，它对整个法秩序产生了一种辐射的作用，这也是受斯门德（Smend）的整合理论所影响的。德国战后的吕特判决则产生了重要的奠基性的作用，从吕特案起，包括民法等传统上被认为与宪法不相关的司法领域都会被纳入到宪法秩序或宪法的基本权利的影响之下。现代法秩序下，法理学在宪法产生后受到了冲击。某种意义上，陈景辉老师的文章就是在为法理学回应宪法带来的冲击做努力，陈景辉老师引用拉兹的文章提示了一个非常重要的知识资源。

在此背景下，我开始尝试建构宪法和部门法关系的一个理论模型，其中有三个层次：第一个是法律对于宪法的具体化，第二个是法律的合宪性解释，第三个就是法律的合宪性审查。我没有使用"部门法和宪法关系"的表述，但我并不否认这一用法。因为"实质意义上的宪法"除了宪法典和各种组织法之外，还包含了散落于各个部门法中的规范；而各部门法又往往将宪法典的部分条款作为本部门法的当然内容。使用"部门法和宪法关系"的表述可能会产生逻辑的混乱，所以我做了一个语词的改造。

第一个层次是宪法对法律的具体化，即宪法对于很多问题做出了原则性的、概括性的规定,而法律在具体的操作中对其予以展开。第二个层面指,在法律做出规定后,法律的实践过程中又需要对法律进行一种合宪性的控制。换言之,解释法律需合乎宪法的要求。第三个层面,当法律具有违宪嫌疑时,需对其进行合宪性审查。

我想举一个我之前研究的例子来简单说明。2012年《刑事诉讼法》第188条第1款规定,经人民法院通知,证人没有正当理由不出庭作证的,人民法院可以强制其到庭,但是被告人的配偶、父母、子女除外。法条的前半句是在具体化宪法上规定被告人有权获得辩护的权利,而后半句是在具体化宪法上的婚姻家庭保护规定。按刑诉法学者的理解,被告人有权获得辩护必须被解释为被告人有权获得有效辩护,而被告人要想获得有效辩护权必须要求证人出庭,证人出庭又必须要求不利证人出庭,因此强制证人出庭就成了保护被告人获得辩护权的宪法要求具体化。与此同时,我们宪法上非常抽象模糊的婚姻家庭受国家保护之规定,在刑事诉讼法的领域具体化为:婚姻家庭关系中的配偶、父母、子女不出庭指证自己的亲人构成犯罪。这一条文是一个典型的对宪法的具体化,虽然该条文在具体操作中出现了争议。某案中妻子指证自己的丈夫构成犯罪,且录像后在法庭上播放。当犯罪嫌疑人要求质证时,法院根据《刑事诉讼法》第188条,驳回强制妻子出庭作证的要求,因为她是犯罪嫌疑人的配偶。此案引发了一种极大的法感情的焦虑,即在妻子指证自己的丈夫犯罪的情况下,却出于保护婚姻利益的角度不让妻子出庭作证。该案中出现了两项宪法被具体化的内容,而何以解决两项价值之间的相互冲突,可能需要对该条款进行合宪性解释。我对该条款做了合宪性限缩的解释,在此不具体展开了,如果有兴趣大家可以去看一下相关的论文。

在现代的法秩序之下,部门法向宪法进行调整的现象非常多,例如意大利刑法。意大利刑法是一个法西斯的刑法,但其在新的自由民主宪法之下进行了一系列的调整后脱胎换骨,成为一个合乎宪法秩序的刑法。在《民法典》出台的背景下,我在关于民法的人格权的研究里考查了德国的民法典。借助德国民法学者的研究,我发现德国战后民法人格权保障的演进是这样的:在宪法做出价值宣告之后,由民事法官以承担宪法义务的方式,超越了民法典的既有结构和既有内容,进行一种判例法的创造,而这种创造最终又得到了宪法法院的确认。某种意义上,整个民法也在向着宪法的要求来调整。给大家推荐一本最近出版的好书《柏林共和时代的德国法学》,其中有一句话很好地概括了这种现象,即各个法领域的宪法化,至少是德国当代法学的一个重要的标志。现代宪法的最高性和人权保障属性使得所有的部门法都有着一个向宪法调整的要求。

陈景辉老师批判了宪法是法律总则,宪法是法学总论的观点,但我并不这么认为。虽然宪法是最高法,但是宪法与部门法之间产生的是一种交互影响的效果。一方面,宪法要依靠部门法去落实,比如上述宪法上被告人获得辩护的权利。没有部门法,没有刑事诉讼法,根本不存在落实的可能性。另一方面,在落实之后,对于该部门法的解释,要进一步以宪法的精神去笼罩和控制,向着宪法要求的理想状态去进行调试。因此宪法学者一定要尊重部门法的法秩序建构,也要理解和尊重部门法的学理。反过来,部门法学者出于实现宪法中宪法秩序和谐性的目标,对法律做合宪性的解释乃至产生合宪性的需求,并使二者形成一种相互的动态调整,我将其称为交互影响。交互影响一词出现在德国法学上,意为宪法跟法律之间的关系不是单方决定的,更多是一种交互的影响。

宪法学界的很多学者也提出过类似的观点,比如杜强强教授和白斌教授在研究宪法和刑法的关系时,都在阐述宪法规范与刑法规范之间的诠释循环或者相互的动态调试关系。白斌教授谈道,在宪法与部门法关系的问题上要思虑周全,须强调的是,部门法的研究可能比一个纯粹的宪法研究要付出更多的努力。我在做刑法研究时特别做了一个方法上的主张,即将刑法学的重要理论置于宪法教义学的观察之下,并在刑法的规范与学理基础上思考国家刑罚权的界限问题。在尊重刑法学既有学理的前提下,再去讨论刑法体系的核心调整,最后来寻找刑法和宪法学沟通的渠道,形成整个法教义学的体系。

简单地说,如果要做宪法与部门法关系的研究,需要对以下一些理论工具有所掌握,比如基本权利的双重性质,特别是与基本权利对部门法的辐射效力相关的理论,以及在部门法里常会出现的基本权利冲突的问题;在法学方法上须了解法律的合宪性解释,包括限缩等;了解比例原则和法律保留原则等要求,以及方兴未艾的部门宪法研究。

关于宪法与部门法关系的研究中,我曾经概括过两种现象,即部门法学者的漠视和宪法学者的傲慢。最初的确存在这两种现象,当然这两种现象都是有问题的。部门法学者觉得宪法学者根本不懂部门法中的专业问题,也懒得搭理宪法学者。而宪法学者认为宪法是最高法,部门法需听从宪法。但是,如今宪法学者的傲慢已不复存在,部门法学者的漠视也在大幅度改善,至少在我自己的学术朋友圈中,我所接触到的刑法学者、民法学者以及各个部门法的学者都非常乐意去讨论宪法的问题,因为这是他们研究中实实在在需要讨论的。陈景辉老师这篇文章的出现引入了第三个非常有意义的维度,即法理学者的批判。当我们讨论宪法与部门法的关系时,发现它是一个跨学科的问题,而这样的问题需要的是更加清晰的逻辑,也需要更加深入到法学的基础理论层面,而此前的交流更多停留在法学方法论层面。今天其实陈景辉老师提示着我们要在法概念、法效力和法价值的层面去思考问题。和法理学者的交流会让我产生这样的感觉：原来自己想的东西太表面了，其背后的逻辑并不贯通，而陈景辉老师的批判是非常有价值的。

　　我最近也在做关于宪法概念、宪法效力和宪法渊源的一些梳理。如何理解宪法是一个非常有趣的问题。对宪法做一种过度形式化的理解可能也是有问题的，而对于宪法的这种实质性理解，会影响我们对于宪法和公法关系的看法。另外一个讨论是，在法理学界，对于不同的宪法学流派有这样一种批评，认为建构这样一种宪法跟部门法的关系，有可能会出现取消政治的倾向。特别是涉及立法是对宪法具体化的主张时，有可能会取消立法活动中的政治因素，因为立法应当是一个政治的协调过程。如果认为立法只是对宪法的具体化，那政治过程就没有意义了。这样是不是发生了法律对政治的压倒性胜利，是不是会出现宪法取代了政治、司法取代了政治的情况？这个问题我之前做过回应，结论是不会的，因为宪法其实为政治留下了活动空间。按照宪法作为一种框架秩序的理论，政治在宪法的框架中是有足够的运作空间的。

　　另外，关于景辉这次提出来的部门法和宪法帝国主义的问题，在我看来也是不成立的。因为部门法有其固有学理，并不因宪法是最高法而崩塌，部门法的固有学理可以向着宪法去调整。比如，刑法学的法益保护说，在法益的界定上开始把法益的实质内容用宪法基本权利保护去填充。这是对的，但是我们并不会取消作为刑法基础理论的法益保护理论。那么，至于刚才景辉所讲的宪法帝国主义，相信从我前面的论述以及我引用的杜强强、白斌的观点中可以看出，至少我们都不是帝国主义者。

　　景辉特别强调了一点：如果认为部门法是对宪法的具体化的话，那么具体化的过程会不会消解后面的合宪性审查？既然具体化的过程里就要进行合宪性审查,那么后面还要不要合宪性审查?在我看来,从实践的角度看这两个东西经常会同时存在。立法过程中会对法律草案的合宪性进行审查,而法律通过之后仍然有可能接受合宪性审查,这个问题我在那篇回应文章里面做了具体的说明。

这些问题一方面是我对景辉批评的回应,另一方面,相信对于在未来从更深刻的基本理论、基本概念、基本价值的角度去理解宪法和部门法的关系也是非常有意义的。所以,景辉一开始说要拿我作为靶子来进行批判,我觉得这是一件好事。因为我认为无论是对宪法学而言还是对法理学而言,这样的一个讨论对于这两个学科的发展都是有意义的。更重要的是,我觉得这样一个讨论对我们中国的法治建构是有意义的。

好,我就先说到这里,谢谢!

三、与谈环节

翟小波副教授:

首先感谢华政的屈老师和宇峰兄组织今天这场讨论。我也很高兴可以和张翔兄、景辉兄和忠夏兄一起讨论这个基础性的理论话题。

首先,在讨论宪法的性质的时候,我们究竟是在讨论什么问题?我们不是在讨论特定国家宪法安排的性质,不是在讨论具体的宪法文本。这些问题受到特定时空下的各种具体考量或偏见的左右,经常受到"实践上的方便"的影响,很可能显得 arbitrary(独断的)。我们是在讨论典型的宪法、宪法的核心例证的性质。宪法是政治法,是构造和限制一个国家的主权与政权体系的规范体系,它的典型内容包括国体、政体、国家结构和基本权利。

其次,我们不是在讨论某某学者关于制度设计的具体主张;相反,我们是在讨论他们关于宪法性质的理论命题,或者说,他们的具体主张所有意无意预设的,或他们所依赖的学术资源中蕴含的普遍性命题,以及这些命题逻辑所导向的更深层命题。就此而言,我认为景辉老师和张翔老师交锋的意义在于向我们展示了两种宪法概念,说得更广一点,即两种宪法理论。

接下来,我首先谈一下我对景辉老师的宪法概念和理论的理解,然后过渡到张翔老师的宪法概念和理论。

景辉老师从拉兹关于宪法的七个特征来推导出他的三个命题。我认为,他的这个策略把问题不必要地复杂化了。对于他的一些具体推导过程,我也不是很认同。但这些方面不重要,重要的是,景辉老师提出了一个关于宪法的完整理论。在与张翔老师交锋的这个语境里,景辉老师的完整理论可以集中地表达为下述命题,即(1)宪法与所有其他法之间存在质的差别,二者属于完全不同的范畴:宪法不是所有其他法的总原则;(2)宪法是二阶规范,所有其他法是一阶规范;(3)宪法为所有其他法的创造和运行提供组织基础(或环境)并设定疆界,其他法不可能是宪法的具体化。具体说来,这个关于宪法的完整理论由关于宪法的三个命题构成。

第一个命题是概念命题。概念命题是对人们关于宪法内容共识的抽象。典型的宪法有两大内容:一是关于主权和政权在组织与程序方面的构造,二是基本权利。概念命题首先包括构造命题:宪法是国家权力体系的规范根据,具体说来,宪法创造最高权力机关,创造立法者,立法者再去创造所有其他法。就此而言,宪法是法体系的基础,是法体系必然的构造性前提。我认为,景辉老师的概念命题还需要做一些补充或修正。景辉老师在论文中提到将构造命题作为概念命题,这的确有些令人困惑。比如他讲到,秦朝虽然有构造性规范,但是并没有宪法。遗憾的是,景辉老师在这里的讨论不彻底。我认为,构造命题并不足以说明宪法的概念,还必须要引入另外一个独立的命题,即限制命题。这一方面是因为限制主权者是关于宪法概念的一个基本共识,另一方面是因为构造性规范和限制性规范在逻辑上与实践中都是可以分开来的。虽然构造性规范也可以起到限制性作用,但单纯的构造性规范——即便是它们可以起到限制性作用——的存在并不足以表明存在宪法。比如极权政治、独裁政治、专制政治等都会有构造性规范,这些构造性规范都会对主权者起到限制性作用,但我们不会认为这些政治体有宪法,因为它们缺乏独立于构造性规范的限制性规范。所以,对宪法概念来说,除了构造性规范之外,独立的限制性规范是同等重要的,最典型的限制性规范就是基本权利。在构造性规范之外加入限制性规范,从而把原来的一元的概念命题转化成二元的,这是我对景辉老师的概念命题的修正。我认为,这种修正也是景辉老师的概念命题所蕴含的,因为只有经过这样的修正,景辉老师所主张的宪法与法治在概念上存在必然关联这个观点才可以成立。

第二个命题是价值命题,这是宪法概念的一个极其重要的方面。宪法构造了大家共同生活的制度空间,它必定表达了某种价值共识;而且,这种价值共识是在价值多元性或价值分歧的基本而普遍的事实之上形成的价值共识。所以,这种价值共识必定是二阶的,是关于如何解决价值分歧的价值共识。我们可以说,宪法表达了一个共同体关于二阶价值的信念,反映了二阶价值共识。景辉老师认为,宪法不表达一阶价值。就此而言,我认为景辉老师也许会同意霍姆斯(Holmes)关于宪法性质的观点。在谈到如何解释美国宪法时霍姆斯说:"我们的宪法是空洞的,我们的宪法是为价值观和意识形态都很不相同的人们制定的。"这里也许隐含了景辉老师和张翔老师的分歧的关键。张翔老师的"所有其他法作为宪法的具体化"的命题似乎预设了宪法体现的价值主要是一阶的、具体的。根据我的理解,宪法所反映的二阶价值共识主要有两个方面,也是二元的。第一,通过政治过程(通常是民主程序)来解决具体的价值分歧;第二,政治过程对具体价值分歧的解决,不可以侵犯基本权利,后者是在特定共同体内凝聚了最广泛、最牢固之共识的基础性价值。

第三个命题是实在法命题,也就是最高法命题。景辉老师认为,实在法命题还包括长期存续性命题,我认为这可能是值得商榷的。我主要是把实在法命题局限于最高法命题。最高法命题很好理解,它来自概念命题和价值命题。按照概念命题和价值命题,宪法就是构造和管控国家主权和政权体系的法,它自然就是最高法。

在景辉老师看来,这三个命题在概念上是独立的,每一个命题都可以用来定义宪法,每一个命题与宪法概念之间都是充分必要关系,这三个命题其实是同一概念的不同的方面。景辉老师旨在通过这三个命题提供一个完整的宪法理论。也就是说,若要完整地理解宪法,就得从这三个命题切入。通过这三个命题,景辉老师旨在说明:在性质和功能上,宪法与所有其他法是不同范畴的规范,所以,所有其他法的创造过程不可能成为也不应该成为宪法的具体化的过程。

我国学者经常会用凯尔森的理论来支持张翔老师的核心命题,即具体化命题。所以景辉老师就批评了凯尔森。关于他对凯尔森的解读和批评,大家可能未必会同意。我这里要强调的是,景辉老师对凯尔森的批评是对是错并不重要,重要的是要理解景辉老师这里批评凯尔森的目的。他的目的是要强调：宪法和所有其他法的关系与上位法和下位法的关系，在性质上是不一样的，宪法和所有其他法分别属于不同的规范范畴。

　　景辉老师认为，哈特的二阶规则理论很好地说明了宪法和所有其他法的差异。按照哈特的说法，一阶规则直接调整人的行为；二阶规则是关于一阶规则的规则，主要是授权性规则，是关于一阶规则的效力条件的规则。我认为，授权性规则恰是二元的概念命题所指的构造性规则和限制性规则的统一体。具体来说，宪法是二阶规则中的承认规则，它最主要的功能就是确定什么样的规则是有效的法律。宪法是二阶规则，其他法是一阶规则，二者的性质是不一样的。这样一来，具体化命题就没有逻辑可能性了。边沁也有类似的说法。他说，宪法之外的所有其他法是直接作用于公民的法，而宪法是间接地、遥远地作用于公民的法。宪法规定政权体系如何造法，然后由造法机关来造法，以规范公民的行为。按照这样的逻辑，法院直接用宪法判案，直接用宪法来确定当事人的权利和义务，便是不可接受的。宪法和每个公民的关系更像是邦联关系，即宪法不直接与个人发生关系，它是通过其他法间接地与个人发生关系；宪法不可以超越其他法，越俎代庖。相反，具体化命题是把宪法和公民的关系当成了单一制关系。

　　与景辉老师的理论对应的是张翔老师的理论。我刚才说，二者存在分歧的一个方面，或许是他们对宪法所体现价值的认识不一样。在景辉老师那里，宪法是表达二阶价值的规范体系，但是在张翔老师那里，宪法不只表达二阶价值，相反，它主要表达一阶价值。

　　张翔老师的宪法理论由四个命题构成：第一，所有其他法是宪法的具体化，该命题处理宪法和立法的关系；第二，合宪性解释命题，该命题处理宪法与司法的关系，用张翔老师自己的话来说就是，司法审判也应该是宪法的再一次具体化;第三,合宪性审查命题,这是守护宪法的第三道门;第四,部门法的宪法化命题,即部门法要向宪法看齐,向宪法调整。张翔老师的四个命题的核心是具体化命题。

张翔老师经常诉诸德国的学说。这些年,国内对德国宪法学说的讨论比较多。通过一些耳熟能详的概念,大家或许可以了解它的主要命题。比如说,宪法是全面的、公私合一的、主动的;宪法是客观价值体系;作为客观价值体系的宪法不仅调整国家与个人的关系,也要调整私人关系,要在所有法律领域、在公民生活的所有领域得到落实;宪法基本权利要辐射整个法律体系。有鉴于此,张翔老师和景辉老师各自的文章,也许分别代表了两种宪法概念和理论,各自都有深厚的渊源。当然,这并不是说二者是同等正确的。我在这里的任务,也不是来判定谁对谁错,而这是一项更加艰巨的理论任务。

最后,我讨论一下三个次要问题。

在景辉老师的文章出来之前,民法学者对具体化命题就有过不少批评。他们首先诉诸公法和私法的划分,认为宪法是公法,民法是私法,两者在性质上不一样,民法就不是宪法的具体化。但这个说法没有很好地解释宪法为什么是公法,而景辉老师的三个命题实际上比较深刻地说明了为什么宪法是公法。此外,民法学者还诉诸历史论证,认为民法的诞生和发展先于现代宪法,所以民法不是宪法的具体化。但景辉老师指出,这种历史论证的局限在于它无法解释晚于宪法而生的其他部门法是否具有相对于宪法的独立性。我认同景辉老师的这个批评。不过,景辉老师认为历史论证在这里是不重要的,这是我不敢苟同的。我认为,历史论证还是很重要的,它确实对具体化命题构成了挑战。张翔老师对此提供了一个回应,他认为即使某个部门法的诞生和发展在时间上先于宪法,但在宪法产生之后,部门法也要宪法化,要向宪法调整。这是一个很有意思的命题。如果张翔老师可以证明，这种向宪法调整，是全面地、以积极具体化的方式来开展的，而不是局部地、以消极不抵触的方式来展开的，那么就可以成功地回应历史论证。

对于具体化的命题，除了历史论证外，还有基于后果主义的批评。比如说，认为具体化命题使民主政治丧失了空间，而张翔老师诉诸"宪法作为框架秩序"的理念来回应这项批评。还有人说，具体化命题或许会限制或剥夺个人的自主性，限缩意思自治的空间。比如说，自愿卖淫、自愿代孕、侏儒自愿被戏弄是否应该被允许？具体化命题会回答说不可以，因为这侵犯宪法上的个人尊严，而宪法上的个人尊严也要调整私人关系。但如果这样的话，个人尊严就成了强迫性的价值，又该如何来保障意思自治或个体的自主性呢？

景辉老师通过三个命题的建构，提出了一套完整的宪法理论，试图取代具体化理论。此外，他还对张翔老师的三个命题的内在逻辑提出了批评。其中之一即具体化命题会导致违宪审查的冗余性。对于这个问题，我同意张翔老师的回应，即具体化是守护宪法的第一道关，合宪性解释是第二道关，违宪审查是第三道关。具体化并不会导致违宪审查的冗余性。但我认为，具体化命题会导致部门法或其他法抗拒违宪审查。比如，关于《物权法》是否违宪的争论发生后，立法者就在《物权法》里写上"根据宪法，制定本法"。这种做法的意图之一就是要阻止对《物权法》是否违宪做进一步讨论。全国人大常委会经常对一些决定和立法做出合宪性确认，其意图之一便是希望阻止其他方面对相关决定和立法的合宪性进行讨论。所以，具体化命题的确会导致相关立法对违宪审查的抗拒。

好的，我就说到这里，谢谢各位！

陆宇峰教授（主持人）：

感谢翟小波老师。翟小波老师既是宪法学家，又是分析法学特别是边沁理论的重要研究者。我想景辉教授请小波老师来，也是双重意味。一方面，景辉老师的文章有个完整版，其中第 31 个注释其实就借用了小波老师的观点，认为部门法体系和部门法实践经常不受宪法变迁的影响。德国民法典与德意志帝国、魏玛时代、纳粹德国、西德、统一之后的德国共存了百年，就是最典型的例子，景辉老师由此说明部门法不是宪法的具体化。今天小波老师又把这个事拿出来跟张翔老师当堂对质了，但是好像在意大利那里有点退却。另一方面，翟老师一直支持并身体力行地从法哲学角度讨论宪法基础理论问题，这是他的独门特技。今天他的提炼特别漂亮，听着非常过瘾。他认为景辉老师与张翔老师之间实际上是两种宪法理论的对峙，景辉老师认为宪法是二阶的承认规则，跟其他部门法不在一个层次上，因此从逻辑上讲没有具体化的可能性。小波老师用边沁关于直接/间接作用于公民的法的区分，对此做了辅助说明。小波老师认为，张翔老师的观点暗含了一个针锋相对的核心判断：宪法是一阶的价值规则，因此作为客观价值秩序，会辐射整个法体系。总而言之，小波老师提炼出了两位的根本分歧，我觉得非常有意思，也期待能够听到进一步的回应。

感谢小波老师！下面有请我们的老朋友、山东法学法学院李忠夏教授！

李忠夏教授：

谢谢宇峰，谢谢华政，谢谢屈处长！我感觉自己都快成了华政的专用与谈人了，连续三年都来参加华政讲座的与谈。对于景辉老师的讲座，我先谈一下自己对景辉老师讲的宪法性质的一点学习心得和体会。

景辉老师在讲宪法性质的时候,我个人第一点感受是他把宪法的最高性与一般性混淆了。当张翔师兄提到宪法与法律的三重关系的时候,其实是把宪法作为一个最高法来对待。景辉老师虽然也是从宪法作为最高法出发去推导,但是我个人总体感觉其实更多的是把宪法作为一个一般性的法理概念来对待。一般性指的是法律当中普遍性的东西,是最大公约数,而最高性指的是效力等级。景辉老师在自己讲座的一开始也提到,他自己写文章的感受是张翔师兄对于宪法的界定有点类似于他所批评的法理学。从这个角度上来讲,我觉得他可能有所误解,即张翔师兄其实是想通过这三个方面体现宪法的最高法属性,但景辉老师认为他是想建构一个一般性的法律总则,我想这两者其实是存在差别的。一个是从具体效力上来讲,另外一个是从知识属性来讲。

此外,我也非常惊讶地看到景辉老师说法教义学是价值中立的。我个人感觉,其实今天对于法教义学的理解已经突破了这一点,即已经远远超越了对价值中立的秉持。无论是从拉伦茨(Larenz),还是从如今整个德国对于法教义学的理解去看,法教义学实际上都已经把价值判断包含在内了。景辉老师提到的作为实在法层面的宪法教义学的三个方面,非理想的规范理论作为一个实在法命题,价值命题以及从后设理论里面推导出来的概念命题,我认为这三者其实都包含在教义学的体系之内。我个人在文章中也提到了,教义学如今应该包含两个层面,一是价值判断的层面,二是知识体系的层面,这在概念提炼等各个方面都应该有所体现。价值判断层面之前被凯尔森所批判,他认为价值判断都属于法政治领域。但是今天法教义学早已经去除了法科学的完全中立性,进入到法政治的领域,即价值判断的领域。我觉得景辉老师所提到的三个层面都可以包含在法教义学当中。

上述这是我自己对于景辉老师讲座的一个感受,接下来我分四个方面谈一下宪法性质的一些争论。

首先,宪法是什么?景辉老师和张翔师兄的文章区分了法理学所认定的宪法和宪法学所认定的宪法。从宪法学的角度上来讲,如今我们越来越多地接受:我们所指的宪法其实就是一个实在法层面上的宪法,也就是我们这部成文宪法,或者说这部宪法典。而法理学认定的宪法可能更多地包含了一些超越性的东西,如景辉老师提到的理想的规范理论、后设理论所一般化的宪法理论和概念,这些对实在法层面有一定的超越。我想景辉老师之所以会对宪法做这样的一个界定,跟他的问题意识是有关系的,即宪法能不能是一个内容任意的东西?如果把它界定在实在法层面的话,那是否只要通过一定的民主程序制定出来的、任何意义上的宪法都可以叫作宪法,即使这些宪法不一定含有一些最低限度的规范性内容?比如我们的七五宪法能不能够被称为一部宪法,是否包含宪法最低限度的规范内容?我想其中可能存在争论,这也是景辉老师比较担心的一个方面。从这个角度上来讲,我们对宪法的理解可能会存在一定的分歧,当然宪法学者其实也在通过他们的方式去做一定的填补。关于宪法是什么,存在一定意义上分歧。但总体上,宪法学者更多关注的是:宪法作为一个最高法,如何把宪法内容和效力辐射到部门法当中。这个辐射可以发生直接的效力,比如在公法层面、在行政法或刑法层面等等;也可能发生间接的效力,比如私法的层面。此时,价值的辐射性其实都可以体现宪法最高性。

第二个问题,这里的"具体化"指的是什么?景辉老师对张翔师兄提到的法律是宪法的具体化做了一个专门的批评,我一开始看到景辉老师这篇文章的时候,个人感觉是比较惊讶的。因为从德国回来的我们,对张翔师兄所总结的宪法与法律关系的三个方面,一般来说其实是作为常识来看待的:一是法律是宪法的具体化,二是合宪性解释,三是合宪性审查。这些一般来说不太存在争议,但是景辉老师把它们提出来,认为具体化有可能会消解合宪性审查。我个人感觉这种担心其实是多余的,主要是以下两个方面的原因。

第一,具体化概念和用词,在我个人的印象中应该是来自黑塞(Hesse),还有一个宪法学者弗里德里希·米勒(Friedrich Miller),这两个人用具体化这个词比较多,而他们两个人都有诠释学的知识背景。诠释学的核心领域是关于理解,其来自精神科学的传统,他们把理解作为一个核心领域。由此,对于宪法的理解就会存在分歧,即宪法本身有对宪法的理解,而法律本身也有对宪法的理解,这两者并不一定是完全一致。从诠释学的角度来看,法律对宪法的具体化并不一定代表了宪法本身就是这么理解的,而只是代表了法律对宪法的理解。

第二,张翔师兄也提到了,当法律要对宪法进行具体化的时候,实际上拥有充分的立法形成的空间。也就是说,法律对于宪法的具体化是建立在政治民主化的基础上,是在一个民主立法的基础上进行的,立法形成的空间其实是非常广阔的。所以,一方面,立法有自己对于宪法的理解空间;另一方面,正是因为立法有自己的理解空间,宪法反过来要对这个理解空间本身进行审查,作为把关的最后一道效力层次。在这个角度上理解具体化的话,我们就会发现具体化其实并不会消解合宪性审查,只是代表了在不同层面上对宪法的理解。

景辉老师对于"具体化"的批评,来自他自己所构想出来的"具体化",对"具体化"有一个明确的、来自他自己的界定。但我们对于"具体化"的理解是一种事实描述,"法律对宪法的具体化"是事实存在的,有很多宪法的概念和规范都需要具体的法律加以具体化,比如婚姻、家庭、计划生育等等,这不意味着所有的法律都是对宪法的具体化,也不意味着所有的宪法规范都需要法律加以具体化,而是意味着事实上确实存在着一部分法律就是对宪法当中某些内容的具体化。如果从事实存在的层面去理解，那对于景辉老师的批评就很容易反驳了，因为你没有办法去批评一个确实存在的事实。

第三个大的方面，应该怎么去理解宪法和宪法法这两个概念？景辉老师提到，宪法的性质和从法律层面上对宪法的理解，其实跟这一组概念大有关系。我今天所提到的宪法法（Verfassungsrecht）其实就是实定意义上的宪法，但宪法 Verfassung 这个词在德国的宪法学的传统上却具有超越性。斯门德的 *Verfassung und Verfassungsrecht* 这本书，曾韬老师翻译为《宪法与实在宪法》，实际上就是"宪法与宪法法"。卡尔·施密特（Carl Schmitt）也在用宪法这个词，但区分了宪法与宪法律。两人其实都是在做这样一个工作：把宪法中一些内核性的东西、最本质的东西提炼出来，而这些东西不能受到实定意义上的宪法法的影响。实定意义上的宪法法虽然制定出来了，但跟宪法最本质的东西是不符的，可能就不能够被称为真正意义上的宪法。这一组概念是具有矛盾性的：一方面，可能需要宪法作为一个内核性的东西出现；另一方面，它一旦出现就可能会对现有的实在宪法即这部成文宪法本身造成权威消解的效果。如果我们都去寻找这个更高的、超越宪法文本的东西的话，可能会把实定意义的宪法弃之不顾。所以我想这其实是一组略带张力的关系，我们既需要它，但由此又衍生出了很多问题。

即使是凯尔森这样不关心法的实质内容的学者，他的民主理论当中也包含了最低限度的规范要素。民主本身就已经包含了自由平等的一些要求。梁漱溟在《中国文化要义》中提到，民主包含了五个要素，如相互承认、自由、平等等。德沃金也曾讲到关于自由平等的一些民主内在理解的问题。这些其实都非常有启发，凯尔森自身也不排除这一点。当然，民主的规范性要素可能跟凯尔森一直秉持的价值相对主义会有冲突,但实际上凯尔森只提到了正义的相对性。凯尔森在《纯粹法理论》第二版的附录中专门讨论了什么是正义,对正义做了一个相对性的理解,我想这跟民主的最低限度的规范性可能并不冲突。

第四个大的方面,我们到底应该怎么去理解宪法的性质?在宪法与部门法的关系上,我认为还是应该回到宪法作为一个最高法的角度。宪法作为一个最高法,并不意味着宪法是一个全面性的法,即对所有的社会领域都事无巨细地进行全方面的调控。宪法作为一个最高法,其实是保留了一个价值上的影响。正如刚才小波老师讲到的,最重要的可能就是价值上的一阶影响。这个价值上的影响可以通过合宪性审查的方式,即直接效力的方式;也可以通过合宪性解释的方式,这可能出现在私法领域。因为存在私法自治的特殊性,所以宪法不宜过多介入到私法自治的领域,因此通过价值辐射的方式介入到社会。我自己最近也在考虑写一篇文章,准备从宪法功能的角度去概括宪法与部门法之间的关系。宪法与部门法之间的关系,在很大程度上就是宪法如何调控社会的问题。其中自然有比较复杂的论证,也会涉及社会系统论。具体来说,我认为宪法在今天已经更多地介入社会中了,而这种进入社会其实就是通过宪法的最高性和价值规定性,将价值上的效力辐射到社会领域中。当然,根据社会领域不同,功能上会存在区分,效力层次也会存在差异。

最后,我再谈谈景辉老师提到的法律总则与环境的关系问题。主张宪法是部门法的法律环境,我个人其实也并不是非常同意。如果主张是系统与环境的关系的话,系统是独立运作的,那么宪法对它的环境,是不能够直接干涉的。如果不能直接干涉的话,那么宪法的最高法效力恰恰没有得到强调,反而被瓦解掉了。也就是说论证了半天,想提炼和强调出宪法的权威,结果自己通过这么一个概念恰恰将其瓦解掉了。张翔师兄在一个简短的回应里曾提到,景辉老师所说的环境跟系统论是丝丝入扣的,而我想说这是完全不同的两个概念,应当不是系统论意义上的环境。从系统论的意义上来讲,宪法与部门法的关系并不能用环境与系统的关系去界定。法律系统是一个整体,是一个系统,而在法律系统之内,起码卢曼也并没有强调刑法是一个独立的系统,宪法是一个独立的系统,民法是一个独立系统。

好,我大概就讲这么多,不成熟的地方也请各位老师批评指正,谢谢大家!

陆宇峰教授(主持人):

谢谢忠夏教授!我觉得忠夏做了很多重要的补充,法理与宪法两个研究领域确实存在相互了解的不足,比如忠夏老师提及的法教义学是否是价值中立的问题。宪法学界对此其实谈得比较久了,并澄清了对法教义学有一个重要误解,即认为法教义学是无涉价值的。因此在景辉老师今天对宪法研究进行逻辑区分的时候,作为很重要的补充,忠夏教授就把这个问题又提出来了。

另一个很重要的补充是,张翔老师在写部门法对宪法的具体化的时候,没有去界定"具体化"的含义。而忠夏老师告诉我们,这里所谓的"具体化",实际上源于诠释学的知识背景。这就意味着,"具体化"一定是因应新的情境而对于之前的抽象规则加以再理解。

还有很多其他内容构成重要的补充,比如关于景辉老师提到的宪法性质问题。景辉老师文章的题目为《宪法的性质:法律总则还是法律环境?从宪法与部门法的关系出发》,这个标题是否准确呢?在景辉老师的论文里,宪法被认为是对"法律环境的适当反应或者恰当反应"。他似乎并不是说宪法是其他部门法的法律环境,而是说一个法体系的存在，必须要有一个最高的宪法规整杂乱无章的多元社会背景，并对这一环境做出回应。是否应该这样理解：景辉老师所谓宪法在"多元价值"的社会维持基本秩序，即是创造出这样一个环境？

以上是我的问题，下面请张翔教授和陈景辉教授分别交流相关的问题。

四、交流环节

张翔教授：

如何理解宪法是一个非常重要的问题。陈景辉教授在论文中有一段十分精彩的论证，即为什么宪法一定具有最高性地位，以及为什么宪法一定是最难修改的。这与李忠夏老师所提的系统论有关系。根据部分学者的观点，宪法之所以在现代社会出现，是基于功能分化的前提。现代社会产生社会的功能分化后，政治系统才同别的系统相互分离开来，此时政治系统才真正独立，宪法规制对象才真正出现。这时宪法要对整个政治系统施加规制。换言之，宪法基于社会的功能分化而分离于政治系统。反过来，宪法的出现又对政治系统施加限制，政治系统中的立法、行政或司法都要受到宪法的规范。此时，立法就一定会处在宪法之下，宪法在整个法律体系中的最高性也得到确立。

进一步的问题是，宪法因何是难以修改的？此系宪法的规制对象同时也是保证宪法实施的力量。换言之，宪法既然规范国家权力，那么它便不能同其他法那样较为便捷地由国家机关来修改。宪法规范的对象也是用来保障宪法存在的力量（宪法与其他法的区别之一），因此，在这种情况下必须将宪法设置为难以修改的。这是基于系统论视角对宪法相关问题的解释。这一点验证了陈景辉老师之前所论证的，即宪法对法律起到了何种作用。至于宪法究竟是一阶的还是二阶的问题，或许并不如陈景辉老师所讲，是对于一阶价值的二阶认定。现代法秩序下，宪法设定的价值需要由各个部门法去贯彻。苏永钦老师曾有一个判断，中国《民法典》的制定如果无视宪法的基本价值，将会产生问题。当《物权法》草案产生诸多争议时，学界便意识到这一问题的重要性。当时《物权法》争议反映的就是《物权法》有没有足够关注宪法上的价值决定的问题。从这一角度出发，现代宪法作为整个法律体系的最高法，它所设定的价值，部门法必须落实和实践。在这一意义上，宪法对于部门法的价值影响非常直接。

我很赞同陈景辉老师的另一个判断，即关于内容和效力的二分。就效力而言，宪法是最高的；但就内容而言，部门法的内容不一定来自宪法。因为任何一个部门法都有其自身历史的传承。民法中很多规则来源于商人法，这便是历史的传承和积淀，具有非常强大的事实正当性，而这些内容当然不来自宪法。但不论它们来自何处，都必须受到现代宪法的价值约束。举一个例子，当年日本刑法有"杀害公亲属加重处罚"的案例，这一案例可以归结于儒家文化圈传统背景所遗留下来的规则。但在现代宪法之平等价值要求下，就必须做出调整。因此，我并非强调部门法是宪法的具体化，即部门法的所有内容都要来自宪法，因为这既不正确，也不可能。但是，宪法一定要对部门法的具体化边界进行控制，并且宪法要参与到部门法内容形成的过程。

对这一问题我曾进行过界定，宪法教义学对于部门法学而言起到两个方面的作用：一个方面是边界控制，告知部门法的边界在何处及违反宪法的情形；另一个方面是部门法具体内容生成所需落实的宪法价值。在此意义上,"部门法的宪法化"这一提法是正确的。

感谢李忠夏老师从诠释学角度补充了具体化的知识背景。诠释学的核心概念是理解,如果按照伽达默尔诠释学的观点,理解和应用是一体的,任何理解都是为了应用。结合伽达默尔的视域融合理论可以较好地解释我的观点。所谓视域融合,体现为宪法作为最高规范拘束立法者,但由于规制社会生活的需要,立法者也有自身独特的视域。这一视域的来源可能是部门法自身久远的知识体系和规范逻辑的传承。在这种情况下,两者会达成视域融合的效果。

李忠夏老师似乎误解了陈景辉老师的一个观点。陈景辉老师的意思是说,宪法可能构成部门法的法律环境。我最近也在反思相关问题,比如英国宪法属于古代宪法遗留痕迹比较明显的宪法。如今在我们对宪法的讨论中,那些政治构成意义上的宪法概念需要被驱除。我们的讨论有必要对宪法概念的具体指向进行说明,否则会带来较多的纷扰。

陆宇峰教授(主持人):

谢谢张翔老师!张翔老师从功能分化角度理解宪法,认为面向政治系统的宪法约束政治权力,特别是立法权力,所以一定需要在法体系中具有最高性。这与托伊布纳的观点相映成趣,托伊布纳对社会宪法的讨论显示,不仅政治系统与法律系统的结构耦合是宪法,政治、法律系统同其他任何社会系统的结构耦合也是宪法。

张翔老师也谈到了二阶价值的问题。那么二阶价值有没有可能全部来自一阶?即宪法上规定的各种价值,实际上被一个更高的价值所规定。这个价值有没有可能就是景辉老师所讲的多元价值秩序的维持,或者李忠夏老师所讲的社会功能分化之维系。甚至所有的基本权利的设置、组织法的规定,价值目标都共同取向于在现代社会中维持功能分化？如果是这样一个情形，那么围绕陈景辉老师与张翔老师的对立，似乎可以展开更深刻的讨论。现在有请陈景辉老师回应法律环境的相关争议！

陈景辉教授：

谢谢各位！

第一，什么是具体化，张翔老师似乎没有给出明确的表达。如果将张翔老师所给出的表达理解为合宪性审查，似乎也很难否认。因此，如何理解具体化和如何用恰当的概念定义有关系。比如，使用"在具体化的观念之下，宪法成为或扮演法律的总则"这一概念定义，意即，用法律总则来代表宪法所拥有的具体化效果。

法律总则是什么意思？首先，法律总则是一部法律而非一个总论，因为总论是一个学说。所以，从总则的角度来说，它满足法的要求，宪法显然是法。那怎么理解作为法律的总则？我们可以通过法典编撰加以理解：总则一旦从分则中被提取出来，便会制造双重的不完整，即总则和分则都变得不完整。两者将都不能够独立应用到具体的法律实践中，而需要将二者结合起来，才能在具体的法律实践中得出结果。基于此，分则和总则之间形成一种相互结合关系。此时一个效果便产生了，即分则是对总则的具体化，总则是对分则的提取公因式。

宪法本身具备上所述的功能吗？宪法整体上是从部门法当中被提取出来的吗？如果是，那宪法就有了具体化的能力；如果不是，宪法就没有这样的能力。这是我提出的理论所隐含的一个前提，或者说，这是我对具体化的定义。如果对具体化含义本身没有清晰的说明，就会混淆具体化和违宪审查。因此，我的论证的核心问题是：即便部门法和宪法之间形成了高级法和低级法的关系，那么二者之间是否存在双重不完整的效果？对此，我持否定态度。因为按照这一前提，所有的部门法都需要结合宪法才能做出最终决定或说产生最终效果，这似乎并不符合法律实践。

第二，关于理解的问题。张翔老师和李忠夏老师都谈到了关于诠释学的问题。我认为需要区分解释者到底是宪法学者，还是部门法学者。换句话说，如果部门法学者讨论部门法学的问题时，主动把宪法的内容纳入思考，这一实践可否被称为做宪法的具体化？这个问题之所以重要，是因为宪法的具体化带有很强的强迫性或说主动性，即宪法的内容必须在具体的案件中能够得到落实。但如果作为解释者的部门法学者把对宪法的理解内嵌于对部门法的理解中时，该实践仍然应视为自我审查的过程。所以此时需要区分理解者是谁，或说思考如果宪法的确同司法实践发生关联时，具体化的工作由谁来开展，而具体化的落实者是谁。这一区分的差别巨大，因为如果做出具体化的是部门法学者或者对部门法进行解释的法官，这仍然属于自我审查过程。

第三，宪法本身的理解。翟小波老师认为我和张翔老师提到的宪法理论是两个不同理论。我认为我和张翔提到的宪法理论并不是不同的理论，而是相互竞争的理论。相互竞争的结果是一种零和逻辑，即无法共存。按照目前的共识，理解宪法的关键显然是宪法是最高法。我们的分歧在于宪法为什么是最高法？这一问题有两种理论可供回答：第一种理论，因为它是最高法，所以它是最高法；第二种理论，宪法是最高法，是基于其他的原因使之成为最高法。

这两种理论有以下不同之处。宪法因其他的原因成为最高法，是否预设了宪法之上还存在一个效力更高的法律？这样一来，宪法就不再是最高法，这就是这一理论的危险性所在。类似于总则和总论是不同的，我们可以得到一个基本观念，即一部法律具有最高性，并不意味着该法律是没有基础的。因为支持该法律具有最高性的东西并不要求是法律，所以宪法仍然可以维持它最高法的效力。如果要坚持宪法是一种教义学的理解，会得出这一结论，即因为它是宪法，所以它是最高法。如果不采用这样独断的回答，而采用某个基础使宪法成为最高法，那么这一理论就会同教义学的主张相矛盾。当然，这也涉及对教义学的理解。

如前文所述，实在法理论中包含了我所定义的教义学和非理想规范理论。非理想规范理论是一个价值理论，但此价值和我所提及的教义学之间有共同点，即受限于实在法本身的规定。实在法如何规定，对其进行价值上的理解必须满足实在法的理解。换言之，不可进行理想价值上的追求。所谓理想价值的追求，即指可以背离法律上的规定进行价值上的讨论，因为最佳的价值可能未在宪法或法律条文中呈现。因此，在这一意义上它会远离或可能会导致与实在法规定的冲突。

现在的问题是，宪法教义学是否包含了理想的规范理论？如果包含，则无法被称为宪法教义学，因为这丧失了不可反对实在法本身的预设。如果包含不可反对实在法本身的预设，那宪法将实现具有最高效力的自证，结论就必然是：因为宪法是最高法，所以宪法是最高法。我的观点是，宪法是最高法这一结论无法被怀疑，只要它是一部宪法，那么它就是最高法。但成为最高法的原因和根据在于以下两点：一是宪法体现了社群共同的意识形态或共同的价值，二是法体系的概念性条件。这里恰好蕴含着社群的价值共识与形式法治。而这二者之间必然会发生冲突，这就构成了法律环境或者宪法环境。

宪法环境的目标是什么呢？形式法治与价值共识要形成相互支持

的可能性时,才能够从法律环境中逃离出来,宪法才得以稳固地成为最高法,然后在宪法之上蔓延出实在法体系。如果没有二者的相互支持,宪法即便加上书名号,其仍然只具备宪法的名义。这涉及对整个宪法理论的看法。我认为,宪法是非常独特的法律,这意味着必须要对宪法背后的理想理论和概念理论做充分的讨论,才能说明宪法因何是最高法。其他法律不需要这一过程,而只需要借助宪法就可实现这一法律的效果。这一"借助"的过程究竟在宪法之前产生抑或宪法之后产生,并非重要问题。

另外,必须要对一个问题进行区分,即部门法借助宪法主动审查不能等同于宪法的具体化,它们是两回事。造成宪法学者对此问题误解的可能原因是宪法规范的密度较低,价值语词较多。这使得其他实在法的规定在外观上都可以"打扮成"宪法所要求的模样,但这一原因不见得能证明宪法具体化。因为存在两种可能性:一是它可能只是一种纯粹的巧合,二是部门法学者已经完成自我审查。自我审查和把宪法当作部门法必须贯彻的总则,是根本不同的两回事。因为自我审查,并非自上而下完成的,而是一种自下而上的自觉。

最后,我的立场是彻底反对"部门宪法学"的提法。虽然公法属性的部门法和宪法之间的关系的确紧密,但它们与非公法的法律——私法或刑法一样,与宪法之间仍然是一阶和二阶的关系。一阶和二阶之间是单向指向关系,只能由一方指向另外一方,另外一方无法反过来指向前者。恰好,单向指向关系构成了审查的核心概念,而双向指向关系则可能是具体化的关系。

五、问答环节

陆宇峰教授（主持人）：

谢谢陈景辉老师！陈景辉老师对具体化的回应，我认为可以构成进一步讨论的基础。第一，陈老师提出"双重不完整结构"的问题，认为宪法与部门法的关系，并非民法总则与民法分则的关系。第二，陈老师对部门法的自我审查是否属于具体化持否定态度。第三，陈老师提出，尽管可能从部门法的制定过程中识别出宪法价值，但不能排除这只是巧合，或说学者的牵强附会。第四，关于宪法本身的效力，陈景辉老师认为有两种论证方式，一个是从宪法之外寻找理由，另外一个是自我证明。而自我证明，在陈老师看来，显然是逻辑上不允许的错误。但我所研究的宪法社会学却认为，现代宪法的效力包括其最高效力是自赋的。从这一意义上来讲，宪法教义学似乎真的不需要外部价值的支持。第五，陈老师对于法律环境做了进一步解释。我的理解是，法律环境是概念命题和价值命题的相互支持，即法治和民主的相互支持，宪法要回应和创造环境。

以下请同学们积极提问，有请老师们回答相关问题。

张翔教授回答：

回答一下同学的问题。有同学提出了德国《航空安全保障法》上允许击落被劫持客机的案例，该同学认为宪法的价值的具体化最后都依赖部门法的判断。

我认可这一观点。其实，宪法的具体化很多时候是对立法者，甚至合宪性解释、合宪性审查等的一个具体化要求。这里的具体化只是要求立法者、司法者等在最后判断时尽可能地趋近宪法的要求。如果没有做到这一点，就可能被宣布违宪。但是具体做法还是留给立法者、司法者自己的。这也回应了陈景辉老师提出的观点：部门法必须结合宪法才能做出判断，这与现实实践距离较远。陈景辉老师的意思是，许多判断应由部门法自己做出，根本不需要结合宪法做出判断。我曾有论文对此进行讨论，比如讨论基本权利冲突问题。我认为，民事法官或许根本未曾意识到案例中涉及了基本权利冲突问题，而只是按照民法的规则处理基本权利的冲突，而这种案件在外观上只体现为一个民事案件。问题在于，如果法官没有处理好基本权利的冲突问题，那么判决本身面临着合宪性质疑，即法官裁判时没有考虑基本权利冲突问题，使得判决本身受到合宪性质疑。相反，如果案件处理得好，当事人、其他的旁观者无异议甚至心服口服，那么即便法官没有意识到基本权利冲突的问题，这种情况也可能不转化为宪法问题。

至于陈景辉老师所提到的宪法具体化是主动性还是被迫性这一问题，我认为陈景辉老师的考虑和论证过于逻辑化和形式化，缺乏对制度和实践的考量。如果对德国普通法院与宪法法院的运作有较多了解，那可能并不会认为这构成一个问题。德国的法官在审理普通民事案件和刑事案件时必须考虑宪法，如果法官不解决好宪法问题，当事人可以在判决的终审后向法院提起宪法诉愿。正如吕特判决作为第一个标志性判决，它之所以重要，原因就在于它体现了法官应该在民事案件中考虑宪法问题，如未考虑到且出错，则要重新审判。立法机关在具体化的过程中并不想违宪，但是法律实践中却出现了宪法违反，这在世界各国宪法审查的实践中也是一个层出不穷的现象。认为"立法时已具体化宪法，将来便无违宪之可能"，这只能是一种纯粹的逻辑推理，并不能等同于实践，也不符合于实践。

陈景辉教授：

如何理解宪法被用于合宪性解释与用于具体化的背离？如果概念无法区分具体化和合宪性审查，那么这二者的概念就可以混用。这导致的混乱需要我们去区分这二者概念的差别，相关文章已经讨论。至于张翔老师刚才提出的问题，即制定法律时未发现违宪，适用时发现违反宪法。我认为，这正是合宪性审查。

张翔教授：

制定法律时，立法者进行宪法的具体化与实践中出现违宪审查，这二者可能是并存的。

陈景辉教授：

问题是，立法者将宪法的内容规定在自己所制定的法律中时，立法者的角色是什么？

张翔教授：

这可能是一种语词之争。

陈景辉教授：

此时，立法者从事的工作是自我审查还是具体化？立法者的目标是把宪法规定落实在立法者所制定的法律中，还是立法者所制定的法律以不违反宪法为目标？换言之，立法者可不可以在不违反宪法的情况之下创造出立法者认为最恰当的法律?

张翔教授:

如上例,宪法规定被告人获得辩护的权利,而立法者的具体化过程中将其规定为证人要出庭的规则。这就是具体化,而不是审查。

陈景辉教授:

如果宪法总是如此抽象的表达,并且以如此低密度的形式做出规定,那任何理解都是可能的。也就是说,如此宽泛、抽象、不精确的表达,使得究竟是具体化还是违宪审查、自我审查,只取决于解释者如何理解。相反,这应当是由宪法本身的意义空间来决定的。因此,一方认为是审查,一方认为是具体化,这种论证似乎是没有意义的。所以必须先得确定审查的含义、具体化的含义。

我的观点是,审查是从下到上的关系,具体化就是从上到下的关系。现在的问题是,立法者将宪法的内容规定在自己所制定的法律中时,是否是一个从上到下的关系?我们需要对宪法的具体化进行明确定义,否则无法精确判断。如果做不到这一点,只不过是把同一事情打扮成不同的样子。

陆宇峰教授(主持人):

接下来请陈老师回答一下同学们的问题。

陈景辉教授回答:

第一个问题是关于二阶共识的理解。二阶共识本身只是价值命题的表达,不完全等同于对法律环境的逃离。因为二阶共识还受制于概念命题中的形式法治价值，所以二者要关联在一起，在相互支持情况中才可以。

第二个问题是对《宪法》第 15 条的理解，即社会主义市场经济宏观调控的具体化指什么，国家实行社会主义市场经济，加强经济立法，完善宏观调控，依法禁止任何组织和个人扰乱经济秩序，是否构成一种具体化？我认为，这甚至可以构成审查。如果不扰乱秩序，人们可以任意进行经济活动，创造出很多的新的产品、新的交易的方式来，或者新的交易领域。如果是违法了则不可以。所以要明确具体化和审查的概念。

第三个问题是宪法为什么不能既确立二阶共识，同时也确立一阶共识，并提供所有法律领域的基本价值？我认为这与法律环境有关系。我可以用另外一种表达，如果宪法用于形成一阶共识的话，你会看到随时随地都有意见共识。宪法的稳定性、长期存续性将会崩溃。宪法如果不具备长期存在属性的时候，则无法保证宪法的最高性。所以它不可能用于来形成一阶共识，这也是我反对政治宪法学主张的原因。我认为，政治宪法学就是以一阶共识的方式理解宪法。

陆宇峰教授（主持人）：

请张翔老师回答同学提出的保护公共安全击落被劫持客机的问题。

张翔教授回答：

李忠夏老师认为，此时引用宪法上人格尊严条款似乎没有什么意义，这一案例属于考验人性极限的极端情形。我想该同学想表达的是，在此情形下引用宪法所谓的人性尊严条款并没有价值，相反只能在刑法视角下用紧急避险的理论进行讨论。

我想请该同学阅读刑法学陈璇教授最新出版的书,其中对此问题有所讨论。同学所说的没有问题,即宪法无法独立给部门法提供内容指引。宪法很多时候只是设定了一个价值目标和要求去实现这一价值目标,但至于通过何种方式实现价值目标,立法机关则有形成空间。采取何种内容填补以实现这一目标,当然可以从不同的法律出发寻找答案。

核心的问题在于,如何通过寻找宪法以外的方式解决争议?异议者提出,该解决方案未实现宪法的目标,之后宪法法院可能宣告该法律违宪,也认为该法律没有实现宪法所要求的目标。此时,立法机关既无法很好地落实宪法价值,宪法法院亦无法提出合理化建议告知立法机关应采取何种措施。

此时反倒说明了宪法的价值指引和内容形成之间的关系,即价值必须要实现,而价值本身又无完全实现的可能,只能无限趋近。至于内容,则可以从法体系之外,从政治共识、科学等角度去寻觅,但最终依旧要回归至宪法价值。因此,我所谓的部门法是宪法的具体化,并不是部门法的具体内容一定来自宪法,也不排除宪法所在的法律体系与其他体系沟通。此时,系统论宪法学有补充的意义。

六、 闭幕致辞

陆宇峰教授(主持人):

谢谢张翔老师、陈景辉老师、李忠夏老师、翟小波老师!今天展开的宪法学与法理学对话是一次非常深刻、激烈的讨论，大家都需要时间积淀以进行更深刻的讨论。作为爱好宪法的法理学研究者，我获益匪浅。感谢各位老师，也感谢二百五十多位同学！谢谢大家！

华东政法大学第18期"东方明珠大讲坛"

从西方经典发现中国镜像
孟德斯鸠江南特殊论及其他

李天纲　李宏图　於兴中　李秀清

主讲人｜**李天纲** 复旦大学宗教学系教授
与谈人｜**李宏图** 复旦大学历史学系教授
　　　　於兴中 康奈尔大学法学院王氏讲席教授
　　　　李秀清 华东政法大学法律学院教授
致辞人｜**屈文生** 华东政法大学科研处处长、教授
主持人｜**陆宇峰** 华东政法大学科研处副处长、教授

北京时间4月6日19:00-21:30　北京时间4月6日19:00-21:30
Zoom会议号：657 060 04083　密码：439039

华东政法大学科研处主办

第 18 讲

从西方经典发现中国镜像
——孟德斯鸠江南特殊论及其他

时　间：2021 年 4 月 6 日
地　点：线上
主持人：陆宇峰（华东政法大学科研处副处长、教授）
主讲人：李天纲（复旦大学宗教学系教授）
与谈人：李宏图（复旦大学历史学系教授）、於兴中（康奈尔大学法学院王氏讲席教授）、李秀清（华东政法大学法律学院教授）

一、 开场致辞

陆宇峰教授（主持人）：

尊敬的各位专家、各位老师、各位同学，晚上好！

本期"东方明珠大讲坛"题为"从西方经典发现中国镜像——孟德斯鸠江南特殊论及其他"。自明末耶稣会士梯航西来，西方对中国的认知超越丝绸瓷器，呈现多重文化政治的镜像。然而，及至本轮全球化，文明互动虽然空前，西方世界对华观感却大相径庭。仰慕中华文化者固然众多，而将之妖魔化者亦不乏其人。何以在西方，中国镜像反差如此之大？进而言之，中国之镜像深嵌于西方知识谱系之中，深远影响了18世纪以降的启蒙运动乃至人文社会科学之发展，并再次层累构造中国形象。这样的多层中国镜像，形成缘由及其意义又何在？本期"东方明珠大讲坛"旨在正本清源，通过知识考古，回答上述问题。

早期西方研读中国，大致遵循三条路径：观礼仪，译儒典，是为伏尔泰等文化仰慕流派之渊薮；探贸易，察食货，则启亚当·斯密社会经济分析之脉络；而孟德斯鸠另辟蹊径，置中国于普遍性政体理论之中，考地理，原政制，更新西方传统古典政体之说。本期大讲坛有幸邀请到复旦大学宗教学系李天纲教授，以孟德斯鸠江南特殊论为切入点，梳理中国镜像构成及其对于欧洲思想的贡献。复旦大学历史学系李宏图教授长期研究启蒙运动与欧洲近代思想史，他将阐释中国对18世纪启蒙运动的影响，与李天纲教授展开对话。同样荣幸的是，本期大讲坛也邀请到知名法理学家、康奈尔大学法学院王氏讲席教授於兴中，以及知名法律史学家、华东政法大学法律学院教授李秀清与谈。我校科研处处长屈文生教授等专家学者将参加本次大讲坛。接下来有请李天纲教授。

二、 主讲环节

李天纲教授：

谢谢陆宇峰老师的介绍。最近重新阅读了孟德斯鸠《论法的精神》，发现他在行文中有一个"江南特殊论"，想和大家做一次分享。

孟德斯鸠并没有命名"江南特殊论"，但是，他讨论中国的政体、风俗、经济、地理和历史时,已经在字里行间将江南和中国的其他社会区分开,注意到"江南省"的特殊性。当然,这些区分并不是绝对的,他明白当时欧洲对中国的认识仍然不足,他的有些解释只是试探性的。试探,并不是贸然。关于中国,孟德斯鸠是很认真的,不是"东方主义"的。孟德斯鸠具有非凡的社会敏感性,他能用还不充分的"汉学"知识讨论中国的法律问题。更一般性地说,他从经济、社会的角度对中国进行地理区分,他已经了解到闽南地区、长江三角洲和北方鞑靼地区的分别。在地理知识方面,葡萄牙、西班牙、荷兰商人和入华耶稣会士能画出一份精确的中华帝国全图,配上完整的十八行省文字描述,对中国已经做了充分的介绍。"江南"这个词,并不是一个今天因为时髦才追加的词,"江南行省"在17世纪初期的西文世界已非常突出地呈现出来。

地理知识来自"汉学",但地域特征的区分标准是孟德斯鸠自己选定的,包括他所重视的气候、物产、风俗、伦理、文化、宗教等。孟德斯鸠最想讨论的是法律和政体问题,他并不熟悉中国所采用的法律体系。清朝有《大清律例》,足以让黄嘉略向孟德斯鸠描述出一个专制政体。但是要把亚里士多德、阿奎那定义的"三种政体"扩展到中国进行讨论,还需要更多的社会知识。在这些被挑选出来的作为补充的"社会知识"中,有的是一致的,有的是可以比较的,有的则暂时难以理解。比如,"酷刑"(torture)就是酷刑,"征服"(conquer)就是征服,在欧洲和中国都是作"野蛮"理解,所以并不是说在没有一个完整的欧洲式的法律体系的情况下,就不能在两者之间讨论任何抽象的法律问题。比如波斯、土耳其、印度也没有欧洲式的法律体系,但孟德斯鸠还是想对其进行讨论。欧洲各国虽然有差不多的法律体系,但从时间上来讲,亚里士多德、阿奎那和孟德斯鸠各自所处的时代存在很大不同,需要重新分析。这就是孟德斯鸠要把人类的法律体系和政治体制分解成风俗、伦理、文化、宗教等次要因素，按不同人种、群体、地理、物产和生活方式等进行划分，以此来讨论不同民族的精神气质问题的原因。这次有机会与熟悉欧洲启蒙思想和现代法制起源的李宏图教授、於兴中教授，以及几位来自华东政法大学的法律学者讨论相关问题，肯定会学到很多，并有助于我去进一步验证孟德斯鸠的江南论述，是否是一个新的论域、新的话语？

我了解孟德斯鸠是通过他的中国论述，即"汉学"开始的。我们发现欧洲政体、国体学说传播到中国的时间早于严复1909年翻译的《法意》。1876年从上海徐家汇到巴黎高等政治学院留学的马建忠，对"三权分立""三种政体"的论述都很熟悉。上海龙门书院有一个温州人教习宋恕，在1891年的《六斋卑议》中建议清朝采用"议院""状师""惩罪"，已经是很接近立法、执法和行政三种权力的说法。孙宝瑄《忘山庐日记》记录这一批人在上海批判专制、君主制，也谈到法国大革命以后的共和制。另一个影响上海思想界讨论政体问题的原因是日本学者在明治维新以后的制宪运动。福泽谕吉、大偎重信、伊藤博文、青木周藏这一批宪制学者，与一直在议论政体"变法"的王韬、郑观应、马相伯、马建忠是同一代人。日本搞成了宪制，但是南北洋的"新政"在政体、国体上却没有产生大的变化，上海的民间舆论逐渐发酵。这时候严复才出来，在天津、上海介绍《法意》。1897年，谭嗣同、梁启超、宋恕、孙宝瑄、汪康年、章太炎等一批士大夫聚在上海《时务报》周围，对主上的顽固保守感到非常焦虑。从"甲午"到"戊戌"，三权分立、三种政体的学说已经从上海普及到各地，并有很多讨论。广为学界所知的是，欧洲思想在上海的传播比在日本更早一点。早期日本是学上海的，许多著作如王韬介绍法国、德国近代史的《普法战记》(1873)，是从上海翻印过去的。从"甲午"到"戊戌"，上海、天津一直在努力变法，而北京根底里不接受这一套东西，日本便在这段时期超越了上海。严复翻译的《法意》其实是对前几十年"改良""维新"事业里大家"逃学旷课"的一次"补课"。

孟德斯鸠在中国有极大影响，他可能是鸦片战争后中国人最早系统了解的哲学家、法学家，或者说"启蒙思想家"。达尔文不算，他的"进化论"严格来说是科学理论，而经严复翻译产生影响的《天演论》是"社会达尔文主义"。伏尔泰思想开始影响中国则要晚很多。如果把同属启蒙思想家的伏尔泰视为孟德斯鸠的对立面来看的话，孟德斯鸠给人的印象是猛烈批判中国的专制制度，而伏尔泰却说了中国文化不少好话。他们在"中国问题"(La Question Chinoise)上是对立的，最终把中国知识界也弄糊涂了。当然，他们在法国也是对立的，但问题更复杂一些。现在中国的知识谱系中，孟德斯鸠和伏尔泰是一种对立的角色。伏尔泰变成了一个多元文化主义者，他赞美中国文化是有句式的，比如"当我们欧洲还……，中国人已经……"，中国的本位文化论者为此而得意，津津乐道不已。孟德斯鸠则相当于一个普遍主义者，批判专制。他根据在华耶稣会士的研究，查证中国"二十二个王朝"的编年史，用大量证据进行学术研究。他根据清朝入关时的屠戮、帝国范围内的酷刑等证据，判断中华帝国的政制特征是专制，政体存在依靠的是"恐惧"，没有"仁政"可言。"戊戌""五四"以来的启蒙思想家也一直坚持这个判断，我认为这是有道理的。孟德斯鸠和伏尔泰在对中华文明判断上的对立是存在的，我在《中国礼仪之争：历史、文献和意义》（上海古籍出版社，1998）中提出了这个看法，现在仍然坚持不变。

但是，在肯定孟德斯鸠和伏尔泰在"中国问题"判断上的两极之后，仔细阅读两人的著作，会发现《论法的精神》在整体上批判中华专制的同时，对于江南社会又是大加赞扬的。伏尔泰在《哲学辞典》中表彰孔子和儒家祭拜的"上帝"更加纯洁，但也在《风俗论》中说了一句"中国人没有使任何一种精神艺术臻于完美"。孟德斯鸠和伏尔泰在"中国问题"上发生争论,但两人都查阅大量资料,找从中国回来的人了解情况,仔细研究从中国传来的各种资讯,然后也不得不考虑对方的说法,从自己这端往对方那端移动一些。重读孟德斯鸠,我们发现他在判定中国社会的专制特征的时候,兼顾到伏尔泰所论述的中国文化的"美德",也承认这是事实。然而,他却主要把这些"美德"用来形容江南社会。这是我二十多年前并列研读孟德斯鸠、伏尔泰时没有发现的。这次重读孟德斯鸠,我发现他心里有一个"江南特殊论"。情况就像是孟德斯鸠已经把中国判了重刑,认为它是一个专制社会,但又回过头来重审了几个案子,于是判了几年缓刑。

我认为孟德斯鸠已经看透,认为中国并不是铁板一块,从地理上就可以对其做出很大区分。在今天看来,孟德斯鸠是一个法律学者,也是人类学、社会学、政治学等社会科学理论的奠基人之一。因为他用一种既统合又分析的方法来处理文化的多样性,然后又在多样性中寻找一种普遍性。人类社会在风俗、法律、地理、环境、气候、纬度、经度等方面存在着差异性,而他就在差异性当中寻找统一性。我们仍然可以在中国的"二十二个王朝"中看到一个专制社会,但江南社会却有一些不同,另当别论。所以我认为孟德斯鸠是一个在多元中发现普遍,用普遍涵盖多元的学者;而伏尔泰反而是一位因为竭力塑造"他者",一味否定自身,渐渐滑入多元主义和相对主义的学者。"不识庐山真面目,只缘身在此山中",像伏尔泰那样用"他者"做镜子,照出自身的缺陷,注重自我批评,当然是一种有效、有益和高贵的举动,这也是启蒙运动的一个重要特征。不但欧洲的启蒙运动是这样做的,中国"戊戌""五四"等启蒙思想家也是把西方文化拿来做镜子,照出"国民性"的弱点。这种"赞美他者"的启蒙思维方式从18世纪到今天一直存在,伏尔泰在18世纪时用过,说"当我们欧洲还……,中国人已经……";我们争辩起来的时候也会说"西方的月亮比中国圆"。这样做本身是有道理的,但不能强辩,过甚其辞,尤其不能把他们当作"原理"讨论。但是,我们还要注意一个复杂现象:自中西文化交流以来,我们与欧洲文化都是互为镜像,镜子里面还有镜子。最近有一个词用得好,叫作"文明互鉴",中西之间是"互看",而不是后殖民批判理论说的"东方主义凝视"(Orientalism gaze)。有人说西方人单向地看东方,实际上基本不存在。西方人看东方,一开始就受了东方人的影响,利玛窦和徐光启的关系就可以说明这点;中国人看西方,也受了欧洲人的影响,连牟宗三的新儒家理论也受康德哲学启发。甚至,今天的中国人看自己的文化,还受到当年西方人看中国文化的影响。20世纪中国人看自己的文化,"戊戌""五四"的"启蒙思想"受孟德斯鸠影响,20世纪40年代以后兴起的"本位文化论"又受了伏尔泰影响,这都很正常。问题还是我们要承认文化交流的基本事实,回到本来的层面上,回到交流的过程中,看看谁讲得更有道理。

我重读《论法的精神》,比较伏尔泰的《风俗论》,觉得在讨论中国文化性质的问题上,孟德斯鸠的研究更有道理。我开始学近代思想史的时候,便注意到孟德斯鸠的地理学说。苏联普列汉诺夫(Plekhanov)等人主导的教科书把孟德斯鸠批判为"地理环境决定论","文革"后我们都觉得地理环境是解释历史的重要因素。这也是很自然,因为复旦有很强的历史地理学科,谭其骧先生一直坚持对于中国历史的"文化地理"分析,强调地理因素的重要性,注重当地文化特点,这也有点像是某种特殊论。但是,这一次读《论法的精神》,我立刻感觉到孟德斯鸠是一个普遍论者。他在分析中国地理环境的时候,重视当地文化的各种要素,但他并没有像伏尔泰那样,把这些文化要素美化、纯化、理想化、本质化,更不是将之作为一种决定论。他是在地理环境的差异当中,通过与别的地区文化的比较,找到合理的解释,再寻找一种统一性。这种复合意义上的"统一性",才是有价值的"普遍主义"。孟德斯鸠的"江南特殊论"并不是一种地方主义,并不排斥普遍主义。孟德斯鸠将江南、莱茵河、尼罗河三角洲的问题进行比较研究。尼罗河三角洲是公认的古代文明顶峰,莱茵河三角洲在孟德斯鸠看来则是一个现代理想国。《论法的精神》里面谈到很多古代共和国体制的萌芽、早期资本主义带来的现代共和体制的可能性,公司制、股份制、市民社会以及宗教上的宽容和开明精神,都出现在莱茵河三角洲。《论法的精神》中讲:"有一类国家需要宽和的政体,主要有三个地方属于这一类的,这就是中国的江南和浙江这两个美丽的省份、埃及和荷兰。"在中国普遍专制的情况下,只有在江南,"政权就必须是宽和的,像过去的埃及一样;政权必须是宽和的,像今天的荷兰一样"。这个评价之高是可想而知的,就看孟德斯鸠把江南从中国社会中区别开来这一做法便可知。伏尔泰是按柏拉图"哲学王"的模式来描述中国政治的,而孟德斯鸠并没有把江南理想化,他主要是想从埃及、荷兰和江南比较出一些共同因素,解释三地不同政体在 Republic(共和政体)因素上的共同性。

　　伏尔泰认为中国是"理想国",孟德斯鸠则不相信,并与伏尔泰进行争论。他们都花了很大的功夫研究中国。批判学者提出的"东方主义",在很多场合、很多时间是不存在的。后殖民批评理论认为一些西方学者把东方作为一个"他者",不做深入的了解,完全作为一种想象出来的异域文化。而我的看法是,16 世纪以来的"文明互鉴",既有像伏尔泰那样的 exotic 理论,也有孟德斯鸠这样的客观分析学者提出的,接近于后来成形的法学、社会学、人类学等的 social science(社会科学)理论。像孟德斯鸠这样研究中国政体的人,可以说他还不够精确、不够充分，但不能说他是一个不严肃的学者。孟德斯鸠在当时已经竭尽所能去研究中国社会，他能够识别出来江南社会和整体的中国社会是不一样的，这很了不起。今天的中国学者也拿到了保存在巴黎法国国家图书馆的孟德斯鸠手稿。中国社科院世界史所的许明龙先生著有《黄嘉略与早期法国汉学》(2004)，从中可以看到孟德斯鸠和巴黎法国国王图书馆馆员、福建人黄嘉略的交谈非常仔细，黄嘉略把福建的"酷刑""迷信"的情况告诉了孟德斯鸠。除了黄嘉略的福建资讯、耶稣会士的江南资讯，当时还有来自广州粤海关周围商人的广东资讯。当然，更多、更集中的是来自北京各种渠道的中国综合资讯。孟德斯鸠研究了《耶稣会士通讯集》《中华帝国全志》，做了很多笔记和摘录，我看今天的学者并不一定都有他那种认真的劲头。关于孟德斯鸠中国知识的综合来源，大家可以去看许明龙先生最近几年又编译出版的《孟德斯鸠论中国》(2016)。孟德斯鸠据此判断中国政体整体上属于专制，而江南稍显开明，"江南特殊论"是有相当依据的。

　　前面已经讲过，任何人观察对方，确实是有自己的 prejudice, preconception, presumption，即"偏见""前见"和"揣测"，这些对准确地理解对方确实造成了某种障碍。但是，这些都是认知初期的蒙昧，只要尊重知识本体，认识到思维的双向循环的复杂关系，在中西学者之间逐渐达成一种共有认识是可能的。17、18 世纪形成的那一批"汉学"资料，也就是孟德斯鸠所依据的文献，我认为是非常值得珍视的。这些文献资料跟今天的汉学家著作还不一样。今天国外学者到中国做田野研究一两年已经算了不起了，但耶稣会士在中国不是做田野研究，而是和徐光启等人共同生活，一起做学问，如利玛窦、龙华民（Niccolo Longobardi）在中国生活了四五十年。耶稣会士汉学家对中国的认识是和许多江南学者一起讨论形成的，这些人都是地方社会的精英，就连进士、举人都有许多，更不要说还有成群结队的秀才。《中国帝国全志》里的欧洲人看中国，有很多"preconception"（前见）便来自徐光启、李之藻、杨廷筠这样的江南士大夫。所以我认为孟德斯鸠所依据的江南社会的资料是完整的，至少从当时的情况来看是有原因的。

孟德斯鸠将从士大夫和耶稣会士那里了解到的江南文化状况分解为风俗、礼仪、伦理、信仰、经济、人口、地理，以及围垦制度等因素。孟德斯鸠抓住了江南社会的一个重要地理特征，即土地大都是从水中围垦出来的"圩田"。孟德斯鸠的"presumption"（揣测）是上海人徐光启没有的，因为前者的比较因素来自欧洲莱茵三角洲荷兰，以及非洲尼罗河三角洲埃及。这三个三角洲中，尼罗河三角洲在四五千年前的古代社会中是最发达的，莱茵河三角洲是在最近几百年中崛起的；而江南所在的长江三角洲，从3000年前的吴国、越国起就很发达，经历了"二十二个王朝"，仍然有中国最为"宽和"的政治、富裕的经济和丰富的文化。

为寻找吴国、越国的历史文化的长期延续性，孟德斯鸠要分析江南社会的内在因素，同时用这种特殊因素与荷兰、埃及相比较，发现一种人类共性。他在三地传统中找到的共有"美德"是"勤劳""节俭"和"奋斗"精神。埃及土地是从尼罗河泛滥之后开垦出来的，荷兰的土地也多是从水里面捞出来的，而江南的土地"圩田"也都是从唐代以后，从太湖、长江、东海里打捞出来的。这种在全三角洲范围内持续了一二千年的围垦制度，孟德斯鸠是了解的。他把这些信息拼起来以后，认为江南社会可能是一个开明、宽和的君主制，而不是专制。据他判断，"满洲人的鞑靼帝国"，蒙古人的蒙元帝国，还有"契丹人的辽、夏、金社会"，都是专制政体。基于利玛窦、卫匡国等人的介绍，欧洲学者对于契丹人、蒙古人、满洲人有了深入的区分，连接上了欧洲北方蛮族入侵的历史。中国北方的区域，从匈奴到满洲，当然是一个游牧民族的专制社会，蒙古人的帝国包括元朝,是欧亚大陆上存在过的最庞大的专制政体。18世纪欧洲还没有出现共和政体,荷兰还是西班牙君主制下的一个"共和国"理想,启蒙思想家对法国政治的期望还是"开明君主制"。孟德斯鸠认为江南是开明宽和的君主制,这是一种非常积极的肯定。我认为他实际上已经提出了"江南特殊论",而这是他对伏尔泰等"褒华派"言论的一个妥协式的回应。

孟德斯鸠暗中持有"江南特殊论"的判定尺度是和他衡量其他社会相一致的,即每个社会内部的风俗、宗教、伦理等等。他不断地论述人民勤劳、节俭、不奢侈、要面子、有尊严,这些特征都是欧洲新兴社会的特征,并认为江南社会也具有这种品格。孟德斯鸠没有直接定义"江南特殊论",这是我在重新研读《论法的精神》时试图对他的想法进行的诠释。其实,讲特殊论是有点危险的,现在讲更容易政治不正确。但是孟德斯鸠确实表达过这个意思,而且他的目的并不是突出特殊,而是要在特殊性当中找到差异性的根源。除非我们不承认政体有差异、有优长,不然我们就要分析出差异性的发生根源,理解一个好的政体具有哪些次级要素。在这个意义上,孟德斯鸠是在全球范围的比较研究中寻找统一性,完全是一种普遍主义的世界观。

亚里士多德曾经把希腊、罗马等地中海时代国家的政体分为许多种,如君主、贵族、共和、平民、僭主、寡头等等。孟德斯鸠根据欧洲社会的在中世纪以后发展起来的现状和趋势,概括各国国家的政体可以分为专制、君主和共和三种。到17、18世纪,以荷兰、英国、法国为代表,原来是北方蛮族的落后地区发展起来了,超过了原来的文明中心地中海沿岸地区。高纬度的西欧、北欧,原来是地理环境较为恶劣的地区,却正在产生一些更好的政治体制。在文明转移的过程中,专制政体应该摒弃,君主体制应该更加开明,而共和体制才是人类的根本理想。孟德斯鸠的价值观很明确,他是为全人类,包括他所论述到的土耳其、波斯、中国,提出一种政体理论。他是一位分析地方性、重视地理差异、在多样性的复杂格局中探讨统一性的学者。孟德斯鸠不是一个大一统论者,他非常重视地方经验,如他研究江南那样。孟德斯鸠也不是一个价值多元论者,他认为在多样化的差异中,人类最终可以找到一种衡量尺度,判定高下。相反,伏尔泰可能是一个大一统论者,他一直把中国看成是没有区别的铁板一块:中国文化就是如此。这样的看法就不太有意思。

三、与谈环节

陆宇峰教授(主持人):

感谢天纲老师,看来天纲老师今天确实是想发挥"引子"的作用。他谈到我国"五四"时期便开始用孟德斯鸠的理论批判中国的专制,而当代学者却批评孟德斯鸠对东方专制主义存在误解。他通过将伏尔泰与孟德斯鸠加以比较澄清了这个问题,并特别强调孟德斯鸠既不是我们以往理解的大一统论者,也不是简单的环境决定论者,而是试图立足三角洲经济的比较研究来建立他的政治理论。在李老师看来,孟德斯鸠认识到中国的多样性,而且这种认识建立在耶稣会会士文献的坚实基础上,并不仅仅是他的想象。所以孟德斯鸠得出了江南是君主制社会,而非专制社会的重要判断。天纲老师最后谈到,中国与西方是互为镜像的,西方内部呈现出中国的不同镜像,中国对西方的认识同样如此,可能这正是启蒙的特点,值得进一步讨论。

李天纲教授是改革开放后最早钩沉西方文献、研究明末清初中西文化冲突的学者,其成名作《礼仪之争》阐述了中西文化的误读与再创造。李天纲教授也是基督教史、儒教史和中国宗教研究的专家,学术功底深厚,成就蜚声海内外。他对徐光启、利玛窦和民间宗教的研究,印证了科学研究在促进不同制度间建设性对话方面的潜力,因此荣获2018—2019年度"利玛窦奖"。李天纲教授还是沪上知名的文化学者,他的近著《金泽:江南民间祭祀探源》是一部借用文化人类学方法研究江南祭祀制度的专著,推动了"金泽"旅游热。非常感谢李天纲老师。

接下来有请复旦大学历史学系李宏图教授。李宏图教授是一位有跨学科影响力的教授,他主编的"剑桥学派思想史译丛"和"剑桥学派概念史译丛"把以斯金纳(Skinner)为代表的"剑桥学派"的研究理论和方法引介给包括法学在内的各个学科。

李宏图教授:

谢谢宇峰,谢谢华东政法大学的邀请。今天是一个对话,天纲老师刚才已经把孟德斯鸠、伏尔泰以及法国18世纪的启蒙思想家对中国的理解做了一个简短的总括性的介绍。那么我就沿着天纲老师的思路做一点补充和发挥。18世纪法国有一个声势浩大的启蒙运动,时间长度横跨了整个18世纪。如果说一定要有一个时间连线的话,以路易十五(Louis XV)1715年继位的时间算起,到1789年法国大革命的爆发,几乎整个18世纪大致上都是启蒙运动的时期。

18世纪启蒙运动的思想内容有很多,其中有一个不可忽视的内容就是对于中国的理解和认知。启蒙思想家对中国的理解和思考,或者说建构出的认知,成了启蒙运动当中一个非常重要的思想内容。一般而言,对中国的认知在当时表现为两派,即以伏尔泰为代表的褒华派和以孟德斯鸠为代表的贬华派,这是现在学界一般公认的理解和概括。

18世纪的法国启蒙思想家关注中国，并把对中国的理解和认知放在一个很重要的位置，这是毫无争议的。但新的学术研究将褒华派和贬华派做了更进一步的深入分析，认为不能笼统地说褒华和贬华。作为褒华派代表的伏尔泰也对中国有很多批评，例如他认为中国还没有进化到法国或者欧洲社会的程度，即中国还是落后的；但在文化的意义上讲，他还是认为中国文化对法国具有重要的示范性，认为中国的君主具有某种优秀的品德，比如对农业的重视，不是那么专制，由此映衬出法国也应该实行开明专制。伏尔泰在思想上主张开明君主专制，并以中国为样本，他对中国文化的赞美和对政治思想的理解，以及对政治体制的设计是相互联系在一起的。但值得注意的是，他也同样对中国有很多批评，所以今天要对褒华派做一个更细致深入的分析。同样，我们也要对以孟德斯鸠为代表的贬华派做一具体的分析。

如果回到18世纪法国的启蒙思想家对中国的整体性认知情况，我们不能仅仅只用褒华派和贬华派的两分法对这些启蒙运动时期的思想家进行归类，而是要看到更为复杂和丰富的内容。例如，在18世纪的启蒙运动中，不仅是伏尔泰和孟德斯鸠关注中国，还有像法国重农学派的代表性人物魁奈（Quesnay）等人。魁奈认为在老子的"治大国如烹小鲜"这一无为治国的指导思想下，中国经济是一个放任无为的、充分发挥地方和个人积极性的经济，所以应该要用中国的思想来治理法国的经济，要自由放任而不是国家统管。针对当时法国的专制统治，魁奈从中国吸收到了无为思想，从而为自由放任思想找到一个文化和思想的依据。同样，卢梭对中国的音乐比较欣赏，但他也在政治维度上批评中国。所以，18世纪的启蒙思想家其实对中国都充满着一个复杂的认知，无论是贬还是褒。我觉得这是一个非常重要的前提，需要引起关注。

无论这些思想家是作为一个镜像,还是误读和误解,他们对中国的认知还有着这样一个目的:为了让其著作得到更多读者的阅读与接受,或者说为了畅销,可能在论述里会有一些夸大,并故意引用一些异域他者的内容,例如把中国、波斯和其他的一些国家的内容引入到他的思想建构中,而不管理解的正确与否。在 18 世纪,由于全球贸易的展开和认知视域的扩大,人们有了更多理解外部世界的需求,因此旅行游记开始成为一种流行的大众文化。因此,这批启蒙思想家也是为了要达到传播自己思想的目的,将异域的、其他国家的一些知识和思考引入到自己的文本和写作中,由此让自己的思想得到更多的发挥和接受。研究表明,在每个启蒙运动思想大师的背后,都有一批写手专门负责将他严谨的思考演化成大众可以接受的语言表达和风格。他们把对中国的认知引入到自己的写作当中去,既不是基于认知,也不是基于事实,而是为了取悦大众。这也是 18 世纪启蒙运动中一个值得注意的现象。

除此之外,在 18 世纪启蒙运动中,还有一个以往不太被注意,但值得重视的问题:这些思想家开始把中国作为一个研究的对象,而不仅仅是一种猎奇或借用。耶稣会曾经资助两个中国人在法国生活,后来他们准备回国。法国重农学派学者杜尔哥(Turgot)得知后,给了这两个中国人一些问卷,希望他们回去之后根据问卷做一些实地调查,并把这些调查报告寄送回法国。据法国学者研究,其中包含了对中国工艺的理解和工艺流程的详细解读,也包含了矿产资源以及中国历史很多方面的内容。所以,一种认知中国的维度就是对异域的想象,对异域好奇心的满足。还有另一种维度则是真正开始把中国作为一种研究对象,这是法国启蒙运动中一个非常重要的特点。其实孟德斯鸠就是在这样一个传统之下,开始真正认认真真去研究中国,而不是把中国作为一个异域想象。我非常同意天纲老师的说法,孟德斯鸠在写作《波斯人信札》《论法的精神》等书之前,读了很多关于中国的著作,例如杜赫德(Du Halde)的《中华帝国全志》,也读了传教士的一些著作。在三个月中,他跟黄嘉略见了七次面来讨论关于中国的知识。所以,孟德斯鸠并不是仅仅用异域的知识迎合大众,而是把中国作为研究对象:他的研究建立在一个真正的基础之上,而不是想象和好奇。

在此基础之上,我们再来思考孟德斯鸠是如何理解和认知中国的。首先,孟德斯鸠并没有把中国想象成一个简单的整体,而是认识到中国内部的多样性和复杂性。他把中国视作一个总体上专制的国家,认为"中国是一个专制的国家,它的原则是恐怖","东方的历史始终透露着奴役的气息","在网里来回游动的鱼儿们自认为很自由,其实是被囚禁的"。但与此同时,他又认为中国在政治体制方面是一个混合型政治体制,《随想录》中有言:"中国的政体是一个混合政体,因其君主的广泛权力而具有许多专制主义因素,因其监察制度和建立在父爱和敬老基础之上的美德而具有一些共和政体因素,因其固定不变的法律和规范有序的法庭,视坚韧不拔和冒险说真话的精神为荣耀,而具有一些君主政体因素。这三种因素都不占强势地位,源自气候条件的某些具体原因使中国得以长期存在。如果说,疆域之大使中国是一个专制政体的国家,那么,它或许就是所有专制政体国家中之最佳者。"对此,我们需要用心体会孟德斯鸠的含义。其次,孟德斯鸠提到江南等区域,实际上就是指出了中国内部的多样性和差异性。在看似整体性的"专制"之下,不同的区域有着不同的表现样式,其丰富性和复杂性需要得到重视。对此,我也沿着孟德斯鸠的思路和天纲老师刚才的思路行进,我们一定要认识到孟德斯鸠看到了中国的多样性,并且把中国内部的多样性展现出来。

孟德斯鸠多次提到江南,并把古代的埃及、18世纪的荷兰和18世纪的江南这三个具有相似地域特点的地方放在一起比较。作为研究法学和政治学的思想家,他的讨论不限于刚才天纲老师提到的地理环境和农业特征,也侧重论述区域性的江南与整体性的中国以及与其他区域之间的差异。他认为,在江南,政治体制相对宽和,没有暴君的专制统治,比法国的专制统治更温和。如果把中国整体定性为专制君主统治,那江南则有些差异:更加宽和。他在《论法的精神》一书中指出:"有的地方需要人类的勤劳才得以生存。这类国家需要宽和的政体。世界上主要有三个地方是属于这一类的,中国的江南和浙江这两个美丽的省份、埃及和荷兰。"在这里,孟德斯鸠指出江南和中国之间所存在的差异性与多样性。我们需要关注与分析孟德斯鸠所谓江南政治宽和的内涵和指向。在对中国的研究过程中,孟德斯鸠敏锐地发现:中国整个国家的财政是依靠着南方的,其原因不仅仅是因为江南土地肥沃,也还因为人民勤劳。江南支撑起国家的财政,税负也比其他地区重。因此,孟德斯鸠提出一个具有悖论性的命题,也是政治和经济两分法或者补偿原则的问题。第一,在政治宽和的国家,有一种东西会补偿人民所负担的重税,那就是自由。在专制的国家缺少自由,相对而言也会轻税。一个重税的地方政治相对宽和,即人民的自由度相对较高。第二,孟德斯鸠进一步指出了自由度更高的主要表现:一是君主具有合法地位,法律是明确的,并且是家喻户晓的。一个官员执行法律,不能完全按照官员的个人意志行使权力,而是会遵守法令行事。以此为中心,形成了一种规则意识和社会运转的逻辑。由此,孟德斯鸠进而推导出:在一个政治宽和的地方,政权是宽和的,权力受到限制。这就是他所谓"君主合法权力"的含义,即君主在内的各级权力机构和官员都在一定的权力框架下运转,保证这些权力不蜕变为"暴君的专制统治",地方官员们也不能够完全为非作歹,任意妄为,鱼肉百姓。第三,在一个政治宽和的地方,财产权相对能得到保障,"财产的赠与,在政治宽和的国家是许可的"。第四,各级官员都表现出良好的品德,孟德斯鸠常将宽和的精神解释为品德,即进行智慧地统治,节俭而非暴政和淫佚。此外,宽和的内涵还应从政治体制、法律、财产、经济、品德和社会、风土人情等层面进行综合分析。

由于江南的经济发展特点,导致其法律、民情、政治体制的安排、政治统治的方式和权力运作的方式会与别的区域不一样,具有一定的差异性甚至特殊性。正是在这个意义上,江南是一个独特的空间。我们还可以沿着孟德斯鸠的思考大胆推演一下,孟德斯鸠说,政治自由只在宽和的政府里存在。那么,在江南这一区域性和地方性空间中,如果能始终保持这一"政治宽和",并在"宽和"的道路上走得更远的话,那么其发展的前途不可预期。孟德斯鸠对中国总体上是持批评态度的,认为中国政府与其说是管理民政,毋宁说是管理家政。但他还是看到了江南的管理方式有些差异,认为江南用经济的重负"赎买"或交换了一些"政治自由",形成了"政治宽和"的独特空间。刚才天纲老师说,伏尔泰对中国的认知和孟德斯鸠不一样,两人的确差异较大。我们也可以将这一差异扩展到对整体启蒙运动的理解。20世纪80年代后,西方学术界开始看到启蒙运动内部的差异性与多样性,由此出发,我们也应在中国的多样性中理解江南,将其看作整体性当中的差异和分殊。借用孟德斯鸠的观点,今天的江南仍是中国经济最为自由活跃的地方,这不仅是历史传统的延续,也是因为它曾是一个政治宽和的空间。

谢谢大家!

陆宇峰教授(主持人):

感谢李宏图老师。李宏图老师谈到了法国18世纪启蒙运动对中国理解和认知的多样性,我们以前并没有充分认识到这个问题。他把这样的多样性概括为三方面的原因:一是因为复杂的认知背后可能有某种政治上的目的,此类学者是在督促自己国家的政治经济朝着他们所想象的方向发展。二是有的启蒙作家为了形成对比,对异域文化有所夸大,试图通过引入异域文化而建构自己国家的文化,这和当时旅行文化的发展也很有关系。三是真正将中国作为研究对象的情况,这建立在一系列科学严谨的调研基础上。这些知识支撑着孟德斯鸠等人的中国研究,孟德斯鸠不是在用异域知识娱乐大众。李宏图老师也谈到了孟德斯鸠眼中的江南在何种意义上是具有独特性的。在李老师看来,孟德斯鸠认为中国从整体上来讲是混合型的政治体制,存在一个区域性宽和政治统治的江南。总体而言,李老师强调启蒙运动本身是多样的,启蒙运动学者对中国的认知也是多样的。李宏图老师是西方思想史的大家,也是博雅教育的专家。我想今天李宏图老师的到来让华政离建设高雅学府的目标又迈进了一步。谢谢李老师。

现在有请美国康奈尔大学法学院於兴中教授。於兴中教授长期关心华政的发展,近期尤其关心"东方明珠大讲坛"的发展,先是为大讲坛开坛,后来又帮助、策划梁治平先生的讲座,是大讲坛真正能够成为一流学术殿堂的担保人。有请於兴中教授!

於兴中教授:

非常高兴又来参加一场高水平的讨论。刚才听了两位老师的对话,收获非常大。讲座题目取得也挺好,能够以小见大。我在读博士的时候对孟德斯鸠做过一点研究,但后来没有太关注。因为要参加这次讲座,我又看了一些材料。我简单地说一下自己的读书心得,主要还是关注西方学者研究中国的方法和态度。当然后面我也会谈到孟德斯鸠写这本书所参考的资料等问题。

第一个问题，认识他国文化存在的一些困难。

首先是材料和解释的问题。我们在研究另外一个国家的文化时，往往会做比较研究。首先是掌握材料的问题。李天纲教授指出，耶稣会的传教士收集到的材料相对完整。那么，接下来如何解读和解释这些材料？解释可以从不同的角度进行，不同的态度、学识和见解等等都会导致不同的解释。其次是认识论上的方便（epistemological convenience）。我们在研究他国文化时，首先会从自己的角度、立场和固有的知识开展研究，形成先入为主的态度。比如中国人想要了解西方文化怎么看待孝道，西方人会考虑中国的人权状况。双方都是从自己的文化出发，选择比较方便的角度进行研究，因此便会在他国文化中寻找自己文化中的概念，或者用自己熟悉的概念去甄别他国文化中的实践，其后果可能导致无法真正了解他国文化的特质。再次是研究的目的性。很多情况下，人们会抱着一定的目的对某一个国家及其文化进行研究，并在认识方面有所取舍，使用的部分材料是为了自己的看法服务，而不是单纯地进行学术研究或者为追求真理。这种目的性较强的研究可能会盛行于一时一地，但终究无法得到公允的认识，从长远看来很可能时过境迁。最后是文化的多重面孔，也即文化的多元性。一种文化并不只有一个目的、面孔和层面，任何文化都是多元层面的。从其中一个层面入手进行研究，得到的结果只能反映那个层面的面貌，而非某一文化的全部。因此，很可能会产生以偏概全的研究成果。文化的多元性是源自人性本身的多元。

第二个问题，西方学者对中国没有形成统一的看法。

中国学者在理解西方的时候，应该特别注意个人主义特点，不应该寻求统一的版本。两位老师已经指出，区分褒华派和贬华派就是因为我们试着在寻求一种统一的模式。事实上褒华派中也有贬的部分,贬华派中也有褒的部分,并不存在单一的褒贬。换句话说,西方学者并不存在对中国的统一看法,而往往是见仁见智。

第三个问题,研究中国或评论过中国的学者们有不同的背景和关注。

17世纪至19世纪研究中国的学者,大体上可以分为两类。第一类是传教士和传教士出身的汉学家。汉学家是Sinologists,不是China scholars。现在,汉学的传统基本上已经断了,极少有西方学者还沿着原汉学的路子做研究。汉学家可以把《论语》《易经》等经典翻译成拉丁文、英文或其他文字,然后做深度的解读——这一类人是真的对中国感兴趣。虽然传教士是为了传教,并不是为了弘扬中国的文化,但是为了传教,他们需要把中国作为对象,进行比较系统的研究,比如儒家的学说和基督教教义是否相通,如何才能使中国学人接受基督教思想,等等。令人遗憾的是,这一类对中国真正有研究的学者,其见解极少有过人之处。也许因为"只缘身在此山中",习惯了身边的生活方式,由于了解太多便不能真正发现问题。第二类人对中国没有做过多少研究,但却要针对中国发表意见。他们往往会鞭辟入里,语惊四座。这类学者可以进一步划分为三种。第一种学者把中国看作是材料而不是对象。做对象研究需要认真调查,做材料研究则以用为主。他们往往将中国作为一种理想来批评自己国家现有的制度。第二种学者的情况刚好相反,将中国作为负面的材料,以说明本国文化的优越性。第三种学者往往是热衷于提出新理论的思想家。他们为了证明其理论的正确性和普适性,便把中国作为一个例子对待。这些学者一般都是普遍主义者,他们会把印度、埃及、中国以及土耳其作为例子来发展自己的理论。代表人物有孟德斯鸠、黑格尔和韦伯。但是孟德斯鸠的情况更加复杂一些,因为他不仅是一个普遍主义者,也比较注重文化间的不同。当然,孟德斯鸠对中国还算得上是情有独钟,做过相对细致的研究。他相信中国实行的制度本身是一种专制制度,但同时也区分了江南的不同。

孟德斯鸠既是政治法律学大家,也是社会学和人类学的创始人之一。在其最早的著作当中,他从人类学和社会学的角度观察各地的风俗习惯,是法律地理学的思想源头之一。书中提到了气象学对于法律和社会制度的影响,这些理论在今天看来仍是能够站得住脚的。当然,书中对中国的思想研究也一直存在争议。有人认为,这本书是一个大杂烩,书中的逻辑不够清晰。书中也开创了很多值得思考的领域和问题,如三权分立的思想便来自本书。

孟德斯鸠在发表《波斯人信札》之前,主要做实务,并不做学者,后来才慢慢地发表了一些文章,并在1721年发表《波斯人信札》后声名鹊起,倾心于发展理论。在1748年他匿名出版了《论法的精神》,其中包含很多关于中国内容的部分。美国学者罗博坦(Rowbotham)曾撰文指出,孟德斯鸠写作《论法的精神》时,他关于东方的知识有三个来源。第一个来源是他写书时引用的材料,这在书中都有交代。第二个来源是写作之前他看过的关于中国的书籍。这些书籍对他影响巨大,虽然没有引用,但在脑子里已经形成了固定的见解。启蒙运动虽然发生在欧洲,但是也含有一些中国文化的成分。莱布尼茨、孟德斯鸠、伏尔泰等学者毫无疑问受到了中国文化的影响。第三个来源是传教士傅圣泽(Jean-Françoise Foucquet)的转述。傅圣泽曾做过白晋(Joachim Bouvet)的助手。白晋等人一改耶稣会传教士对中国的研究传统,不再只研究儒学,而将目光转向《易经》,并认为《易经》是足以和《圣经》相比拟的作品,并试从《易经》当中找到对应的《圣经》人物。这引起了西方教廷的不满,认为白晋将《易经》摆在比《圣经》更重要的位置上。因此,这一批传教士的作品极少能够发表,也慢慢地消失了。

根据罗博坦的记述,1729年的1月到4月、5月到7月,孟德斯鸠曾两度拜访罗马,见到了一些当时从中国回到罗马的传教士,其中一位是傅圣泽,并和他多次谈话。据孟德斯鸠回忆,同傅圣泽的这几次谈话对他帮助很大。孟德斯鸠谈中国的专制主义时,认为中国是一个"用棍棒治理的国家"(C'est la baton qui gouverne la Chine)。傅圣泽曾告诉孟德斯鸠,一个皇帝因臣子没有早朝而震怒,下令杖责这位大臣,孟德斯鸠将之记录了下来。这个故事也从一个细微的方面加强了孟德斯鸠对中国专制主义的看法。

由于孟德斯鸠是一位人类学家、社会学家,他仔细研究分析后认为江南是一个政宽人和的地方。孟德斯鸠得出这样的结论,一是因为江南天气很好,二是因为江南是鱼米之乡,三是因为传教士基本上只在南方活动,如福建、浙江宁波这一带。当年白晋等五人便是从宁波登陆的,对江南比较了解。

谢谢各位!

陆宇峰教授(主持人):

谢谢於兴中老师。於老师是中西法律文化交流的重要参与者,所以今天从研究他国文化的困难开始讲起。他谈到四方面的原因:一是从不同角度出发进行解释,二是认识论习惯也即路径依赖,三是目的性的研究,四是文化本身的多元性。

於老师赞同"西方学者眼中的中国是没有统一性的"这一观点。在他看来,褒华派和贬华派的截然二分是有问题的,褒中有贬,贬中有褒,应当认识到西方对中国认识的多元性。於老师进一步将研究中国的学者做了分类:传教士汉学家与中国研究者。他认为前者对中国感兴趣,但是很少有真知灼见。后者就要分成三类，一类是把中国看成理想性的材料，一类是把中国看成负面的材料，还有一类是把中国看成一种论证性材料，孟德斯鸠、黑格尔、韦伯都有这样的倾向，但是孟德斯鸠的倾向更加特殊一点。最后，於老师谈到孟德斯鸠关于东方知识的三种来源，一是他所读过的并在《论法的精神》中引用的书，二是他以前阅读消化的书，这表明启蒙运动中可能有中国影响的成分，这还有待继续挖掘，三是在意大利旅行期间遇见的白晋的徒弟传教士傅圣泽。

接下来有请华东政法大学李秀清教授。她的近著《中法西绎》基于外国人在中国境内创办的第一份成熟的英文期刊《中国丛报》(1832—1851)，探讨19世纪西方人的中国法律观，开创了中西法律交流史研究的新范式。

李秀清教授：

谢谢宇峰！今天晚上三位老师关于中西法律文化，关于孟德斯鸠、伏尔泰等启蒙思想家的对谈，对我的启发非常大。我想讲以下几点感想。

今天的与谈吸引我们再一次深入地阅读孟德斯鸠、伏尔泰等启蒙思想家的著作。我这个学期给硕士生开设了《比较法》这门课。在讲比较法大家的时候缺不了孟德斯鸠，也自然而然会讲到伏尔泰、卢梭等。尽管刚刚於老师说孟德斯鸠《论法的精神》中的许多内容看起来比较杂乱，但是相对于那一代人的其他论著，这部著作的逻辑性还是比较强的。《论法的精神》分为不同的专题，内容以三个政体为架构，然后是与之相适应的立法、教育等等。从比较法律文化史的角度看，伏尔泰也应该是一个比较法学者。因为他介绍各国的风俗，从古代的中国一直讲到法国路易十三(Louis XIII)时期。这些启蒙思想家需要我们深入阅读，这里有三个方面的原因：

一是因为尽管都读过孟德斯鸠的书，但是如果没有听李天纲老师的讲座，我还真不太敢专门去研究书中关于江南的论述。我是浙江人，也关注过孟德斯鸠关于浙江的描述，但是我还真没有像李天纲老师那样全面地分析孟德斯鸠对区域性的一些表达，如风俗、气候、具体的制度等。孟德斯鸠的书中说，南方的女性容易衰老，所以男性就可以一夫多妻；赡养妻子和子女的费用比较少，所以南方的商人能娶多个妻子。作为一个女性学者，我对他的这些描述耿耿于怀。这样深入的阅读对于研究孟德斯鸠的人来说是非常有吸引力的。对于李天纲老师注意到江南和孟德斯鸠特别强调中国南方的原因，我从一个感性的角度进行分析，认为这可能和学者生活的地域有关，尽管我们的研究兴趣可能不完全取决于所生活的地域。李天纲老师是上海人，便会研究青浦的金泽。我又进一步想，法国的北部跟南部的法律制度是很不一样的，北方是习惯法区，南方是成文法区，受罗马文化影响的痕迹更大，而孟德斯鸠从小生活在波尔多，这或许会影响他关注中国南方。所以，李天纲老师关注的点让我们非常感兴趣。当然，这同时也和研究者本身的兴趣和视角有很大的关系。

二是因为认识他国文化的困难。刚刚宇峰介绍我是法律史学家，我研究法律史特别是涉外法律史时，总想做比较研究，但是真正的比较是非常困难的。刚才於老师提到了收集资料方面的困难，但就算资料全部掌握了，也很难做深入的比较，因为研究者往往没有办法心平气和地做一个跨文化的、双面的比较。但是，既然处于法律史学科之内，自己的兴趣也在这方面，那在比较的时候，要尽量避免把一些材料仅仅当作材料。但是事实上我们可能都在把它当材料，因为研究做得好，才能真正地把它作为对象进行研究，连现在的学者都很难做到这点。某种意义上来说,学界普遍存在关注他国情况,但目的是便于自己论证的状况,到现在,这种情况也仍然严重。那个时候的孟德斯鸠也好,或者是后来的传教士汉学家也好,为了自己论证上的方便,在选择论据上的资料化倾向都非常严重。在资料性方面,研究者过去研究孟德斯鸠的时候,更多的是关注《波斯人信札》《罗马盛衰原因论》,还有《论法的精神》。但是,我想李天纲老师之前的研究,以及许明龙先生编译的《孟德斯鸠论中国》都值得关注,许明龙先生已经尽他所能把成书的过程,孟德斯鸠的理论、思想的来源、资料的来源、论证的逻辑均做了认真摘录。《孟德斯鸠论中国》应该引起学界更多的关注。需要提醒的是,在关注这本书的时候,一定要注意到孟德斯鸠大量地摘录了杜赫德的《中华帝国全志》和《耶稣会士书简集》,并且不是对所有的摘录都赞同,而几乎在每一个摘录的最后都有一些评论。这些评论中,有他对这些论著观点的怀疑,比如孟德斯鸠用过"所有这些夸大其词的描述中"这样的行文和评论。这都让我们了解到,孟德斯鸠对摘录内容有时也是将信将疑的。我们在阅读的时候应该知道它只是一个摘录,并不意味着作者完全相信,而要注意每一段之后的评论。因此,真正地能够反映他对中国的观点的,可能还是要在《论法的精神》中寻找。

三是复杂性。同一时代欧洲的启蒙思想家的大部分论著都已经被翻译成中文了,研究者如何更深入地阅读和了解他们是一个问题。关于复杂性,可从横向和纵向来谈。

从横向的角度,前面提到的伏尔泰、卢梭等人,是一代启蒙思想家,是一个群体。但他们又是一个个的个体,是不同的人。只要是人,他们对于某个事物的认识就会不一样,这奠定了复杂性。不论是对中国、印度还是埃及的观察,他们所选取的角度和议题的多样性,也意味着观点的复杂性。比如,孟德斯鸠特别喜欢比较,从他对江南的许多论述中可以看到他给予了中国比较高的评价,认为中国政体是兼有君主政体和共和政体的专制政体,甚至可能是所有专制政体国家中最好的那一个。如果套用李宏图老师的话,用"褒"和"贬"这一对组词来说,孟德斯鸠似乎对于东南沿海地区是比较"褒"的。同时,孟德斯鸠将南方人与北方人在人性和个体的角度上进行了比较,又似乎更赞赏北方人。比如,孟德斯鸠认为北方人不那么奢侈,而南方人较为奢侈。他还提到中国人较为平和,日本人性格像武夫;中国人比较吝啬,日本人野心比较大,胸怀大志。因此,单从孟德斯鸠对于南北方的风俗、气候以及制度论述中,我感觉他并没有非常清晰地表达倾向性的观点。不仅是孟德斯鸠,伏尔泰等人也是如此。

从纵向的角度,我特别想回应一下刚刚李天纲老师提到的:现在的法学界是否还经常把孟德斯鸠评论中国的观点套用到爱德华·萨义德(Edward Said)的《东方学》上。至少从我个人的阅读看来,现在已经有相当多的反思了。萨义德的《东方学》对法学界的影响很大,而大家其实并没有仔细看这本书的来龙去脉及其整体的思想,而只觉得这样一种话语好像很能表达西方人把中国他者化。但从纵向方面,国内学者对此的研究也比较深入了,包括北京大学徐爱国老师、中南财经政法大学李栋老师、李天纲老师提到的马建忠、中国政法大学朱明哲老师等人。虽然相比于宗教学界和历史学界,法学界的研究或许还显得非常稚嫩,但至少大家都在努力做这方面研究。

除了横向的复杂性以外,还要看纵向的变迁。如果从中西法律交流的角度看,外国人看待中国的法律可以分为几个阶段。首先是耶稣会士,其次是孟德斯鸠那一代人,他们未到过中国,而利用耶稣会士的资料提出关于中国法律的许多观点。在这一批人中,孟德斯鸠的观点其实还是比较温和的。之后是18世纪末的马戛尔尼(George

Macartney)使团、阿美士德(William Pitt Amherst)使团和传教士马礼逊(Robert Morrison),再是后来一批的传教士的报刊,如《中国丛报》《中国评论》等。从 18 世纪末到整个 19 世纪,若纵向、总体地看,孟德斯鸠算是比较温和的,真正激烈地把中国完全当作他者的,是在新教传教士来华之后的一些人,如马礼逊、小斯当东(Sir George Thomas Staunton)、裨治文(Elijah Coleman Bridgman)和后来的一批传教士等等。即使在传教士汉学家中,理雅各(James Legge)、翟理斯(Herbert A. Giles)这一批传教士关于中国的观点仍然承袭着一种复杂性、多变性。对中国的法律风俗乃至文明位阶的评价最糟糕和处于最低谷的时间是在 1850 年前后,最主要的原因是中西的关系和鸦片战争,而洋务运动后有一定的缓和。所以纵向看外国人对中国法看法的变迁,相对于 19 世纪上半叶外国人对中国法律的看法,孟德斯鸠或同时代的其他启蒙思想家对于中国法律的"贬"也都是有限度的。

这些纵向上的变迁的比较,会让人更能理解在中西法律文化交流史中,中西外交关系左右了某一个外国人看待中国法律的态度和观点。在清末的法律改革中,特别是在立宪派和革命派的争论中,孟德斯鸠和卢梭真正变成了当时两派所用的资料,主张孟德斯鸠或卢梭,直接涉及改良或革命、君主制或共和制的问题。纵向上的比较让人更清晰地认识到从启蒙思想到清末的复杂性。即使是同一个人,经历了一些发生于中西之间的事件之后,观点也会发生改变。比如,小斯当东在 1810 年翻译的《大清律例》的序言中,对于中国的法律也有"褒"的一面,但到了 19 世纪二三十年代,他的态度发生了非常大的变化。在屈文生教授翻译的《小斯当东回忆录》中,我们可以看到他前后态度的变化。又比如,传教士郭实腊(Karl Gützlaff)在 19 世纪 30 年代创办杂志并撰写关于中国的书籍,但到后来写《道光皇帝传》时就产生了完全不一样的感受,注重描述君主受到的种种限制。现在历史学界对他已有研究,复旦李鹜哲博士的博士论文就是研究郭实腊。所以外国人看待中国法律的观点复杂性,既有时代变迁的原因,又有个体性格或者其在中国处境发生变化的缘故,这些都可能激发他们各自对中国问题看法的改变。

将这种复杂性与多变性结合到如今中西比较和中西法律观的研究中,便回到了今天讲座一开始提到的说明。我特别喜欢"镜像"这个词,这个词使用得非常好。自中西有交集以来,彼此几乎都脱离不了,都在相互"打量"。"打量"的主体从启蒙思想家到传教士,到后来的传教士汉学家,到驻中国领事和外交官,再到许多的旅游家,他们那么多的材料中不乏有让人非常迷惑的观点,比如法国古伯察(Évariste-Régis Huc)的论述。无论是学术还是中西关系,现在较多使用"西方"这个词,我的书的副标题也用了这个词。但我常要自问:"西方在哪?""谁是西方人?"西方并非一个整体,西方某个人并不代表某一个国家,哪怕这个人身居要职。我们要关注西方个人主义的特点,无论是法律研究还是中外外交关系研究,这些都值得我们警醒。这两年来我们听到太多的相互指责,指责在某种意思上都是一种策略,或许都有必要。但是,我们一定要知道存在这样一种复杂性和多变性。法律是如此,外交也是如此;18世纪是如此,现在仍然是如此。

谢谢大家!

陆宇峰教授(主持人):

感谢李秀清老师这么有历史感的与谈。李老师做了充足的准备,她是华政人心中的"女神",今天我们再度领略到她的风采。李老师谈到理解西方思想的复杂性的问题,除了横向的复杂性,还特别谈到时代变迁的维度，也警告任何一种对西方的简单化勾勒，这极可能会带来问题。为此李老师举了很多例子，其中包括对萨义德的《东方学》的反思。在李老师看来，东方和西方一直在彼此打量，形成了重重的镜像，中西方相互指责和相互理解都会产生一系列影响。李老师还提到了屈文生老师翻译的《小斯当东回忆录》，屈文生老师是中西法律文化交流的重要研究者，接着请屈文生老师发言。

屈文生教授（华东政法大学科研处处长）：

谢谢宇峰！尊敬的李天纲教授、李宏图教授、李秀清教授、於兴中教授和蒋狄青老师，现场的各位老师和各位同学，"东方明珠大讲坛"是由我、陆宇峰老师和科研处的老师们亲手创办的。我个人十分期待听到今晚这场巅峰对谈，这种期待从创办论坛的工作角度来说是如此，从研究兴趣角度来说更是如此。中西交流，包括中西法律交流研究，确实是一块非常迷人的研究领域。我今天的私心在于第一次邀请到我的老师——李秀清老师参加到论坛中，我觉得具有一种特别的意义，尽管在梁治平老师主讲的第十期"东方明珠大讲坛"和其他许多场讲坛中，李老师都在线上收看。今天线上也一定有许多值得我钦佩的学者在默默地支持和关心华东政法大学、学术华政和"东方明珠大讲坛"，所以我想一开始还是对各位老师和各位朋友表示感谢。

今天，李天纲老师将我们带到了江南而非传统的广州、澳门或者是 19 世纪 60 年代以后的北京。我个人在研究中西交流的场域中，更多看到的是广州、澳门或者是北京、天津，以通商口岸为主。尽管通商口岸的最后两站位于江南的宁波和上海，但我仍然较多关注广州。而今天李老师选取的江南视角使我感到特别的亲切，大概是因为我出生于上海。

我在点校"口岸知识分子"王韬的译文时,曾经参考过李天纲老师编校的《弢园文新编》。王韬的《华英通商事略》系其原创,在中西交流中占重要地位。《华英通商事略》讲述了英国公司(包括不列颠东印度公司在内)、外交官和传教士在华的交流史,主要以贸易发展史为主。王韬用较短的篇幅讲述了中英通商史,其起点要比刚才李老师和各位老师提到的1793年马戛尔尼使团访华提早了200年,即1596年伊丽莎白时代,彼时英国资产阶级革命尚未爆发。时间跨度从万历二十四年(1596)到道光十四年(1834),即1834年东印度公司在中国的垄断贸易结束,中英关系翻开了一个新的篇章。我作为晚辈,对李老师深厚的思想史的研究接触得特别少,可是我想我们的相遇是在王韬这里。今天讲座也关注到了中西法律交流。

从耶稣会士开启跨文明交流以来,西人对中国的研究成果保存的载体大概有两种:第一种是游记论著类,这种载体一般公开发行,即报刊或著作等等;第二种是档案,很少公开发行的,尤其是机要密件。於兴中老师刚刚提到了一种看得见的历史材料,还有一种是看不见的历史材料,即在平常读到的或者是形成的中国借鉴,这样的一种维度也非常有趣。对于第一种已公开发行的材料,有马可波罗、利马窦到马戛尔尼使团等来华西人的亲身见闻,而今天晚上讨论的主角孟德斯鸠和伏尔泰,他们并未亲往中国。这样的区分可能意义不大,因为这两种镜像可能都称不上是对于中国实际情况的真实还原。

但是在18世纪至19世纪以前,来华西人对中国的描述大部分是表面的,缺少多元评价。李宏图教授已概括为伏尔泰所代表的褒华派和孟德斯鸠所代表的贬华派,於兴中老师也注意到,来华西人未必是在客观地呈现中国的风土人情和社会样态,而是选择性地突出某些方面,以实现不同目的。质言之,西人对中国的认识可能不会像自然科学研究那样追求真相,而多只在形成印象,为他们的对话决策或者研究提供见解,这一点非常清晰地体现在英国议会档案材料中。於兴中老师提到,有些学者大概只是将中国作为材料而非对象。此外,蒋狄青老师写道:西方社会对中国的印象大概遵循着三个路径,即观礼仪,探贸易和考体制。1840年前掌握对华政策话语权的英国官员对中华帝国的印象并不固定,而是基于英国的内政和外交需求,侧重地展现中华帝国体制的几个方面。例如加拿大多伦多大学陈利教授在哥伦比亚大学期间的博士论文《帝国眼中的中国法制》中谈道,受1810年小斯当东翻译《大清律例》的影响,1830年前后英国进行了司法改革和法典化运动,当时很多议员高度评价《大清律例》的法典化和体系化。从体系化角度而言,英国当时的形式规范不如《大清律例》发达,因为英国本身不是成文法国家。英国立法的严酷程度可能不下于清律,但清律字面上较为严酷,在实践中却并没有如此苛刻。故这项倡议马上遭到反对,反对者立刻认为英国的这项法律改革是受专制中国的启发,这场法典化运动最后也无疾而终。可以发现,他们对中国的介绍还是基于服务自己的目的。

到了鸦片战争,英国官员进一步渲染中国法和中国社会的不文明性,普遍认为中国法律不具有科学性,刑法过于残酷,没有完整的民法体系,因而不具有现代国家法治的基础,就此把中国描述为专制的国家。把中国描述成执行非常粗鄙的反社会的制度,其主要目的也是服务自身利益,阐述中国违反具有欧洲中心主义的万国法,即 law of nations,后来才称为 international law。和如今特朗普政策相似,特朗普在某种意义上反对自由贸易,而中国是自由贸易的倡导者。当时清政府则被塑造成一个反自由贸易政策的典型国家。清政府的做法不符合英国所谓的基督教文明国家所确立的国际规范。英国外相在总结中国时并没有使用"半文明国家",即认为中国不是一个文明国家,中国不适用其他国家之间的国际法,所以英国外相认为与中国打交道时必须使用武力。

我的博士学生万立最近发现一个非常有意思的提法:美国第六任总统约翰·昆西·亚当斯(John Quincy Adams)认为,中国反自由贸易的基本政策虽然符合一国有权自行制定贸易政策的理论,但该理论是一种悖论。亚当斯认为中国需要承担人类的道德义务,不能总是中国优先。今天特朗普光明正大地提出了 America first(美国第一),这就是历史的轮回。19世纪以来,中西交流日益深入,但中国的真相在很长一段时间内并不是西方人首先要关注或者承认的。真相往往密而不宣,而西方人基于自身利益对真相加以改造。西方人把中国纳入西方既有的话语模式,比如文明论,并将印象化的中国置入拟定的话语或公式中,经由循环往复的论战,得出了符合自身利益的结论,这才是他们的重要追求。这些现象如今依然存在,提醒我们要谨慎地看待他者的视角。我们或许不仅要传播真相,还要挑战既有的中国公式,乃至于要形成自己的中国公式。我们在看待泰西的社会文化和法律时,不能只把国家作为材料——不论是於兴中老师说的理想性材料还是负面材料,更要把国家作为对象去研究。谢谢!

陆宇峰教授(主持人):

谢谢屈老师!屈老师听得非常认真,讲得也非常清楚。屈老师与李天纲老师关注的地理时代范畴不同,观点也不尽相同。屈老师认为确实存在西方中心主义,西方对中国的认识确实存在问题。

会场里还有一个研究孟德斯鸠的青年专家黄涛,请黄涛老师发言。

黄涛副教授：

各位老师晚上好！非常幸运有机会能够参加本次讲座。尽管孟德斯鸠是一位法学里非常重要的作者，但是目前有关孟德斯鸠的研究确实不太多。在20世纪80年代，法学界能够读到的理论书有两本，其中之一是孟德斯鸠的《论法的精神》，但是对其研究也确实比较少。更别谈像李天纲老师谈到的孟德斯鸠对中国的讨论。我们对孟德斯鸠的中国讨论怀揣着成见，似乎认为孟德斯鸠对中国的评价不太高，但其实是比较高的。孟德斯鸠不仅仅从地理的角度讨论政体问题，还对道德方面进行了关注。所以，尽管孟德斯鸠对中国的评价较好，但中国当时的政体和孟德斯鸠理想中的政体是存在距离的。对孟德斯鸠的理想政体这一问题存在争论，尤其是对前11章中政体论的解释，以及三权分立政体关注的究竟是什么的问题。李天纲老师已对论题做了限定，但至少我觉得天纲老师让我们注意到了18世纪时孟德斯鸠对中国的了解。

李宏图老师也提到了相关材料。材料中可以看到当时西方对中国非常推崇，因为中国是一个在政治治理上非常好的国度。但孟德斯鸠持中立态度，他对中国的赞美限定在地理环境的影响。孟德斯鸠对东方政体的评价实际上较大地影响了黑格尔，所以黑格尔对东方政体的评价也不太高。相对于黑格尔，孟德斯鸠的评价当然要好一点。可总体而言，我觉得孟德斯鸠对东方政体的评价并不是太高，这是我的一个保留意见。因为孟德斯鸠说过，北方才是缔造人类自由的工厂，而对其他区域没有如此强调。当然，孟德斯鸠认为其他区域也有一些政体上较温和的地方，然而这种温和不是基于道德的原因，而是基于地理环境和土壤等原因。

我主要做翻译工作，对孟德斯鸠的研究并不那么全面，关注较多的是政体部分。关于比较研究方面，刚好近期也在开设一门关于严复翻译的孟德斯鸠著作的课程。严复的翻译反映出一个晚清文人能否真正地了解西方，真正准确地传达孟德斯鸠的意思。我们在上课时，对照了严复当年使用的纳琴特的译本以及严复的译文，结果让人大吃一惊。一方面，按照现在翻译标准看，严复的译本仍然是比较准确的。换言之，假如我们不是一个专业的研究者，在今天对孟德斯鸠的理解并不会比严复高出多少。另一方面，严复的最大贡献在于对法理等词进行创造性的使用，使得在中国传统语境中的人开始理解自然法。孟特斯鸠是现代法学的奠基者，阐述了现代法学理论。在这个意义上，除去意识形态的隔阂，中西方是可以沟通的，我们可以像西方人那样去了解西方人。我不觉得一个他者是完全不可进入的，但是进入应该要在不断的交流过程中去完成。

谢谢各位老师！

陆宇峰教授（主持人）：

黄涛老师是我国重要的中青年自然法研究者，他认为孟德斯鸠的核心观点，在于区分道德上好的政体与一般的温和政体，这很显然带有他个人的理解。黄涛老师又谈到严复的译本问题，也非常有意思。王宏超老师也到现场了，下面请他发言。

王宏超副教授：

谢谢"东方明珠大讲坛"，几位老师的发言让我学到了很多。我一直在关注并学习李天纲老师的相关研究，李老师特别关注普遍性和地方性的关系问题，展开说是普遍的地方性和地方的普遍性。对于这一问题，李老师在有关南京路的研究中特别强调过，今天讨论的江南文化特殊性也是这一思路的延伸。从江南去发现世界，从世界去认识江南，这是一种特别开阔的视野。

李老师的系列研究，除了在具体观点对我们有帮助之外，在方法上也极有启发性。李老师关于孟德斯鸠和伏尔泰看待中国立场的分析，可以引出文化间相互认知的问题。按照保罗·利科（Paul Ricoeur）的说法，文化间对于"他者"的认知，取决于主客体两个因素，实则主体的因素更为重要。而主体因素的两个极端是"迷恋和批判"："迷恋"体现的是对异文化的向往和喜欢，而"批判"体现的是对异文化的批判和反对。由此形成了异文化想象实践的两种模式：意识形态与乌托邦。意识形态的模式是维护现实、批判异文化，所塑造出来的异文化形象往往是丑化、怪异化的；乌托邦的模式是批判现实、追慕异文化，所塑造出来的异文化形象往往是美化、理想化的。中西文化之间的认知，就明显呈现出这种特点，启蒙运动时期的中国热，代表的是对中国文化的乌托邦化，而后西方对于中国封闭落后的印象，则是意识形态化的体现。文化间自我与他者的关系总处在一种变动状态之中，如何去处理文化关系，其实到现在为止也是个极具现实性的问题。

华东政法大学第19期"东方明珠大讲坛"

法学知识的演进与分化
——以社科法学与法教义学为视角

主讲人　陈兴良　北京大学法学院教授

与谈人　白岫云　《中国法学》编审

　　　　车　浩　北京大学法学院教授

　　　　杜　宇　复旦大学法学院教授

　　　　何荣功　武汉大学法学院教授

　　　　付玉明　西北政法大学刑事法学院教授

　　　　王　充　吉林大学法学院教授

　　　　赵春雨　盈科全国刑事法律专业委员会主任

主持人　于改之　华东政法大学刑事法学院教授

2021/04/09　下午 2:00-4:00
华东政法大学长宁校区小礼堂（40号楼二楼）

华东政法大学科研处、《法学》编辑部主办

第 19 讲
法学知识的演进与分化
——以社科法学与法教义学为视角

时　　间：2021 年 4 月 9 日
地　　点：长宁校区小礼堂
主持人：于改之（华东政法大学刑事法学院教授）
主讲人：陈兴良（北京大学法学院教授）
与谈人：白岫云（《中国法学》编审）、车浩（北京大学法学院教授）、杜宇（复旦大学法学院教授）、何荣功（武汉大学法学院教授）、付玉明（西北政法大学刑事法学院教授）、王充（吉林大学法学院教授）、赵春雨（盈科全国刑事法律专业委员会主任）

一、开场致辞

于改之教授（主持人）：

尊敬的各位专家、各位老师、各位同学，晚上好！

欢迎来到第 19 期"东方明珠大讲坛"。第 19 期"东方明珠大讲坛"题为"法学知识的演进与分化——以社科法学与法教义学为视角"。法学像一切学科一样，经历了一个从简单的知识体系到复杂的知识体系的演进过程。法学知识形态的有机联系,构成了一定的法学体系。这些法学体系从不同视角界定法,由此导致了法学知识的分化。其中,社科法学与法教义学的关系成为当前我国法理学界的一个热门话题。在法理学意义上,所谓社科法学是指采用社会学、经济学等社会科学的方法论对法律所做的研究,而法教义学是指采用教义学的方法论对法律所做的研究。这两种方法分别是在法律之外研究法律和在法律之中研究法律。在法学知识系统中,社科法学与法教义学互补共生,而非相互取代。

二、主讲环节

陈兴良教授:

(一)法学知识论的立场

社科法学与法教义学是两种不同的知识形态,所谓社科法学和法教义学之争,不仅涉及方法论和价值论的不同,更重要的是知识论的区别。理解社科法学与法教义学的关系,首先需要明确知识论的立场。

知识论是在认识论的基础上演变而来的,但它并不等同于认识论。认识论解决的是人类认识的来源问题,而知识论不仅关注知识的来源,还关注知识的演进、谱系、分化、分层、形态等内容,简言之,它是对人类知识进行的系统的考察。

社会科学是用科学的方法,对人类社会的种种现象进行认知而形成的学科体系。它涵盖法学、政治学、历史学等诸多学科。知识论是一种"元科学",是对某一学科知识自身的反思。从知识论的角度观察,法学即是对"法"这种社会现象进行考察,形成的法学知识体系。

因此,以往仅仅从价值论与方法论的角度对社科法学和法教义学进行比较研究,难免失于肤浅。只有引入知识论的分析工具,才能对二者在我国产生、发展的社会背景以及功能演变做出更为深刻的理解。此即知识论考察的基本立场及其重要性。

(二) 法学知识的历史起源

1. 古代法学知识

中国古代法学知识主要指律学。律学是以对"律"当中的某些文字进行注解而逐渐形成的一套理解律法的知识体系。它以探寻律义为目标,研究方法以语义分析为主,因而可以归结为一门语言学。随着时代发展,法律用语从文言文转换为白话文,律学就丧失了其存在、发展的文化根基。

西方古代法学知识同样表现为法律文本的评注、分析,具有一种形式主义色彩。但在研究方法上,更加强调逻辑分析,和中国古代律学研究主要采用的语言学方法存在很大不同。

综上,无论是中国古代的律学还是古罗马的注释法学,它们的关注点都集中于法律本身,即法律规范或者法律文本。

2. 近现代法学知识

近代法学的一个重大转变就是从法教义学拓展到了社科法学。社科法学的研究不再局限于法律规范本身,而是开始引入其他社会科学的研究方法,对"法"进行交叉学科的研究。法学知识体系也从技术性的法律知识发展成为综合性的社会科学知识。

现代法学是包含了理论法学和部门法学,涵盖了社科法学和法教义学的一个庞大的知识体系。它不仅研究法律的本质、法律的结构、法律的理想,也关注法律在社会中的作用以及这种作用是如何发生的。

它不仅是一门法学的理论,更包含了一种法学的技术。它有着独立的学术研究的评价标准、评价体系,在整个社会科学中自成一体,极具特色,并成为一门显学。

(三)我国法学知识的现实演变

我国现代法学并不是对古代律学的承袭,而是引入西方法学的产物。改革开放以后我国法学知识发展历程可以分为三个阶段:

第一阶段是 20 世纪 80 年代政法法学的流行。在此之前我国学术研究受到政治运动的影响,法律虚无主义倾向明显。1979 年以后,我国陆续颁布了 7 部法律,开始恢复法治建设,法学知识也逐渐从意识形态的认识中分离出来,成为一门独立的学科。该阶段的特点是:注释法学缺乏方法论的支持,惯于采用宏大叙事,强调法律和政治的紧密联系,认为法律是政治的附庸,忽视甚至否认法律的独立价值。

第二阶段是 20 世纪 90 年代社科法学的兴起。这一时期,整个社会科学出现百花齐放的局面,不同社会科学领域出现新思潮,对法学的发展产生重大影响。其中,文化热催生了法律文化研究的繁荣;而科技热则导致了大量新兴法学的出现,系统法学、法治系统工程等研究如雨后春笋般冒出。

第三阶段是 2000 年以后法教义学的崛起。一方面立法越来越成熟,司法工作量剧增,为法教义学的发展奠定了基础;另一方面,大量法教义学译著面世,作为研究中国法律问题的一种理论资源,极大地促进了我国法教义学的发展。值得注意的是,不同部门法的法教义学发展程度与该部门法的立法进度、法治发展情况和司法化程度密切相关。法教义学对各个部门法学并没有统一的标准,而是主张要"具体情况具体分析"。

综上,我国法学研究从恢复重建初期的各种话语混沌,到各自为政的杂乱,再到现在社科法学和法教义学共生共存,是法学知识净化和分化的结果。这体现了我国法学理论的进步,是值得肯定的。

(四)社科法学与法教义学的区分与关联

社科法学和法教义学的分立是法学知识分化的结果,所谓社科法学和法教义学之争,实质上是不同法学知识形态的竞争。二者之间既存在明显的区分,又存在一定的关联。

二者的区分主要体现在以下三个方面:

1. 社科法学是对"法"进行整体性的研究,其研究的"法"是整体的"法"、理念的"法";法教义学是对"法"进行个别性的研究,即研究某个具体的法条或者具体的法律问题。

2. 社科法学,尤其是法社会学,主要是对"法"的外部性进行研究;法教义学则是对"法"的内部性展开研究。

3. 社科法学注重对"法"进行价值性研究,而法教义学则更加强调对"法"进行规范性研究。

同时,二者之间也具有紧密联系。社科法学和法教义学是一种互相支持而非互相对立的关系。法教义学需要从社科法学中吸取知识营养,而社科法学的发展还要依赖法教义学间接地为法律的司法适用提供理论资源。因此,在总的立场上,应当对两者进行知识融合,而不是用谁去取代谁。

然而,尽管在理论法学的知识语境中,把社科法学当作法学研究的重要内容是有其必要的,但是在部门法学中,尤其在司法化程度较高的法律部门里,还是应当让法教义学的研究占据主导地位。

(五)结语

我国刑法学界目前的研究整体上是比较合理的。其中,既有对刑法的社科法学的研究,又有对刑法的教义学的研究。

一方面,应当鼓励法教义学者掌握一种社会科学的思维,"只有这样,才能使自己的法学知识体系比较健全,为将来的法治建设做出应有的贡献"。另一方面,社科法学的知识只是为刑法研究提供了一种方法进路。对刑法学科来说,占主导的始终应是刑法教义学的研究。就纯粹的刑法教义学研究而言,需要在借鉴德日刑法教义学理论的基础上,结合我国的刑事立法和司法,进行具有针对性的研究。在这一过程中,必须坚持以实践为导向,立足于解决中国立法和司法当中的问题,树立一种中国意识、问题意识。

三、与谈环节

于改之教授(主持人):

在对社科法学与法教义学的关系的认识上,陈兴良教授从知识论的角度来探讨法学知识的演进与分化,是独辟蹊径的一种研究进路。

在对待西学的态度上,陈兴良教授认为必须考虑中国的国情,注重研究的本土化,是避免拿来主义的一个好方法。

白岫云(《中国法学》编审):

虽然社科法学与法教义学之争由来已久,但陈兴良教授的讲座提出了知识论这一研究两者关系问题的新方法、新视角。其从中外法学知识的演进发展规律出发,通过分析法律知识的演进方向,总结知识演进发展的规律,结合中国法治发展的各个阶段的历程和特点,以及当前司法实践和法学研究中的具体问题,对社科法学和法教义学的关系进行了阐释,指出了社科法学与法教义学之间的互通和互补关系。

陈兴良教授的讲座提出的这样一种引领性的、方向性的研究方法,即通过宏大的视角指明一种具体的微观方向的研究方法,令人受益匪浅。

车浩教授:

从部门法学而言,法教义学和社科法学之间大致有四种关系:

第一种是平行关系,即相互独立,平行无涉。例如,社会科学以法律作为分析对象,它的整个研究方法、进路、分析工具以及最终的结论、落脚点指向的仍然是社会科学本身,这对法学而言既没有太大贡献,也没有实际影响。反之,部门法学的研究对这部分社会科学的研究也同样是无害无益的。

第二种是良性竞争关系。在实体法框架下,法的安定性和目的性的考量分别支撑法教义学和社科法学两种不同的研究。虽然在个案中,有时会出现两种不同价值取向的冲突,但仍然属于良性的竞争。

第三种是冲突关系。如果在一种政法框架下展开研究,通过非法治甚至反法治的方式,借助综合考量的政治价值思维而不是一个职业法律人的思维来解决问题,那么法教义学和社科法学就会存在一种冲突或者说斗争关系。

第四种是合作关系。这种合作有两种表现方式:一是社会科学的知识进入到部门法学当中,成为法教义学规则提炼和塑造概念的素材与支撑;二是社会科学成为和部门法学并肩战斗的伙伴,例如犯罪学科。

杜宇教授：

社科法学和法教义学之争的"争"体现在三个方面：第一，如何理解"法"；第二，如何生产法学知识；第三，研究出来的知识应该如何运用。

如何进一步在法教义学中内化社科法学的知识则包含三点：第一，社科法学研究的问题意识应该进一步收敛和规范化；第二，社科法学应当思考怎么能把知识营养转化为在法教义学系统内可以被辨识和容纳的教义学规则；第三，应当重视对社科法学的知识在规范脉络的意义上进行体系化整理。

何荣功教授：

站在社科法学的角度看刑法常使人有一种豁然开朗的感觉。通过了解人性，人对"恶"的存在就能更加宽容。因此，法教义学和社科法学是一种互补的关系，它们的结合让人更加全面，也让知识更加全面。

王充教授：

首先，陈兴良教授提出了中国刑法学向何处去的问题，并给出了自己的答案：向教义学这个方向去。但在具体方法上不排斥社科法学的知识。

其次，陈兴良教授揭示了刑法学知识的分层和类型问题：第一个层次是犯罪学、刑事政策；第二个层次是刑法教义学；第三个层次是知识论的刑法学。

最后，陈兴良教授指出了社科法学和法教义学之争是一个伪命题，两者并非对立关系而是互补的关系。

在最为重要的中国刑法学向何处去的问题上，我们必须要有反思精神，以形成自己的主体意识，形成自己对中国刑法学未来的看法，以不辜负陈兴良教授对大家的期望。

付玉明教授：

首先，社会科学的研究方法和研究内容是相通的。社会科学研究的都是人类行为和人类社会中的一些现象，遵循的也都是学术伦理和学术规范基本相通的方法论。

其次，法教义学和社会法学处于一种引领风潮的阶段，表明了法学研究的繁荣。就法教义学而言，其发达一是需要法律规范充足、学科体系完整；二是需要学科知识发达丰富、研究方法自成体系；三是需要学术共同体孜孜不倦地持续努力。

再次，社科法学和法教义学的关系并不是对立的，而是互补互通的。

最后，教义学研究面临挑战及危机，教义学学者应当学会自省。教义学研究方法强调逻辑的统一性、封闭性，但缺乏经验方法的嵌入。教义学研究应当符合时代发展的要求，合理解决实践中出现的各种难题。

赵春雨（盈科全国刑事法律专业委员会主任）：

从价值与规范的关系看，一方面，要注意"应不应该"与"愿不愿意"的差异。在这一问题上，应当以规范判断为主，价值判断为辅。另一方面，要注意法律效果与社会效果的统一。法教义学和社科法学并不存在矛盾，二者可以融合。作为法律实务人员，应当首先考虑怎样在司法实务中处理好两者的关系。

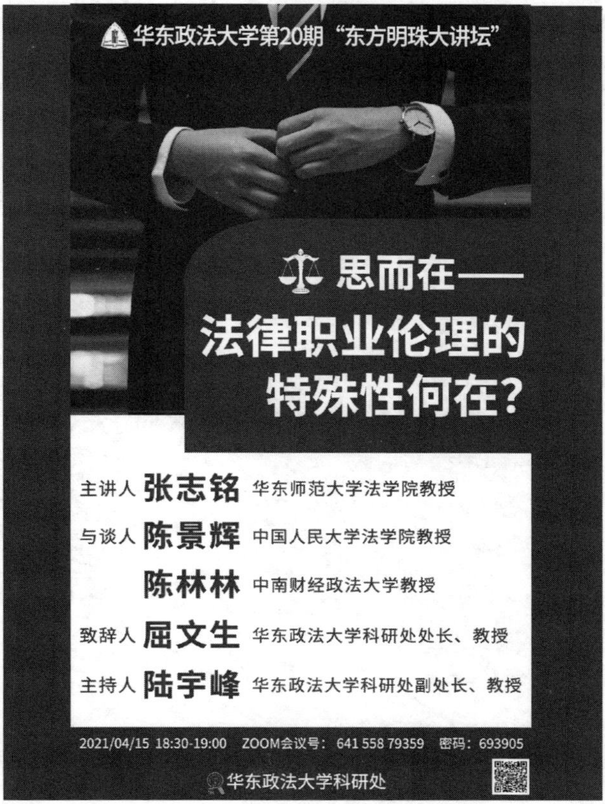
华东政法大学第20期“东方明珠大讲坛”
思而在——
法律职业伦理的
特殊性何在？
主讲人 张志铭 华东师范大学法学院教授
与谈人 陈景辉 中国人民大学法学院教授
陈林林 中南财经政法大学教授
致辞人 屈文生 华东政法大学科研处处长、教授
主持人 陆宇峰 华东政法大学科研处副处长、教授
2021/04/15 18:30-19:00 ZOOM会议号：641 558 79359 密码：693905
华东政法大学科研处

第 20 讲
思而在
——法律职业伦理的特殊性何在?

时　　间:2021 年 4 月 15 日
地　　点:线上
主持人:陆宇峰(华东政法大学科研处副处长、教授)
主讲人:张志铭(华东师范大学法学院教授)
与谈人:陈景辉(中国人民大学法学院教授)、陈林林(中南财经政法大学教授)

一、 开场致辞

陆宇峰教授（主持人）：

尊敬的各位专家、各位老师、各位同学,大家晚上好! 欢迎来到"东方明珠大讲坛",我是主持人陆宇峰。

本期"东方明珠大讲坛"有幸邀请到华东师范大学法学院名誉院长张志铭教授在线讲授"思而在——法律职业伦理的特殊性何在?"这一问题,感谢张老师! 我们知道"法律职业伦理"以及与之密切相关的"法律职业共同体"问题,是现代法治建设中的一项重要关切。在不断推进和深化法治认识与实践过程中,学界与实务界都在持续思考如下问题:是否存在"职业的"法律伦理?法律职业伦理是一种真正的职业伦理吗?伦理与道德、法律职业伦理与道德规范之间是什么关系?是否存在一个面向法律职业共同体的统一的法律职业伦理?为什么要认真对待法律职业伦理,以及在基于规则的治理中法律职业伦理到底起到什么作用?这些问题可以化约为以下问题,即法律职业的特殊性究竟体现在哪里?究竟是伦理道德的特殊性,还是制度实践层面的特殊性?今天,张志铭教授将为我们深入分析这些重大问题。

同样荣幸的是,本期"东方明珠大讲坛"也邀请到了中国人民大学法学院陈景辉教授、中南财经政法大学陈林林教授在线与谈。景辉教授不久前刚刚与张翔教授、翟小波副教授、李忠夏教授围绕宪法的性质及其与部门法的关系展开了一场讨论,让我们大家见识了他词锋的厉害。久负盛名的"男神"陈林林教授则是第一次光临大讲坛,我们期待一睹陈林林老师的风采。

本次讲座也特别感谢华东师范大学法学院院长助理于浩教授,为我们撰写了讲座预告的内容,感谢于浩教授!下面有请我校科研处处长屈文生教授致辞!

屈文生教授(华东政法大学科研处处长):

尊敬的张志铭教授、陈景辉教授、陈林林教授,以及线上的老师和同学,大家晚上好!非常感谢各位光临"东方明珠大讲坛"。刚才我们的同事宇峰教授已经介绍了今晚法理学界三位重量级的学者,他们将围绕法律职业伦理的相关问题展开讨论,这个问题是极其重要的。

我们知道,教育部2018年已经将法律职业伦理纳入普通高校,特别是法学本科专业的专业必修课程。据我所知,华东政法大学也已经开设和教授这门课程,那么这也就是从另一个维度要求我们对法律职业的特殊性问题进行非常紧迫的思考。刚才讲,到底有没有统一的法律职业伦理? 我们中国的法律职业伦理是不是和美国的一样? 检察官的、法官的、律师的、法学教授的这些伦理,各自是不是有什么特殊性? 法律职业伦理和法律职业共同体之间有没有天然的亲和关系? 法律伦理包含着制度和组织层面的特殊性吗? 换句话说,法律人为什么一定是以法官、检察官、律师为主要构成? 回应以上追问,有助于我们深化对当下中国法治的认识,让我们更好地理解法律职业伦理在中国法学教育中的基础地位。

今天的主讲人张志铭教授是我非常钦佩的学者,也是著名的法理学家、中国法理学研究会副会长,我读书的时候就读过张老师的论述和专著,印象最深的就是《法律与革命》《走向权利的时代》这些重要著作。一直以来,张老师对我校的科研事业提供了非常多的帮助。能请到张老师做客,我们感到十分荣幸!

陈景辉教授和陈林林教授是新一代的中国法理学的中流砥柱,景辉老师前一阵子和张翔老师做客主讲,展现出了宇峰教授刚刚所说的"词锋"。陈林林教授是第一次参加我们大讲坛,所以非常期待! 前两年我就注意到,陈老师入选青年长江学者的时候,是他那一届唯一的非985大学、非政法大学的法学教授,这本身就是强大实力的象征。前一阵子我还买到了陈林林教授翻译的《威权式法治》,是一本非常不一样的书。

大家牺牲晚上宝贵的休息时间做客我们的大讲坛,我代表科研处,再次向大家表示最由衷的感谢。我就先讲这么几句,谢谢大家! 我们有请张志铭教授开讲!

二、主讲环节

张志铭教授：

感谢屈处长、陆副处长，感谢华东政法大学的邀请，让我有这么一个机会，在这里跟大家就法律职业伦理问题做一个交流！

这个话题当然是非常有趣的，法律职业也是我长期关注的一个研究领域。至今很多人都认为，国内"法律职业共同体"这一概念，最早源自我 20 世纪 90 年代初那篇关于当代中国律师业发展的论文，现在这个概念的使用可能已经非常广泛了。对其中的法律职业伦理问题，我在过去的研究中也多有涉猎。大家可以看我在北京大学出版社出版的《司法沉思录》，这本书也收了多篇关于法律职业伦理研究的论文。

客观地讲，到目前为止，我觉得我在这个话题上的热情已经大大消退了。随着年龄的不断增长，不论承认还是不承认，对这个话题的热情也越来越消退。但前些时候，我读到了陈景辉教授在《浙江社会科学》上发表的一篇题为《法律的职业伦理：一个补强论证》的论文，我相信在座的很多学者和同学也都读了这篇论文。读完之后我产生了很多的共鸣，也产生了很多的异想，即不同的想法。刚好这个时候，宇峰教授邀请我来做这样一个讲座，我就报了今天晚上这样一个题目："思而在——法律职业伦理的特殊性何在？"，而且当时就毫不犹豫地约了陈景辉教授和陈林林教授一起相聚。刚才文生教授已经介绍了两位陈教授，他们都是在国内法理学领域，在法律职业伦理问题、司法问题研究领域的翘楚，写了很多东西，也有很大的影响力。

法律职业伦理是一个众说纷纭的话题，我们谈论的时候不能人云亦云。所以我认为这一点非常重要，那就是要先说说学者研究这个问题的态度取势。这里我要特别强调，包括学者在内的任何主体的成立，都不仅在于自在，更在于自觉，即自在的觉悟，对自己作为一个主体存在的觉悟。这对学者也是一样的，非独立思考无以彰显其存在，思而在，在有思，无思则无在。在这个意义上，我特别赞同笛卡尔的"我思故我在"这一说法。我也特别赞成法国的哲学家和数学家帕斯卡尔"人是一株会思考的芦苇"这个表达。中国人也有这种说法，叫"人生一世，草木一秋"，人生尽管苦短如草木，但我们也要做有思想的草木。

陈景辉教授的文章秉持了他的一贯的风格，以独立思考，甚至语出惊人为特征，就像刚才宇峰教授所提到的"语言犀利"。他是独立思考甚至"语出惊人"的，彰显出作为学者的存在。在那篇论文里他提出，如果我们不能回答法律职业基本特性的问题，那么就无法证明：当下中国法学教育将法律职业伦理作为一门学科的教学制度安排的意义和正当性。甚至将其作为一种专门研究的必要性也是要画上一个大大的问号。这样一种态度实际上是非常犀利的，不仅语言犀利，而且态度也非常犀利，因为这意味着有可能会砸很多人的饭碗。

在现在大学的法学院，包括我们华东师大法学院，都已经开设法律职业伦理课。按照教育部法学教育教指委的设计，实际上法律职业伦理是作为主干课之一的，属于必须要开设的课。以后法学院也好，法科大学也好，如果不能开设这样一门课，那么存在的理由就不充分。所以这是非常严峻的局面。

陈景辉老师的论文采取的是一种分析的立场，我特别赞赏这样一种立场。我认为，分析是思考与认知事物的基本进路和立场。没有分析，就只能胡思乱想；没有分析，就没有对事物的理解和认知。从分析的角度看，由于我们没有揭示法律职业伦理的特殊性，当下中国关于法律职业伦理的教学和研究确实遭遇了一种分析上的困境。景辉教授的这篇论文已经很清楚地表达了这样一种关切。

那么，我就基于读这篇论文所产生的一些共鸣，来谈自己的一些看法，并跟景辉教授、林林教授做一些交流，也跟线上的各位同学和老师做一些交谈和讨论。我采取的策略是不短兵相接，因为景辉教授很犀利，所以我就要避其锋芒。而且，我看景辉教授的表情就是一种"战斗的表情"，所以我还是采取一种自我陈述的策略，即陈述我自己对法律职业伦理特殊性的认识。最后，我再回到一个恰当的位置，回应其论文中提出的一些问题，特别是那些很犀利、很严峻的问题。以下是我的释明和陈述。

首先，我们来谈谈普遍性与特殊性的区分问题。今天讲座题目是"法律职业伦理的特殊性何在？"，那么特殊性是相对于普遍性而言的，两者又分别叫共性与个性。分析起来的话，普遍性讲共性，是求同的；特殊性讲特性，是求异的。追问和认识对象的特殊性，主要目的在于区别，并在区别的基础上，去界定和认识一个事物与另一个事物的不同，这就是特殊性。实际上，我们是在界分或界定法律职业伦理的特殊性。在这一点上，我特别同意景辉教授的看法：法律职业伦理的基本性质和特殊性及其要求，是讨论法律职业伦理的核心问题。也就是说，在现在大学法学院从事的法律职业伦理教育以及开设的课程中，这些问题之中最核心的问题，就是要明晰法律职业伦理的基本特质或基本性质。所以我觉得这个问题提得非常好。

接下来，就要去面对和回答这样一个问题：如何认识法律职业伦理的特殊性。从法律职业伦理的概念本身出发提示其特殊性，主要涉及三个方面的辨析：第一个方面，伦理与道德的区别辨析；第二个方面，职业伦理相对的概念是非职业伦理还是日常道德；第三个方面，法律职业伦理与非法律职业伦理的区别辨析，这里面还包含着这样一个问题，即法律职业伦理是一种伦理要求，还是对法律职业的一种法律要求。

第一个方面是伦理与道德的区别。我之前发表的论文已有所论及，道德和伦理这两个概念在日常生活中是被交互使用的，但是考察分析起来，它们所指认的对象却并不完全相同。道德和伦理虽然都指向人类社会生活中所追求的善，但是在黑格尔看来，这种构成普遍目的的善不宜仅仅停留在人们的内心，还应该使之实现。主观的意志要求它内部的东西及它的目的获得一种外部的定在，从而使善在外部得以完成。

按照这样一个思路，道德的概念比较抽象和内在，意指事物内在的道德性或道德精神。它的内涵是性情品格，是一种关于是非善恶的判断，是一种诉诸人的良知和内心确信才能真正发挥作用的东西。此外，道德的含义会因时空、场景、人群、人文等诸多不同因素的影响而发生变化，具有明显的主观性和不确定性。比较起来，伦理则比较具体，是道德的外化，是道德落实在人际关系中的具体表现，构成良善社会生活和人际交往的规范与准则。道德是自律的，注重自我修炼、自我约束，而伦理更多的是他律，通过激励与惩罚的制度设计来规范人们的行为道德和能力。

在我看来，二者是本质与现象的关系，根本上是相统一的。伦理是道德的具体规范，道德是伦理的基本属性。我觉得特别有必要对道德和伦理做这样一个区分。尽管在术语上职业道德规范和职业伦理规范两者经常是混用的，但是细分起来，道德是自律的，比较内在。良心自治这个概念隐含着另一个命题，就是道德经常是不具强制性的。对于道德强制问题我们要特别小心，或者说，我们很难证明道德强制的正当性。伦理是他律的,比较外在。职业伦理也好,生活伦理也好,都涉及人际关系,涉及他人,所以带有一种强制性。比如,某人违反了职业伦理,就会遭遇职业纪律的惩戒,严重时甚至会被取消从业资格。所以讲法律职业伦理时,需要界分伦理和道德这两个概念。尽管伦理也是一种道德规范,但是伦理跟一般意义上的道德诉求和道德判断还是有所区别。

从社会治理的角度上讲,很多的道德是不可以强求一律的。严格地讲,职业伦理不是职业道德,而是带有道德性质的伦理规范。当然,这种表述肯定也隐含着如下问题:在职业伦理建设中是更多诉诸道德自律、道德自治,还是以一种强制性方式来简单化处理?因此,讨论职业伦理特殊性的时候,辨析道德和伦理这两个概念的不同是非常有必要的。

职业道德和职业伦理分别是道德和伦理的下位概念,它们与职业紧密相关。所以我们要讨论职业的概念。职业(profession)与一般意义上所说的工作(job or occupation)是不同的,工作仅仅是指谋生的手段,而职业则需要具有专门的教育背景,掌握专门的知识技能。在英国柯克(Edward Coke)大法官跟英王詹姆斯一世(James I)的对话中,前者指出:法律是一种人为理性和技艺理性,并非一种天赋理性。职业需要掌握专门的知识技能,这种知识技能从属于人为理性,其掌握不仅仅通过书本和课堂,而且还要通过实践来获取的。职业需要掌握专门的知识技能,承担特殊的社会责任,并产生具有从业特权的行业。职业主义的制度设计要求从事特定职业者不仅应该是专业人,还应该是道德人。职业道德是构建职业伦理的支柱,外化则展现为具体的职业伦理。从某种意义上说,职业伦理就是职业者的角色规范和责任伦理,它通过规制职业成员自身的行为,及其与同行、当事人和社会大众等的关系,来确保职责的履行。伦理比道德具有更刚性强制的外在约束力,被用来指引从业者,并对违法者予以惩戒,以维护职业的自治地位和社会尊严。

在我看来,职业伦理是职业的构成性因素,是职业构成的必要条件。从逻辑上讲,职业伦理是法律职业的一个必要条件。当然,除了它还有其他必要条件,但是如果缺乏职业伦理这样一个构成性因素,就形成不了职业这个概念。从反思批判的立场上讲,我带着这样一种问题意识:我们在职业伦理建设或者职业伦理的话题下,是不是不恰当地进行了道德强制,因而有违良心自治原则? 我认为,即使对一个职业的从业者而言,良心自治这一原则依然是有空间的,也依然是要坚持的。

当然,道德自律、道德自治与良心自治的范围和事项的相关问题,我们可以再单独讨论。但是,如果不区分伦理和道德这两个概念,很可能导致在伦理实践之中会掺杂过度的道德强制,严重时可能会因此而丢失某种意义上的国家与社会治理现代性。

第二个方面是职业伦理的相对概念。我赞成职业伦理有别于日常生活伦理。伦理实践不仅仅跟职业伦理有关,也包括了日常生活实践伦理。在生活中,我们会发现伦理不仅跟职业结合,而且和日常生活或工作结合。比如儒家讲"天地君亲师",这是"五伦"。儒家还讲"君臣""父子""兄弟""夫妻""朋友",以及讲"八德",即"孝、悌、忠、信、礼、义、廉、耻"。这些都强调,在人际关系上我们要过一种人的生活,这些都属于人伦关系的基本规则要求。

职业伦理是与职业活动相关联的,日常生活伦理是与公民个体生活相关联的,是社会团结和个人互助的纽带,是一种公民道德。职业伦理和生活伦理相互之间不能混同。我们讲的法律职业伦理包括检察官职业伦理、法官职业伦理、律师职业伦理。检察官职业伦理,是检察官职业群体共同的伦理要求,它与律师、法官等法律职业共同体的伦理要求一样,具有明确的服务大众、服务社会的利他主义属性,甚至不乏自我牺牲和舍己为人的精神。所以,无论是法官、检察官还是律师,其职业伦理涉及利他主义,他们就不光是为了钱在做事。这就是职业主义的利他主义。除了法律职业之外,神职人员讲究救苦救难或救赎,医生讲究救死扶伤,这两者也表现出了利他主义。法律职业之中提到了与社会正义相关的一整套表达,实际体现的就是一种高尚性,即不以盈利或逐利为目的。当然,曾经在美国,职业主义遭遇过商业主义模式的倾销,然而直到现在为止,职业主义依然是现代法治国家关于职业建设的一种主导性意识形态。

但检察官的职业伦理的要求,与检察官作为公民个人所应该遵循的日常生活伦理还是有所不同。后者不排除甚至鼓励任何利益追求,只是强调"己所不欲,勿施于人",不允许损人利己。一个检察官并非以检察官的身份从事活动时,就只是生活中的寻常人,而作为寻常人时就不一定完全要基于检察官职业伦理的利他主义要求。当然,两者的区别并不一定构成一种排斥关系。职业伦理与日常生活伦理两者之间可以构成正相关。比如我们都要求讲诚信,都要求穿着和形象上的整洁,不能邋遢。有的时候,两者也可能是一种负相关或不相关。比如,日常生活伦理要求"亲亲",职业伦理有时候要求大义灭亲,此时二者就是负相关。还比如,日常生活伦理要求尊老爱幼,职业伦理更强调一视同仁,平等对待。所以,职业伦理是有别于日常生活伦理的,但同时两者也不是完全没有关系。要做一个好的法官,首先要做一个好人,这句话在很大程度上是成立的;但是,要做一个好的法官,就不能是一个寻常的人,这句话也是成立的。所以,我们既要看到两者的区别,也要看到两者的联系。也就是说,要成为一个高尚的职业者,同时也要成为一个负责任的公民,或者一个好的生活角色。比如,无罪推定可能就是一个很职业化的概念,生活中不一定是这样,还有比如非法证据排除,等等。职业伦理中有一些东西确实彰显某种职业理性,跟生活中的一些常识性判断可能会有很大不同,但是它们之间也有正相关的可能。这是我对职业伦理与日常生活伦理这两个概念的辨析。

接下来的问题是法律职业伦理与非法律职业伦理的关系。职业伦理也分不同类型,在最狭义的意义上,法律的职业不同于其他的职业。医生是管肉体的,法律人是管行为的,神职人员是管心灵的。按照景辉讲到的社会的主要制度架构,从身体到心灵就是这几种职业,他们解决的都是在人性的角度上人无法自救自拔的一些情况。比如,精神上人们需要借助神职人员完成救赎,身体上的疾病则需要依靠医生来救治,同时也要依靠法律人来救助自己的行为。由于人们自己无法自救,所以社会要设置这样几种职业来完成类似救赎或者救助。职业这个词可以有很多种追溯,但是我最喜欢的还是韦伯所讲的,职业叫 calling,意味着"召唤",认为职业实际上是响应上帝或神的召唤。当然,我们是无神论国家,所以也可以是响应某种使命的召唤。职业是基于使命而成立的一种群体,职业伦理便涉及利他主义,其中就包含着一种职业精神。职业不仅仅是法律职业,还有一些在近现代的理论中同样被认为是非常经典的职业,比如刚才讲到的医生和神职人员,他们就不同于法律职业。非法律职业与法律职业之间还是有区别的。由于职业的性质和使命不一样,所以职业伦理规范也不一样,不同职业伦理规范也有具体细节上的不同。

法律职业伦理要求与法律要求不是一回事。很多年前我在研究检察官职业伦理的时候,以联合国《检察官角色指引》和国际检察官联合会《检控人员专业责任守则和主要职责及权利的声明》这两个在当今国际社会具有广泛影响力的检察官职业伦理文件为对象做过一个研究。这两个文件都明确了称职良善的检察官应当遵循的决策规范,体现了检察官的职能定位。从各国的法律实践看,许多规范同时具有法律义务的性质,这就引发了一些问题:这两份文件中关于检察官角色规范的要求都属于法律职业伦理的要求吗?是不是还有许多内容属于对检察官职责的法律要求?是不是还有两者兼而有之的可能性?因为职业伦理实际上是一种伦理要求,而不是法律要求。但是,我们梳理了国内很多的规范性文件,发现在这方面我们没有有意识地做出相应区分,甚至可能根本就无法区分。

关于法律职业伦理的很多规范,都规定在组织法、法官法、检察官法或诉讼法之中,也规定在最高法院颁布的《中华人民共和国法官职业道德基本准则》里面。如果认为职业伦理的要求是不同于法律要求的,那么法律里面提出的要求就不是职业伦理。要做这样一种区分可能是相当困难的,法官和检察官的职业伦理要求与他们的法律义务之间,究竟是一种什么关系?

伦理要求与伦理责任相关联,法律义务与法律责任相关联。从法律与道德的一般关系看,法律应该以道德为基础。一方面,在人类生活的多数情况下,所有的法律义务都应该在事实上同时属于道德意义上的伦理要求;另一方面,并不是所有的道德意义上的伦理要求,都需要或能够转化为法律义务,转化为法律义务的只是其中的一部分。因此法律义务的外延应当小于伦理要求的范围。检察官的职业伦理要求与法律义务的关系,大致属于一种逻辑上的包容关系。检察官法律义务包含于检察官职业伦理要求之中。检察官法律义务是职业伦理要求的部分内容,它使得部分检察官职业伦理要求有了法律上的约束力,是检察官在履职活动中应当承担的义务。它主要由程序法加以规定,是检察官履职活动中的必为事项,如果"应为而不为",则需承担相应的法律责任。

在上面两个国际文件中,检察官在刑事诉讼活动中应当遵循的职责规范,可被认为既是职业伦理的要求,也是法律上的规范义务,比如说维护公共利益、保守职务秘密、告知相对方权利、排除非法证据、保障人权、依据客观标准等等。在刑事诉讼活动之外,检察官应当具备一些基本素质和业务能力,比如充实新知、更新知识。由于主观色彩浓厚,缺乏相应的客观标准,这可以被视为比较单纯的职业伦理要求。当然,法官也要充实新知。在这两个文件所规定的将检察官职业伦理要求作为检察官的决策规范中,法律义务的内容居于多数,纯粹的伦理义务比较少。其中,多数属于检察官与其他法律职业者共同普遍的义务和原则,这也体现了法律职业者共享的伦理要求。作为检察官法律义务的伦理要求,与检察官作为国家公诉人的刑事追诉职能,以及由这一职能延伸而来的法律监督职能,它们之间是相对应的。从中可以发现检察官职业伦理区别于其他法律职业伦理的特色。追诉者与裁判者都作为具体的法律职业,但其具体的伦理内容是不一样的。

总而言之,对法律职业伦理特殊性的阐释,需要对伦理与道德、职业伦理与非职业伦理及日常生活伦理、法律职业伦理与其他法律职业伦理、法律职业的伦理要求与法律职业的法律要求这样几组概念进行辨析。

接下来,我将论述一些与景辉的论文不完全一样的观点。

我要特别强调,尽管做了这样一些区分,但在认识法律职业伦理的特殊性上,要聚焦于职业伦理与日常道德的区分。景辉用了一个很好的表述即"规则允许但道德不允许",揭示了职业伦理的特殊性。我认可景辉的这个讲法,尤其是景辉借用的罗尔斯的观点:社会正义的首要主题是社会的基本结构问题。也就是说,认识职业伦理的特殊性时要通过社会的基本结构去思考如何保证一个社会的基本善的实现,要在这个意义上揭示法律职业伦理的特殊性。

但是,揭示法律职业伦理的特殊性,与揭示职业伦理在社会治理中的特殊的价值,这两个概念不完全是一回事。景辉试图将职业伦理基本特性里的那种高光点揭示出来,整个论证采取了不断收缩收敛的立场,直到聚焦于"规则允许,但道德不允许",以凸显职业伦理的特别意义,使得职业伦理成为一种无可替代的利益。景辉采取的是这样一种论证策略。但是我认为,这跟认识职业伦理的特殊性还是不一样。我的关切是:作为职业伦理规范的制定者,如何制定一个关于职业伦理的规范。可能我考虑的问题主要是从职责和责任实现的角度,如法官和检察官如何才能称职,来设置各种各样的伦理规范或行为伦理要求。在这个意义上,一个好的法官可能也要同时是一个好人、好的从业者、好的法律人。一个好的法官也不同于检察官和律师,要体现其职业的独特性。有的法律职业伦理规范是法律要求,有的则可能是日常伦理要求在职业伦理上的体现,有的规范则专属于不同法律人的特别角色。如果按照景辉教授所采取的收敛立场来制定有关法律职业伦理的规范性文件,就很难完成这样一种规范制定的工作。

在我看来,我对职业伦理特殊性的这样一种追问,和景辉教授对法律职业伦理特殊性的这种分析或追问,两者并不完全是一回事。如果不能够挑明这一点,就很容易使得对法律职业伦理特殊性的思考和回答收敛到一个过于狭窄的点上去。这将很难为法学院开设法律职业伦理课、开展这方面的研究、进行这方面的教学、在实践中制定各类规范性文件等等问题,提供一个很好的理论策略和思路。

好,接下来的时间,就留给两位陈教授!

三、与谈环节

陈景辉教授：

首先感谢华东政法大学的邀请，很荣幸再一次参加"东方明珠大讲坛"，更荣幸的是能与张老师对话。我感到非常高兴，原因在于当自己写了一篇文章后，有一个人很认真地阅读并一同思考，这能给作者带来极大的成就感和幸福感，这也是我所追求的状态。所以我很愿意去做批评，因为在做批评时，我替作者思考了他所关心的话题，所以作者应该感谢我。因此，今天我首先要感谢张老师，而且张老师比我更早关注了法律职业伦理的问题。

实际上，我在研究生阶段就看过张老师的《走向权利的时代》等一系列关于律师业的讨论。我在这里简单阐述一下自己对法律职业伦理的初步想法。大概在明后年，我会有一本很小的书面世，名字叫《法律人及其伦理》。这本书大概一共有四章，其中包括我已经写的两篇法律职业伦理的文章，一篇是发表在《浙江社会科学》2021年第1期的《法律的"职业"伦理：一个补强论证》，另一篇是发表在《法制与社会发展》2016年第4期的《忠诚于法律的职业伦理——破解法律人道德困境的基本方案》。

第一，我将从张老师谈的第三个话题开始讨论，张老师关于法律要求和职业要求不是一回事的判断是非常正确的。存在一个很有趣的现象：当我们使用名词时，说的是法律职业伦理；但当我们讲具体要求时，往往讲的都是关于律师的要求。比如，在较为成熟的英语传统国家，例如美国，各式各样的法律职业伦理教材呈现出一个鲜明的色彩，即教材的名字基本上都是使用 legal ethics，但其中的内容主要是关于律师的职业伦理。原因何在？目前我对其中的一半有确切答案，对另一半还没有确切答案。

有答案的部分是，所有的法律职业基本上划分为两类：中立型角色和选边站角色。中立型角色是指在一个具体案件裁判中，该角色站在中间位置，既不站在原告边，也不站在被告边，是中立性的。法律实践中最明显的中立性的角色就是法官。选边站角色是指某人站在法律实务或法律实践中的某方的一边，如律师一定是站在委托人一方，检察官在刑事诉讼里是公诉方。这样一来，实际上法律职业伦理也应该分成两类，一类是中立的职业伦理，另一类是选边站的职业伦理。中立的职业伦理当然围绕中立价值展开了，如法官应忠诚于法律，应与当事人之间保持距离，无论他是原告抑或是被告，因为忠诚于法律意味法官不能忠诚于任何特定的利益方。而律师有所谓 standard conception，即标准概念。标准概念是指律师必须与当事人站在一起，需要抑制律师自身的价值判断，不去评价当事人的行动，保持评价上的中立性。

中立性角色和选边站角色大体上的区分是：律师、法律援助和检察官是选边站的角色，法官和公证员等是中立性角色。但谈论职业伦理时，最后往往变成只谈论律师的职业伦理。在教学时也会遇到一个难题，即职业伦理内容与法官法、检察官法都是重合的。为什么会出现这样的情况，目前还没有确切答案，我将在下一篇文章处理这个问题。在此，我先简单给出大致的答案，即存在吸收问题。吸收问题指的是由于法官法所规定的内容，在很大程度上与法官的职业伦理内容重合，并且由于法官或检察官对于法律实践来说影响会更大，使得法律上的要求和伦理上的要求产生了吸收关系。但无法反向吸收，也是因为法官或检察官所担负的职业重要性比律师要强，所以必须往上吸收，而不能由法律上的要求变成伦理要求，而是由伦理要求变成法律要求。

相较律师而言，法官或检察官在法律实践当中的特殊性涉及检察官的问题。若将检察官作为一个选边站角色来看的话，在公诉案件中检察官与被告的律师并无区别，尤其在英美的诉讼制度里，检察官看起来就只是作为原告律师，并无特殊性。但是在中国传统之下，检察官制度具有特殊性，这会导致检察官职业伦理的要求复杂化。因此，就法律要求和职业要求方面，检察官可能不是一个很好的例子，法官才是更好的例子，探讨法官法的吸收问题更适宜。检察官还承担了一定的行政化的角色，或者按法律上的表达是法律监督的角色，尤其在《监察法》出台后。这些问题仍然需要进一步思考。

第二，我认同张老师说的很多内容，尤其是张老师说教学问题变得更困难了。我从事这份工作并不意味着我承担教学义务，教学工作由另一部分同事们承担。不承担教学工作的原因在于，职业伦理本身最重要的问题并非具体的条文规定，而是条文背后的基本价值。对具体规定的理解也依赖于对职业伦理背后的基本价值上的讨论。在职业伦理的表达里存在很多模糊的、理解空间较大的价值判断语词，如不恰当、不公平等等，而理解空间依赖于理论讨论的具体含义。因此，我要做的是理论性的工作，即讨论职业伦理的性质是什么。在澄清了职业伦理的性质后，可说明职业伦理的要求具体化。以我发表在《法制与社会发展》2016年第4期的《忠诚于法律的职业伦理——破解法律人道德困境的基本方案》为例，文章想法来源于李天一案中北京市律协对李天一的两个律师做出了一些职业伦理上的批评。我觉得，语词的表达可以做多种理解，它完全依赖于我们对职业伦理的理解。需要一套职业伦理的理论才有可能判断究竟是否违反了执业规范。但我们没有办法对职业伦理的制定提供意见，只是在制定时需借助我们关于职业伦理的理解。当透过职业伦理的理解，使职业伦理在性质上获得了说明后，我们就可以对任何被制定出来的职业伦理内容做出恰当的理解，并且做恰当的使用。

第三，张老师和宇峰谈到了伦理和道德的问题，在这一点上我跟张老师的态度不一样，我不太区分伦理和道德。因为我不太认为职业伦理和职业道德有太大的差异，它们只是很随意的一次选择。如果从区分伦理和道德的角度来理解，道德更具备普遍性，而伦理是受到社会历史背景条件的限制而形成的道德要求。例如，一个人在家里怎么对待父母和配偶、朋友和师长，这都属于伦理上的要求。伦理要求专指与相对熟悉的人相关的道德标准，而道德由此变成了对相对陌生的、没有特定关系的人所使用的道德标准。但是不同人使用伦理和道德的概念的方式不同，比如宇峰提到过的哈贝马斯所使用的方式，比如我更熟悉的德沃金也会使用不同的定义。德沃金认为，针对自己的叫伦理，针对其他人的叫道德。伦理是一个更容易被使用的概念，因为如果承认法律职业伦理是一个独特的职业规范性要求，使用道德这个词就是不恰当的，或者说至少容易产生误解。但尽管如此，这些区分的意义还是很有限。

第四，张老师讨论的是何为好的职业伦理，而我讨论的是何为职业伦理，这是我和张老师最大的区别。我讨论的职业伦理仅仅满足了伦理的概念性条件，甚至只是最低性的条件，但并未满足更高的条件，张老师要证明的是什么是好的职业伦理。关于这方面内容的讨论我还不够充分，需要往里加入各式各样的丰富内容。但是，好的职业伦理受限于职业伦理的属性。即使是一个好的职业伦理，也受到什么是职业伦理的认识的拘束。比如我和张老师都戴眼镜，但职业伦理不能要求律师都戴眼镜,尽管这可能有助于律师的职业形象。

第五,我非常同意张老师提到的法律人的收入问题。张老师一直在讲,法律人的首要任务不是逐利,因为法律人的一举一动都会对社会带来至关重要的影响。但不以逐利为目的不等于法律人应该忍受低收入,因为恰如其分的收入应被视为一种回馈。当我们看到一个律师赚了几百万、几千万时,千万不要做额外的想象,因为这是他们的回馈,法律人的具体举动都跟每个人有关。如果一个律师能够成功地保护一个深处法律泥潭当中的人,这就意味着他也可能成功保护另外无数处在这种情景当中的人。在这种情况之下,我们要给他一定的回馈,这是理所当然的,也从侧面说明了法律职业的重要性。对我来说最主要的职业,像医生、教师和法律人,他们都扮演着与社会直接关联的角色。在一个社会中,如果这样的角色能获得普遍尊重的话,社会的一些基本安排才能得以保障。

第六,我不认为职业法律人是靠某些独特的推理技术来保障的职业共同体。我认为某一领域专业人士的推理方法或技术与其他领域并不存在较大差异,因为我们都是人,共享了很多一般的推理形式。就像我们在讲法律推理内容如演绎、归纳、类推时,与非法律日常领域的适用并没有什么区别。使我们成为法律共同体的原因在于我们有共同的职业伦理,而非我们共享了一些其他人所没法获得的推理能力。因此职业伦理的重要性在于,它是法律职业共同体的唯一保障。

陆宇峰教授(主持人):

谢谢陈景辉老师!今天陈景辉老师给我们透露了他即将要写的这本书,叫《法律人及其伦理》。陈景辉老师抛出了这个话题,即法律要求与职业要求是否一致。陈老师还特别强调了中立型角色和选边站角色的二分。其中很多问题都非常有意思。正如陈景辉老师说的,典型的英美国家受帕森斯对法律职业的看法的影响,法律职业是冲着律师去的,一谈法律职业基本上就是在谈律师。帕森斯认为,律师职业具有双重性质:一方面是官员(officer),需承担特定的公共责任;另一方面又是委托人的私人顾问。而布迪厄提出法律职业共同体内部充满了相互竞争的职业。从比较法而言,韦伯也谈到职业的法律价值论,有的国家法律教授占了上风,有的国家法官占了上风,英美有的地方又是其他官员占据上风,比如立法者或者法律工作者,他们在场域内部形成了竞争。布迪厄谈到,不管竞争如何,整个法律场域不断得到再生产,共同体的价值反而悖论式地巩固起来,相对于其他场域产生分离和独立。

陈景辉老师也澄清了继续讨论职业伦理问题的原因。他认为,如果很多职业伦理的基本理论问题还没有讨论清楚,那么职业伦理的各种规定都是无根的。陈景辉老师的焦虑也得到了张老师的认可。陈景辉老师谈到,他和张老师的最大的区别是:张老师讨论的是何为好的职业伦理,而他讨论的是何为职业伦理。陈景辉老师还谈到了他与张老师共同关注的法律人逐利问题,并且把它上升到一个维护基本善的高度,这确实也得到了张老师的认可。最后,陈景辉老师提到法律人不是一个技术共同体,而是一个由职业伦理构成的精神共同体。

下面有请第二位与谈人中南财经政法大学的陈林林教授!陈老师是司法制度与裁判理论研究的重要学者,陈老师将从司法裁判实际运行的角度出发理解职业伦理,有请陈老师。

陈林林教授:

谢谢华东政法大学的邀请,感谢张老师点名我参与与谈,非常高兴和景辉教授一起探讨法律职业伦理这个话题!这个话题一贯很重要。

就实践层面而言,在法治发达的国家如美国及迈向法治转型的我国,法律职业日益成了一个重要行业,社会各阶层非常关注一些重大案件或者非常规案件,以及法律从业者尤其是律师在其中的表现。就理论层面而言,学术界相关的讨论和研究很多,但似乎并没有形成多少共识性成果。与诉讼法或者实务工作者相比,法理学研究法律职业伦理的切入点肯定是有所差别的。相应地,关于法律职业伦理的研究也可以从多个层面切入。景辉教授的研究视角较抽象,偏重道德哲学理论。当然这个问题还可以从社会学、司法制度、诉讼法和执业纪律等角度展开。

从法理学的惯常角度出发,在学术上讨论法律职业伦理,一个基础性出发点或方法就是概念分析,因为概念分析能回溯出很多问题的根源。采用概念分析方法,就必须分析法律职业、伦理、法律和职业伦理这四个相互关联的概念,才能展开相关的讨论。首先,就概念分析的元理论层面,需要探究职业伦理究竟是一种描述性还是规范性概念。复杂的是,职业伦理既非纯粹描述性,也非纯粹规范性,而是描述性叠加了规范性,因此职业伦理会因每个国家的国情和治国方式而有所不同。其次,在概念分析的理论层面,需要回答何为法律职业伦理。再次,在概念分析的引申层面,需要根据法律职业伦理是什么的答案,再回答与法律职业伦理相关的其他法律问题。最后,如果能在理论上得出一些共识性答案,那么就可以或应当为实践层面的行动提供准则作用或指导性方向。

张老师在讲座中提到了元伦理层面和理论层面的问题,即伦理跟道德是不是一回事。张老师比较关心现象跟本质的关系,就此谈了伦理与道德的区分。黑格尔区分了伦理与道德,伦理学也将伦理跟道德区分开来,但景辉教授觉得上述区分是没有意义的。就张老师举的例子而言，我发现他和景辉教授之间的分歧可能源自关注点不同。例如刚才张老师拿法官举例，而景辉拿律师举例，此时两人关注点就不一样。但不管是法官、检察官或者律师，他们在执业过程中，对于具体案件是一定有裁量空间的。涉及裁量空间时，内在的约束和自律就显得非常重要。就此而言，仍然有必要做一个外在和内在的区分。某些证据法规定的法官的内心确信与自由心证，在实际审判中是非常重要的，诸如生活法则、经验法则等等。例如朱苏力老师专门研究过的海瑞定理，在我看来就是一个经验法则，而经验法则最后可以归化到内心确信与自由心证。张老师提到的外在和内在的区分，还可以区别为义务的职业和执业要求与愿望的职业和执业要求。另外，法律职业内部又分化为核心狭义的法律职业与广义的法律职业，如法学教授属于广义的法律职业，又属于教育职业。就职业分化而言，同一职业内又会因特殊性而具有差异。例如张老师举的法官的例子，说明"好法官"与"好人"经常是不矛盾的。但是，景辉教授举了律师的例子，表明"好律师"与"好人"经常是矛盾的。在国外很多重大争议性的案件中，民众对法官的非议较少，而对律师非议往往较大。

回到另一个基础性问题，法律实践是一种价值"承载"的实践，法律职业一个重要的特征是忠诚于法律。我认同景辉教授所言，技术不是法律职业共同体中最重要的特征。法律职业共同体的形成要素，首先包括法学学科或者专业知识，其次是职业组织、职业自治和职业权利，再次是职业角色与责任，最后是相关的职业伦理规范。法律职业最大的特征有两个，这两个特征也隐含了法律职业伦理所出现的一些问题。第一个最大特征是，法律职业是一个有理想的共同体实践，这个理想就是法治。就此而言，法律职业常表现为中立性，即不"选边站"。相应地，法律职业伦理或者职业精神经常体现为职业主义。职业主义在当下中国当然是困难重重的，因为我们从未承认法治的唯一性。我们讲法治精神时同时也讲德治，讲究法治与德治的统一，以及法律效果与社会效果的统一。第二个最大特征是，法律职业是一个职业。就像张老师说的，这个是一个吃饭谋生的行业，这无疑会导致景辉教授刚才所提到的"选边站"。就律师而言，律师收费提供法律服务，肯定是要"选边"的。只有"选边"，律师的服务才更有效率。因此在律师层面而言，律师行业的谋生色彩无疑会导致法律职业的伦理和精神变成了商业主义。就检察官和法官而言，他们都是由官方任命并在体制内工作的，其职业伦理毫无疑问会倾向国家主义，肩负其他政治职务。这里面有很多犬牙交错的问题，无法详述。另外还需要指出的是，法律职业代表了一个行业，是现代化进程中社会分工的产物。涂尔干在《社会分工论》中论述的一个重要话题就是社会分工后的社会团结。这里面又存在着一个悖论，即分工分化与合作的问题。我觉得研究社会系统论的宇峰教授完全可以就此开展一番研究。

谢谢大家！

陆宇峰教授（主持人）：

好的，谢谢！陈老师讲得非常精彩。其实当前还有很多优秀的学者也在讨论法律职业问题，陈老师非常希望我们能从多角度推动对这一话题的讨论，例如刚才陈景辉老师在讨论中加入了道德哲学，陈林林老师加入了社会理论。未来也期待大家从司法制度、裁量理论等角度展开进一步讨论。

陈林林老师今天主要回应了四个问题。

第一，区分伦理与道德是否必要？在陈林林老师看来，确有必要区分伦理与道德，特别是关涉到法律制度、司法裁判的裁量空间、证据法上的内心确信和自由心证,以及义务的道德和愿望的道德区分在法律职业伦理中的表现问题,等等。

第二,法律职业外部分化与内部分化问题。其中涉及两个方面,一是与其他职业的分化,二是法律职业内部的分化,以及由此带来的与日常道德的关系。在此,陈林林老师认为张志铭老师与陈景辉老师的观点之间存在一些差异,一定程度是因为他们选取的视角不同,一个是检察官、法官视角,一个是律师视角。

第三,陈林林老师赞同陈景辉老师所提出的观点:法律是一个价值承载的实践。但他认为这个问题实则更加复杂。他认为,复杂性一方面体现在,如果法律实践所承载的价值就是法治,那么它体现为专业主义就足矣,但是我们要求法治承载的价值也包括德治和社会效果,例如我们当前所提倡的社会主义核心价值观,这个问题就比较复杂了,不是一个专业主义就可以解决的。这可能也是张志铭老师所担心的问题,他也特别强调法律职业伦理的外在约束和道德的内心强制不能混为一谈,不要把道德的内心强制也以外在化的方式表达出来,走向道德主义。陈林林老师认为,复杂性的另一方面体现在法律职业内部的分化色彩,例如律师职业有明显的谋生色彩,法官和检察官可能带有国家主义的色彩以及政治和意识形态的色彩。

第四,陈林林老师谈到法律职业是一个社会分工的产物。正如涂尔干所说的,我们既要看到它分化的一面,也要看到它与其他职业形成社会团结、合作的一面,这些都有待进一步讨论。

现在有请张老师对两位与谈人做出回应并进行交流!

四、交流环节

张志铭教授：

刚才景辉教授和林林教授做了非常好的评议，在此我想明确一些问题。

第一个是法律职业的特性，我认为其涉及四个方面：一是掌握专门的法律知识和技能；二是职业伦理，即致力于社会福祉；三是职业自治，实行自我管理；四是职业声望，享有良好的社会地位。刚才景辉教授认为职业伦理是最重要的，但是我认为从职业构成角度来说，这四个方面都很重要，并且专业性与职业伦理实际上是一种相辅相成的关系。打一个比方，如果社会需要一座桥，而这座桥只有具有专门知识的人才能把它建成，在这种情况下，唯一的限制就是职业伦理，要求他们带着使命感去做这件事，否则就会使社会处于不安或高度危险的状态。也就是说，当一些事情只有部分专业的人才能做到而其他人都做不到时，我们只能增加他们的使命感，来督促他们把这件事情做好。神职、医生和法律职业都是这样，正如我们依靠律师来解决日常生活中解决不了的官司，此时律师若想害人轻而易举，那么我们就要求律师的职业信念必须高尚。此外，职业自治也很重要，这涉及是否尽职或是否失职，这一点必须由同行判断，而不能靠外行判断。当然，职业声望也很重要，如果没有职业声望，社会就不会赋予你特权。由此，这四个特征之间暗含因果链条。

关于伦理与道德的区分，鉴于中国当下的道德建设和伦理建设现状,我对此确实抱有隐忧。我一直在提良心自治和道德自治,伦理作为一个外部行为规范是他律的,甚至带有某种强制性。而对于道德建设,如果我们不能明确界限,不能为道德建设留出空间,就会表现为一种道德强制,这是很可怕的。尽管这两个概念在生活中经常被交替使用,但道德是一种德性,是一种以人为主体的道德主体概念,而伦理是一种行为意义上的伦理规范。法律职业共同体是一种身份共同体,法律人是一种身份,而法官、检察和律师是一种职业。国内通常将 lawyer 翻译为律师,实际上 lawyer 更好的翻译是法律家或法律人。如果法律人的职业伦理翻译为律师的职业伦理,就会混淆身份和职业。所以,我认为法律职业共同体是一种身份共同体,大家共享法律家和法律人的身份。当然,在这样一种身份下,我们从事的是不同的法律职业。再延伸一下,伦理分为身份伦理与职业伦理,这是两个不同的概念。我更愿意称公民的伦理为一种身份伦理,而法律、医生等则更多的是一种职业伦理。在此他们都是公民,所以我们讲的日常伦理更是一种身份上的概念。

这里我想对景辉老师做一个追问,我特别喜欢你关于"规则允许但道德不允许",由此引进规则结合成制度的表达,在制度实现的基础上赋予职业使命的概念,以及违背使命担当会导致伦理上失范的批评。这个逻辑从概念上是自洽的,但是所举的交通违规插队的例子是不恰当的,这是一个日常生活的例子,并不能引出职业伦理。因为在日常生活中,如果一个人没有违反交通规则但是加了塞,那我会感到不愉悦,但是否就可以基于自己的感觉说他是缺德的呢?这就涉及缺德的标准。其实职业伦理是他治的,即这个行为是否缺德由他人说了算。这里是否还有更好的例子来说明制度许可而道德不许可,从而引出伦理?我非常认真地阅读了您的这篇论文,并在一些细节方面反复琢磨过,希望在此能有一个更好的例子。

陆宇峰教授（主持人）：

感谢张老师今天晚上让景辉老师很幸福。张老师在此回应了两点，第一点是法律职业何以成为一个职业？景辉老师认为，因为它是个伦理共同体，而张老师认为专业和伦理是相辅相成的，专业一定要带着使命感去完成。第二点是中立角色和"选边站"角色的区分问题，张老师认为法律职业共同体是一种身份共同体，而不简单是角色的问题，角色可能是多重多样的，但是法官、律师和检察官都共享一种身份。身份这个词在现今不是很常用，古代才讲身份，张老师这个说法很古典，之后讲到共享的身份其实是一种荣誉。最后，张老师谈到规则许可道德不许可的问题，谈及景辉老师所举的加塞的例子。张老师追问：这个例子与职业伦理有什么关系？同时应该如何界定它是一个失德行为？下面有请景辉老师进行解答。

陈景辉教授：

感谢张老师！那我接下来对张老师的问题做出回应。我这本书的第一章还没完稿，其核心内容是法学教育。它由两个问题组成，第一个问题是法学院为什么值得待四年？这需要依靠法教义学的理论来回答。教义学的理论有两个任务，一个任务是要以法律的判断取代个人判断，另一个任务是要实现体系化观念。经历了四年的教育之后，职业共同体的知识和技能就基本达到了，但同时也出现了一个危险：法体系本身必然拥有一定空间，并且这个空间只能被拥有法律专业知识和技能的人所操纵与运用，也就是外行人用不了，只有内行人才能用。这个空间是被在法学院待四年这个理由包含的，这个理由同时赋予法律人以能力，他可以有意或者无意地运用法体系当中本来所拥有的空间，来获取错误的或不恰当的结果。这里所说的错误的、不恰当的结果，不是根据实在法体系所做的判断,而是根据我们在其他的价值标准上所做的判断。这就是"规则是许可的,但在价值判断上是有问题的"。因此就需要一套东西来"解毒":第一需要法理学来进行"解毒",第二需要制度性的职业伦理来进行"解毒"。职业伦理的任务,是针对实在法理论或者法教义学的"解毒",但其前提是需要受到良好的法教义学训练。此"解毒"还需有一个条件,就是不能使法教义学的教育变成无意义的东西。因此,它一定是专业性的价值判断而不能是日常道德上的价值判断,也就是张老师一再强调的,反对职业伦理是日常道德,认可职业伦理的独特性,鼓励同行判断。

总结来说,本书第一部分就在讨论法学教育的核心任务是两件事,树立两个基本的观念:一是以法律的判断取代个人的判断,二是培养法律体系性观念,并避免其被有专业知识的人误用。这两个都是只有法教义学才能完成的任务。法理学是面对法教义学的批判性理论,我们要尽力避免它过分产生出错误的结果。关于"规则允许,但道德不允许"这一观点,我需要一篇庞大的文章来解决这一问题,对此只能先举这样一个例子用以解释说明。

陆宇峰教授(主持人):

好的景辉老师!景辉老师提出的问题是:当法体系存在操纵空间时,如何施加进一步的限制?对于刚才那个例子,我们也请陈林林老师做进一步的回应。

陈林林教授:

刚才景辉教授从伦理规范层面做了介绍。我们知道美国联邦最高法院在审理案件时裁量空间很大,比如同性婚姻、枪支管制等等案件。

在这种案件中,教义学经常是拘束不了法官的,法官经常在法律的空白或稀薄地带行动,法院实际是一个隐形的政治机构或者隐形的立法机关。因此在这种案件中,职业伦理是至关重要的。正如萧伯纳所说:"当你把手指放在正义与非正义之间,就能够触碰到上帝的袍服。"在此问题上,经验研究或政治学行为主义的研究经常谈道:当法官最后没有依凭时,又依凭什么来做判断和判决?他们的回答是:法官此时按照自己所信奉的意识形态与政治偏好进行裁判。即便如此,也存在一个"诚信裁判"的要求,即你真的是这样认为,不能按照自己所不相信的东西去裁判。从实然层面讲,"诚信裁判"在某种意义上就是伦理和道德要求。当然,这种说法对采取规范视角的景辉教授而言不一定能被接受。

这样的例子有很多,例如美国最高法院大法官的提名有党派之争。法官在案件中应保持中立,避免党派之争,但是最高法院的大法官每个人都持有自己的意识形态与理想,以至于有人说他们是披着法袍的政客。但我认为这种批评过于严厉了,在拥有裁量空间的案件中,他们只要是诚信裁判,从自己的良心或内心确信出发做判决就可以了。

从终极角度看,许多制度都是一种权宜之计,包括整个法律和法制。规则性的法治与法律不会是最理想的,实践中往往只能达成个案的次优解决方案。法律职业伦理的争议如此巨大,是因为当前公众对法律及职业伦理的理解与要求还是追求个案的最优解。但事实上,我们只能追求体系性的最优,并非个案的最优。无数个案中的次优解决方案,最后会凝聚成一个总体性的体系性最优,这就是法治与法律的真正优点。公众对法律职业伦理的认识偏差,也是造成纷争的一个根源。

张志铭教授：

我认为林林教授举的这个例子很好。关于规则许可而道德不许可的问题，刚才林林教授"规则无声时，职业伦理登场"的观点实际上就体现出：在规则空白的情况下职业伦理的作用会增强。这是一个很好的补强说明。

五、问答环节

陈景辉教授回答：

有两位提问者都提到了关于职业伦理和好的职业伦理的区别，还有一位提到了这两个问题：不好的职业伦理还是不是职业伦理？日常的职业规范是否恰当？

首先，要区分我们讨论的性质。当我们讨论职业伦理是什么时，讨论好的职业伦理就不太妥当。因为在某种意义上，我们可以对于职业伦理达成一些理论上的共同标准。但是"好"这件事情很难有标准，因为不同的人看法是不一样的。如果我们关于好的职业伦理也达致相同看法的话，那么其实本身就已经在动用着法律职业伦理这个标准。就像我刚才跟张老师讨论的一样，比如我们眼镜、发型、服饰的样子，在某种意义上可能就跟职业伦理没有关系了。"好的职业伦理"一定会受到"职业伦理"本身概念的影响。

另外一个问题其实很重要，即不好的职业伦理还是否属于职业伦理。这也是我上一篇文章要解决的问题。在职业伦理里，有一个主张是日常道德，其最重要的理由是：如果一套标准能够被叫作一套伦理标准,就意味着它不能"缺德";如果"缺德",它就不能被称为一套伦理标准。如果职业伦理不是一套关于好人的标准,就意味着可以变成坏人,而一旦变成坏人,这套伦理标准就是保障"坏"了。既然保障"坏",就不能叫作一套职业伦理。这就会得出关于职业伦理的日常道德观念。我们花了很长时间的讨论,实际上就在讨论把好坏评价和职业等同起来的理论资源,我运用到了关于社会制度和基本善的理论,用最简单的方式来说,有些情况在我们日常判断中可能不是那么"好",但它会间接地跟"好"发生重要的关联,虽然间接但很重要。举例来说,大家小的时候可能被父母强迫参与过一些培训课程或者学过一些东西,这看起来会造成很多困扰,但是有可能会以间接的方式对未来生活产生很重要的影响。

我们可能需要一套更复杂的理论才能说明这样一件事情。这个问题是非常好的,它在理论上是可以处理的。

陆宇峰教授(主持人):

我的想法也跟陈林林老师刚才的说法比较接近。老百姓总是想让每个都最优,但法律人考虑的是个案的次优和体系的最优、短期的次优和长期的最优。就像刚才景辉老师举的例子中,小时候的练习对未来产生指导性。那么陈林林老师有没有补充呢?

陈林林教授回答:

我回答这个提问:法治是不是唯一的,是不是对抗的?

我不知道提问者所说的对抗是诉讼程序职权主义和对抗主义意义上的对抗,还是关于法律体系各种价值、各种目标之间的对抗?我的立场跟景辉老师和张老师基本一致,只有当法治真正成为社会的基本治理方式,法律职业伦理的特殊性才会显现出来。如果不需要法治、不存在法律,也不会存在法律职业,更谈不上法律职业伦理。按照这个思路,实际上职业伦理的特殊性跟法治的地位是紧密相关的。因为如果在各种目标价值中只能选择一种主导性目标价值的话,那么就会出现所谓的价值多元或者对抗。

在日常生活中,每个人都会遭遇角色之间的相互对抗,或者说行动价值之间的相互对抗。如果是在法律和法治语境下,法律肯定是最根本或者最基础的,否则很多东西都是空中楼阁了。

张志铭教授:

我们今天晚上讨论的话题已经充分展开了。为了使今天晚上的讨论能够体现一点建设性,我还是想在一个点上做一点较真。景辉教授的论文里面有一个很有意思的提法,就是"规则许可,道德不许可"。这个概念显然是一个特别吸引人或者蛊惑人的提法,景辉教授以其来凸显职业伦理的一个独特意义或者存在价值。

但是刚才景辉教授解释的时候又出现了一个问题:若是"规则许可,道德不许可"成立,那么谁来判断道德不许可? 或者谁来判断缺德不缺德?

我坚持要区分伦理和道德。在生活中和治理实践中,我们往往把伦理和道德混用,在规范性文件里面也经常把职业伦理称为职业道德。在原理上,我们要明确伦理跟道德有质的不同:伦理是他律的,道德是自治的。因为伦理是他律的,所以需要判断的主体。

我们刚才讲到职业有个特性,叫职业自治,它诉诸同行判断而不是自我判断。所以规则许可而伦理到底许可不许可,实际上不是当事人、执业者自己判断的,而是由职业群体,即法官、检察官等法律人同行来判断的,所以它是他律的。我特别希望区分道德与伦理的这样一种制度上的不同:一个是自律和自治,一个是他律和同行判断。

那么,我们可以表达什么是规则许可但伦理不许可的。如果将其说成道德不许可,就很容易引起争议。比如加塞符合交通规则,但是你个人可能认为它不符合道德。道德不许可混淆了判断主体,由此丢失了职业伦理里面最关键的一点,即职业伦理的特性是诉诸同行判断的,是他律的,而不是自我判断和自我实现的。

如果我的说法成立,那么这个表达或许可以表述为:实在法这样的社会的主要制度许可,但是职业伦理不许可。伦理规范很大程度上跟法律要求是重合的,但是有溢出法律规范的东西,有法律要求的之外的东西。

林林老师刚才讲得非常好,当具体实在法规则所提供的指引特别稀薄时,伦理决策的规范依然能够为裁判提供指引,比如诚信裁判的概念。我从原理的角度上是这么体会的。

陈景辉教授:

实际上,我没有想到张老师会从这个角度来问,因为我的问题跟张老师的问题不一样。我的问题不是谁来判断,而是按照什么来判断,这就是讨论所谓基本善的原因。在一个规则构成的实践当中,行动满足了规则要求,但是不满足基本善,所以这个时候判断的标准是基本善。当我们认识到,这个实践是一个规则构成的实践,并且标准是基本善的时候,能够做判断的当然是同行,因为外人没有能力来做判断。

我想我们的分歧就在这里,对我来说谁来判断是不重要的,而关键问题是判断的标准,实际上判断标准也决定了判断者是谁。如果我们追问下去的话,也会回到这个问题上来,因为判断标准会决定判断者的身份,所以判断者的身份就变得重要起来。

六、 闭幕致辞

陆宇峰教授（主持人）：

今天非常感谢三位教授的讨论,给了我们非常多的启发。现在群里面还在不断发送各自的各种想法,我们已经留存下来,各位老师还会接着看。

今天十分感谢张老师和两位陈老师的对谈,澄清了我们之前的很多疑惑,相信对于法律职业伦理重要问题的关注和研究会有很大的推进。

各位老师辛苦了,本期"东方明珠大讲坛"到此结束,再次感谢三位老师！

后　记

　　去年年底结集出版了"东方明珠大讲坛"第 1 辑《自主性与共同体》，现在第 2 辑十场大讲坛的实录文字，以《现代性与中国时刻》为题，也在商务印书馆的支持下与读者见面了。

　　书名来自中国政法大学王人博教授的讲座"1840 年以来的中国时刻"。那是"东方明珠大讲坛"为数不多的线下讲座之一，当晚山东大学法学院副院长李忠夏教授（现为中国人民大学法学院教授），中国社会科学院法学研究所副研究员、《法学研究》编辑李强，中国社会科学院法学研究所助理研究员李广德，与上百名华政学子一道，听法学界的"王大爷"讲述了中国人如何在鸦片战争、太平天国运动、甲午战争、庚子之变等历史时刻，基于自己根深蒂固的文化传统，以自己的方式来认识和应对西方及其挑战。这场富有哲学解释学意味的讲座揭示出，现代性与中国性并无矛盾，中国人基于中国性理解现代性，经由中国性抵达现代性。

　　复旦大学宗教学系李天纲教授主讲"从西方经典发现中国镜像——孟德斯鸠江南特殊论及其他"，由复旦大学历史学系李宏图教授、康奈尔大学法学院王氏讲席教授於兴中，以及我校李秀清教授与谈。这场讲座把中西交流史追溯到双方地位更加平等的 18 世纪，提出了"文明互鉴"的命题。的确，现代性内在地蕴含着多元性，没有文明互鉴，就没有现代性。不仅中国观察西方，西方也观察中国，双方都以对方为镜子，照见自己的不足；中西的相互观察，也不仅是带着前见的直接观察，而且还包含着对对方的自我观察的观察。

清华大学法学院副院长聂鑫教授主讲"大道之行——从'孔门理财学'到近代福利国家的建构",特别邀请了两位留德背景的与谈人:中国政法大学中德法学院院长谢立斌教授和上海财经大学法学院吴文芳研究员。与英美国家不同,自近代以来,德国走上了一条福利国家的道路。中国在国家建构路径上与德国的相似,原因显然不仅在于现实的财政基础,而是更在于悠久的政治和文化传统,以及官僚体制的成熟程度。三位学者再次提醒我们注意"多元的现代性",但进一步说明,一国的现代化道路是历史积累的结果,不可任意选择。

中国社会科学院法学研究所李明德研究员的讲座"两大法系背景下的作品保护制度",由我校丛立先教授主持,西南政法大学民商法学院院长李雨峰教授、中山大学法学院李扬教授与谈。这场讲座在我国《著作权法》第三次修改进入关键时期的背景下举行,同样关乎"梳理源流,回应历史,做出选择"。李明德老师旗帜鲜明地提出,由于立法之初对于哲学理念、基本概念与制度选择的阐释不足,我国《著作权法》杂糅了英美法系的"版权"理念和制度,没有准确反映大陆法系"作者权"以人为核心的传统。但他并不认为中国作品保护制度的未来必须依循传统,而是表达了一种"知所从来,再问前路"的审慎开放态度。

中国社会科学院世界历史研究所所长汪朝光研究员关于"抗日战争的国际视角和现代意义"的讲座,也告诫我们不能把中国性与现代性对立起来。在汪朝光老师看来,抗日战争之所以打得"万般艰难",就是因为它从无论从物质基础、组织效能还是社会治理层面讲,都是一场"前近代中国"对抗"近代日本"的战争;而抗日战争的意义,正如复旦大学历史学系马建标教授、华东师范大学历史学系瞿骏教授和《探索与争鸣》编辑杨义成老师都特别注意到的,则在于它构成了中国从传统国家转向新型民族国家的重要环节。

华东师范大学法学院院长张志铭教授带来了题为"思而在——法律职业伦理的特殊性何在?"的讲座,另外两位"法律职业伦理"的重要研究者,中国人民大学法学院陈景辉教授和中南财经政法大学陈林林教授与谈。在全面依法治国的背景下,"法律职业伦理"是事关"法治中国"目标的问题。但"职业伦理"本身又是一个现代问题,正是由于现代社会分工扩大,不能再依靠一套统一的伦理整合全社会,因个人而异的内在道德与因职业而异的外在伦理才分化开来。令张老师感到隐忧的恰恰就在于,中国人的思维容易混淆二者,往往在正确主张法律职业伦理的同时,向法律人强加不适当的道德要求,这可能威胁到现代法治本身。

《民法典》的诞生,既是中国法制现代化的里程碑事件,又是法治中国的高光时刻。"东方明珠大讲坛"已有两场围绕该主题展开,都收录在《自主性与共同体》一书中。本书收录的有关讲座,则是中国人民大学法学院杨立新教授与中国政法大学光明新闻传播学院特聘教授魏永征联袂主讲的"《民法典》的实施与新闻传播法研究的过去和未来"。华东政法大学传播学院院长范玉吉教授和彭桂兵副教授作为这场讲座的与谈人,与两位前辈一道,共同讨论了《民法典》相关条款中的"新闻报道""舆论监督"概念。在新闻传播专门立法进展缓慢,媒体行为依靠民法加以规范的背景下,这样的讨论无疑极富"中国问题"意识。

另有两场讲座呈现了我国法学界近年来的重要争论,表明我国法学研究开始形成"方法论自觉"和"自我反思",这是法学作为现代学科在我国走向自主发展的前兆。一场是北京大学法学院陈兴良教授主讲的"法学知识的演进与分化——以社科法学与法教义学为视角",由我校于改之教授主持,《中国法学》编审白岫云、北京大学法学院车浩教授、复旦大学法学院杜宇教授、武汉大学法学院何荣功教授、西北政法大学刑事法学院付玉明教授、吉林大学法学院王充教授、盈科全国刑事法律专业委员会主任赵春雨律师分别与谈。正如陈兴良教授所说，这场讲座立足"知识论"的"元科学"立场，涉及对我国法学知识"自身的反思"。另一场是中国人民大学法学院陈景辉教授与北京大学法学院张翔教授联合主讲的"宪法的性质——法理学与宪法学的对话"，澳门大学法学院翟小波副教授、山东大学法学院副院长李忠夏教授（现为人民大学法学院教授）与谈。这场争论涉及宪法与部门法的关系问题。二者是"总则—分则"关系，还是共同服膺于的"法理"的平等关系？对这个基础理论问题的回答意义深远，事关法理学、宪法学与其他部门法学交叉融合、协同发展的未来道路。

回到第一讲"法律与概率——不确定的世界与决策风险"，可以看到这一辑"大讲坛"开坛就展现了现代性的极致图景。由于现代社会的高度复杂化，任何决策都面临着不可预期的后果，原本致力于追求确定性和稳定秩序的法律，不得不处理概率问题。主讲人上海交通大学文科资深教授季卫东，是上辈法学家中"学贯中西"的典范之一；两位与谈人——上海交通大学宾凯副教授和北京航空航天大学副院长泮伟江教授，则是中国"系统论法学"研究的中青年代表人物。三位学者都立足中国实践，倡导一种新的法学研究范式；都基于对当代中国风险治理的观察，回应从本体论向非本体论转变的世界法学潮流。中华民族的伟大复兴已经不可逆转，今天可以很明确地说，就法治文明而言，如果没有中国性的参与，现代性就无法超越西方性、地方性，获得普遍性；希望法学研究也是如此。

谨以此书献礼华东政法大学70周年校庆！感谢郭为禄书记、叶青校长、应培礼副书记、唐波副书记、陈晶莹副校长、张明军副校长、周立志副校长、韩强副校长对"东方明珠大讲坛"的鼎力支持！感谢时任科研处处长、现任研究生院院长屈文生教授的亲自策划、亲自参与,以及练育强教授、彭桂兵副教授、陈蓉、陈叶、甘芬、王海波、郑菲、俞岚、张贤炯等同事的辛勤付出,大讲坛是我们共同的美好记忆!科研处两位助管同学任缘、张文胜整理了本书初稿文字,何伟、林沁然、梁葵珍、翁壮壮、吴术豪、徐佳蓉、王逸菲、谢婧轩、冯紫祥、张恒、杨洋、刘芳辰、杨云皓等助管同学制作了大讲坛的讲座预告和讲座实录,并将这些珍贵的学术资料呈现在"学术华政"公众号上,在此一并致谢!"问渠源"基金为"东方明珠大讲坛"保持一流学术水平、展现华政科研风采提供了重要帮助,在此特别鸣谢!

陆宇峰

2022 年 5 月 6 日

图书在版编目（CIP）数据

现代性与中国时刻/郭为禄，叶青主编.—北京：商务印书馆，2022
（"东方明珠大讲坛"讲演录；第2辑）
ISBN 978-7-100-21209-0

Ⅰ.①现… Ⅱ.①郭…②叶… Ⅲ.①法学—文集 Ⅳ.① D90-53

中国版本图书馆 CIP 数据核字（2022）第 086166 号

权利保留，侵权必究。

现代性与中国时刻
"东方明珠大讲坛"讲演录（第2辑）
郭为禄　叶　青　主编

商 务 印 书 馆 出 版
（北京王府井大街36号　邮政编码100710）
商 务 印 书 馆 发 行
南京新洲印刷有限公司印刷
ISBN 978-7-100-21209-0

2022年10月第1版	开本 880×1240 1/32
2022年10月第1次印刷	印张 12¾

定价：85.00元